Paul Badde
Abendland

Paul Badde

Abendland
Die Geschichte einer Sehnsucht

fe

2. Auflage 2021
© fe-medienverlags GmbH,
Hauptstr. 22, D-88353 Kißlegg
www.fe-medien.de

ISBN 978-3-86357-290-7

Umschlaggestaltung & Satz: Manuel Kimmerle

Druck: orth-druk, Polen

Printed in EU

*Für Raam Bernhard, Joseph, Jakob,
Maria Magdalena, Christina Maria, Debora, Judith,
Priscilla, Elias, Noah, Levin, Catharina, Isabella,
Sarafina, Josephine und all ihre Kinder und Kindeskinder
bis zum Ende der Tage*

In Memoriam: Herbert Woopen (1929–1984)

Es ist ja überhaupt so, dass zeitgenössische Geschichte die beste Geschichte ist. Thukydides (460 v. Chr.–395 v. Chr.) bleibt nicht zufällig das unerreichte Vorbild aller Historiker. Im Grunde weiß eben doch nur der Zeitgenosse, „wie es eigentlich gewesen ist". Alle Quellenforschung und Quellenkritik ersetzt nicht die eigenen Augen, die es wirklich gesehen haben, und vor allem nicht die eigene Nase, die es wirklich gerochen hat.

SEBASTIAN HAFFNER (1907–1999)

Ich weiß nicht mehr genau, war es gestern oder war's oben im vierten Stock.

KARL VALENTIN (1882–1948)

Inhaltsverzeichnis

TEIL I
DIE GESCHICHTE EINER SEHNSUCHT
(PROLOG)

Turm der Zeiträume
Rom, 18. Mai 2020 ... 15

Stadt aus dem Himmel
Patmos, etwa im Jahr 95 ... 27

Zeitenwende
München, Goetheplatz ... 31

Ozeanriese in der Dämmerung
Schaag, 20. Juli 1958 ... 39

TEIL II
ZUM RAUM WIRD HIER DIE ZEIT

Himmlisches Labor
Jerusalem vor Christi Geburt ... 45

Feuerzungen über dem Zionsberg
Jerusalem im Jahr 33 ... 51

Konstantinisches Festmahl
Nicaea (İznik) im Jahr 325 ... 59

Ein Bischof als Türsteher
Mailand im Jahr 390 ... 67

Unruhiges Herz
Hippo Regius (Annaba in Algerien) im Jahr 430 73

Glitzernde Städte in dunkler Nacht
Ravenna im Jahr 450 79

Historischer Briefwechsel
Rom im Jahr 494 83

Ein Volk wird getauft
Reims in der Champagne, Dezember 499 87

Ora et labora
Monte Cassino, März 547 91

Ankunft der Iren
St. Coulomb in der Bretagne im Jahr 599 97

Milchstraße der Wiedererinnerung
Am Fluss des Vergessens, Andalusien, im Jahr 711 103

Königssalbung wie im alten Israel
Soissons in der Picardie, Dezember 751 111

Bauarbeiten am Himmlischen Jerusalem
Aachen am Rand der Eifel, April 806 115

Eine Brücke aus Büchern
Lorsch am Rhein, Juli 820 121

Ein eifersüchtiger Bischof
Lyon an der Rhône im Jahr 834 125

Das Dritte Reich
San Giovanni in Fiore am 1. April 1190 129

Wahrer Leib
Lüttich und Orvieto in den Jahren 1209 und 1264 135

Fallende Mauern und einstürzende Neubauten
Jerusalem, Oktober 1187, und Beauvais, April 1284 145

Kampf um das Königsheil
Domrémy in Lothringen, Dezember 1428 155

Untergang des zweiten Roms
Konstantinopel, 29. Mai 1453 161

Das neue Spanien
Granada im Jahr 1492 167

Verhängnisvoller Stellungsfehler
Rom, 3. Adventssonntag 1511 175

Neue Stadt in der Neuen Welt
Boston im Jahr 1620 181

Parlament der Heiligen
London im Jahr 1640 185

Weltuntergang
Lissabon, 1. November 1755 193

Eine Satire des Alten Fritz
Potsdam, Dezember 1770 199

König kopflos
Paris, 21. Januar 1793 203

Die Selbstkrönung Napoleons
Paris, 25. Februar 1803 209

Spiegelbilder im Spiegelsaal
Versailles in den Jahren 1871 und 1919 215

Zwei Empfänge in einer Villa am Stadtrand
Wannsee, Berlin, August 1918 und Januar 1942 221

Glauben und Schönheit – Schock und Schöpfung
Berlin, 8. Mai 1945 227

TEIL III
ZWISCHEN DEN ZEITEN

Traum eines Raums
Schaag am Niederrhein, um 1958 235

TEIL IV
ZUR ZEIT WIRD HIER DER RAUM

Straßen und Gassen des Abendlands
Aachen im Jahr 1984 241

Pförtner der goldenen Stadt
Rom im Jahr 1994 249

Staat ohne Namen
Delphi, August 1997 261

Afrika an der Seine
Paris, Oktober 1991 267

Speicher der Visionen
Paris, Île de la Cité, Oktober 1991 277

Pyramide im Dritten Rom
Moskau, Juni 1994 283

Tiefer Graben
Dubrovnik, Mai 1992 293

Fiesta
Pamplona, Juli 1991 303

Frieden durch Todfeindschaft
Siena, Juli 1994 309

Verrückte Liebe
Vézelay, Juni 1991 317

Kopernikanische Wende
Thorn, 1991 325

Jerusalem des Westens
Santiago de Compostela, September 1991 339

Ende der Welt
Fisterra, September 1991 349

Hüter der Heilsgeschichte
Wien, März 1989 353

Schatz im Verlies
München, März 1986 359

Grand Hotel „Europa"
Prag, September 1988 365

Roter Keller
Berlin, April 1995 371

Hochzeit des Lammes
Gent, Mai 1995 381

Nadelöhr
München, 1998 389

Himmel unterwegs
München, 1. Juni 1998 397

Himmlisches Chaldäisch
München, Mai 1998 403

TEIL V
ZEITENWENDE

Der Schatten des Lammes
Turin, 30. April 1998 413

Ecce Homo!
San Gerónimo de Yuste, 20. Juli 1999 419

Brunnenraum
Stunde Null in der Stadt des großen Königs 427

Rückkehr der Krone Christi
Paris, 15. April 2019 439

Heimkehr und Zeitenwende
Rom, 8. Mai 2020 445

Urmeter der Verwandlung
Vatikan, 27. März 2020 451

TURM DER ZEITRÄUME

Turmbau zu Babel von Maarten van Valckenborch (1586–1612), Gemäldegalerie Dresden

Rom, 18. Mai 2020. – Architektur einer Erzählung der letzten Jahrtausende. Wiedersehen mit einem Geschichtsbuch, das eine Geschichte hat. Drehbuch eines „Roadmovies" mit Eigenleben aus Zeit und Raum und Ewigkeit.

Das Abendland ist kein Land. Es ist eine Geschichte. Man kann sie sich auch als einen geistlichen Kontinent durch die Zeiten vorstellen, der sich auf die Ewigkeit hinstreckte. Als die Geschichte einer großen Sehnsucht. Das Abendland war also niemals nur ein kleiner Erdteil im Westen der eurasischen Landmasse, wo die Sonne am Abend untergeht. Seele und Ferment des Abendlands war aber viele Jahrhunderte, das kann man drehen und wenden, wie man will, die römisch-katholische Kirche und die Schlüsselgewalt, die schon sehr früh die Päpste an ihrer Spitze als Nachfolger des Apostels Petrus und Stellvertreter Christi für sich beanspruchten. Das ist eine Tatsache. Daran können auch die verschiedenen Spaltungen dieser Kirche nichts ändern und auch nicht die schlimmen Missbräuche, die in den letzten Jahrzehnten bekannt wurden, oder die Tatsache, dass Europas Katholiken wie Protestanten inzwischen der Kirche Christi in Scharen den Rücken zukehren und ihren alten Glauben aufgeben. Die römische Kirche ist älter als alle Nationalstaaten Europas zusammengenommen. Sie war schon vor der Völkerwanderung da und reicht geradewegs in die Zeit der Cäsaren zurück. In dieser Epoche entstand und entwickelte sie sich in der Hauptstadt des Römischen Weltreichs aus der Lehre der Apostel Petrus und Paulus und aus dem Blut der ersten Märtyrer im Circus des Imperators Nero auf dem Vatikanhügel, wovon der antike Historiker Tacitus im 15. Buch seiner „Annalen" berichtet. Bis zur Neuzeit hat sich die Geschichte des Abendlands um die Geschichte dieser Kirche und ihrer Spaltungen herum entwickelt – und natürlich im Konflikt mit ihr, in einer stetigen schöpferischen Herausforderung. Die östliche Grenze des Abendlands kann man hingegen noch heute entlang der östlichsten gotischen Kathedralen ziehen. Dahinter begann das ähnlich alte Reich der orthodoxen Christenheit im Zirkel von Russland zum Balkan und Griechenland, die vom alten Imperium der Byzantiner noch übrig geblieben sind. Hinter diesem Rest beginnt das Morgenland, das schon im 7. Jahrhundert unter das Banner des Propheten kam und zum großen Teil muslimisch wurde und blieb.

Dieses Morgenland ist am Anfang des 3. Jahrtausends vor unseren Augen in die größte Krise seiner Geschichte geraten, zusammen mit dem Islam. Das Abendland hingegen hat schon gewaltige Krisen hinter sich und mehr noch, fast könnte man es ein Labor der Krisen nennen, die es in ständiger Folge erschüttert haben. Es war ein geistiger Kontinent, doch nicht ganz und gar. In den letzten Jahrzehnten des letzten Jahrtausends konnte ich deshalb noch leicht auf den Gedanken kommen, seinen Spuren noch einmal in vielen Reisen nachzugehen und seine Reste unter Ruinen freizulegen wie ein altes Mosaik unter Staub und Sand, der sich mit den Füßen zur Seite schieben lässt.

Dennoch war es kein archäologisches, sondern eher ein chirurgisches Unternehmen, wo ich die Haut dieses alten Makro-Organismus quasi „subkutan" entdecken musste, wie ein Mediziner vielleicht sagen würde. Darum war auch immer wieder schmerzhaft, was ich auf dieser Recherche erleben musste und erfahren habe. Dazu kam ein anderes: Als dieses Buch in seiner allerersten Fassung im Sommer 1999 in München erschien, war ich 51 Jahre alt und dieser Bericht dennoch eine Art Jugendwerk. Oder eine Vorskizze für ein größeres Gemälde. Denn ich habe seit meiner Kindheit gern erzählt und geschrieben, doch professionell zu schreiben, würde ich heute sagen, habe ich erst danach gelernt, vor allem im Stress des täglichen Nachrichtengeschäfts in Jerusalem und Rom. Aber ich hatte damals eine schöne – und im Grunde geniale Idee, wie ich heute bescheiden bemerken möchte.

Das war die Idee, Zeit und Geschichte einmal räumlich in einem einzigen großen Gebäude darzustellen und deshalb auch mehr oder weniger im Präsens zu schildern, das heißt in der Zeitform der Gegenwart des Erzählens. Ich wollte also Zeiträume in vielen wirklichen Räumen eines einzigen riesigen Gebäudes vorstellen, vielleicht ähnlich wie in dem Turm zu Babel aus der Hand des Malers Maarten van Valckenborchs von 1595 in der Dresdener Gemäldegalerie, wo dieser Bau aus einer holländischen Landschaft herausragt und in konischer Verjüngung geradewegs in den bewölkten Himmel reicht. Ein mächtiger Turm voller Zeiträume! Der Bau aber, den ich darstellen wollte, war praktisch der Gegenentwurf zu diesem Turm von Babel. Seine *lingua franca*, das heißt, seine allgemeine Verkehrssprache war in den oberen Etagen das Lateinische, im Fundament und den ersten Stockwerken auch noch Hebräisch, Griechisch und Gälisch. Viele, viele Architekten und Generationen von Handwerkern hatten dieses Haus gebaut. Und in diesem Monumentalbau stellte ich mir Treppenhäuser und Korridore mit tausend Türen vor und auch die Entdeckung vergessener Zimmer ohne jeden Eingang, wo wir zum Abschied ein weißes Laken aus dem Fenster hängen lassen mussten, um sie später von außen unter den 1000 Fenstern überhaupt identifizieren zu können, als Beweis, dass wir wirklich da waren und dass diese verborgenen Räume tatsächlich existierten.

Ich weiß noch, wie ich Gerald J. Trageiser, dem ebenso klugen wie skeptischen Verleger des Luchterhand-Verlags, um 1996 in einem Lokal in der Sternstraße im Lehel in München so begeistert und überzeugend davon erzählte, dass er mir am liebsten auf dem Tisch schon einen Vertrag zur Unterzeichnung vorgelegt hätte. Auf die Idee dieser Darstellungsweise aber hatte mich damals überhaupt erst Michail Sergejewitsch Gorbatschow gebracht, der russische Generalsekretär des Zentralkomitees der Kommunistischen Partei der ruhmreichen Sowjetunion in ihrem Endstadium. Davor nämlich wollte ich einfach nur einen kurzen Abriss der Geschichte Europas und seiner Wurzeln in den letzten 3000 Jahren schreiben und verschiedene Orte dafür besuchen und darstellen – bis Michail Gorbatschow das Bild des „Europäischen Hauses" seit 1987 in mehreren Reden für seine Vorstellung von der Zukunft Europas verwendete. „Die Metapher fiel mir während einer Unterredung ein", schrieb er in seinem Buch „Perestroika. Die zweite russische Revolution. Eine neue Politik für Europa und die Welt" (auf der Seite 252f.), das 1987 in München bei Droemer-Knaur herauskam. Weiter heißt es da: „Europa ist in der Tat ein gemeinsames Haus, wo Geografie und Geschichte die Geschicke von Dutzenden von Ländern und Völkern eng miteinander verwoben haben. Um die Metapher weiter auszuführen, könnte man sagen: Das Haus ist gemeinsam, aber jede Familie hat darin ihre eigene Wohnung und es gibt auch verschiedene Eingänge. Doch nur zusammen können die Europäer ihr Haus bewahren, es vor Feuersbrunst und anderen Katastrophen schützen, es besser und sicherer machen und in einwandfreiem Zustand halten. Falls die Welt neuer Beziehungen bedarf, dann vor allem in Europa, obwohl die Staaten Europas heute unterschiedlichen gesellschaftlichen Systemen und einander entgegengesetzten militärischen Bündnissen angehören."

Damals stand die Mauer noch felsenfest in Berlin! Kein Rost nagte am Eisernen Vorhang. Viele hunderttausend Tonnen von Stacheldraht und endlose Todesstreifen trennten die Blöcke. Kein Wunder, dass mich da die Metapher eines gemeinsamen Hauses faszinierte. Deshalb wollte ich mein geplantes Meisterwerk von da an auch nur noch „Das Europäische Haus" nennen, nachdem ich die Geschichte jahrzehntelang in mir und – in jenen prähistorischen Zeiten vor Google und dem Internet – in großen Kartons mit tausend Zetteln, Fotos, Notizen und anderen Informationen mit mir herumgetragen hatte. Darüber hatte die Geschichte, von der ich überzeugt war, dass sie zur Geschichte meines Lebens werden sollte, auch dauernd den Namen gewechselt. Zuerst nannte ich sie noch „Das Neue Jerusalem", dann „Das Himmlische Jerusalem", dann „Das Dritte Reich", bis ich nur noch „Das Europäische Haus" auf das immer dickere Manuskript schrieb. Schließlich bestand mein Verleger aber auf „Die Himmlische Stadt" als Titel, obwohl ich das Buch am Schluss am liebsten nur noch „EUROPA" oder „Abendland" nennen wollte. „Abendland", das wäre der Titel auch schon damals von der Sache her gewesen, aber nicht von der Zeit her. 1998 war der Begriff wie aus der Zeit gefallen. Es war einfach zu früh oder zu spät und darum „eine höchst unzeitgemäße Betrachtung", wie Jörg Lau später in einer klugen Rezension in der „Zeit" schrieb.

„Abendland" als Titel traute sich mein mutiger Verleger damals also nicht, der wohl auch ein wenig enttäuscht davon war, dass sich die Idee nicht hundertprozentig umsetzen ließ, für die ich ihn so begeistert hatte. Dazu spielten sich im Haus Europas einfach zu viele Schlüsselszenen und Schlachten im Freien ab, die sich nicht so mir nichts, dir nichts in ein Zimmer stopfen und in ein Kammerspiel verwandeln ließen! Das hätte die schöne Metapher in der Darstellung einer realistischen Umsetzung überdehnt und überstrapaziert. In diesem Sinn hat die geniale Idee von damals nicht funktioniert, wie ich heute gestehen muss, und ich hatte sie leider auch zu voraussetzungsreich geschildert, wie mein Verleger kritisch bemerkte.

Zudem verfügte ich damals noch längst nicht über all jene Erfahrungen, die ich heute habe. Aber: Es war wohl genau diese Erzählung, die mir viele dieser neuen Erfahrungen erst geöffnet haben wie ein Schlüssel. Denn ich hatte das schöne Buch, als es endlich fertig war, damals auch an Mathias Döpfner geschickt, einen ehemaligen jungen Kollegen aus Frankfurt, von dem ich nur wusste, dass er inzwischen zu einer anderen Zeitung nach Berlin gewechselt war, aber nicht, dass er auf dem Weg war, zum mächtigsten Zeitungsverleger Europas zu werden. Ich dachte, er könnte vielleicht eine kurze Rezension dazu arrangieren. Stattdessen ließ er mich kurz danach von seiner Sekretärin von München nach Berlin einladen, wo er mir dann eine Stelle als Korrespondent der Tageszeitung „Die Welt" in Jerusalem anbot. Für dieses Angebot war das Buch quasi das Eintrittsbillett. Und auch dafür, dass ich später von Jerusalem weiter nach Rom entsandt wurde. So gesehen hat es also Früchte getragen, von denen ich damals noch nicht das Geringste ahnen konnte und wie sie für einen Autor nicht schöner sein könnten.

Es gab glänzende Rezensionen, wie etwa von dem großen Klaus Berger, der in seiner Bilanz im *Focus* befand, die Bilder und Szenen dieser Chronik seien „eindeutig, nicht spekulativ und ganz einfach über alle Maßen schön". Ein prominenter Atheist wie Alan Posener rühmte meine „Himmlische Stadt" in der *Welt* als „Sternstundenbuch des Abendlands". Und Jörg Lau schrieb in seiner schon erwähnten Rezension, die auf der Seite 1 der Sylvester-Neujahrsausgabe 1999/2000 erschien, mein Buch über Europas „Apokalyptisches Projekt" stehe im „Dienst der Erinnerung an eine Tradition", deren möglicher Verlust „eine Katastrophe" sei. Ein namhafter Historiker hingegen hat sich damals meiner Inspirationen großzügig für ein eigenes Werk über den „Westen" bedient, ohne meinen Namen auch nur zu erwähnen. Das aber ist akademischer Usus. Denn ich war ja nur Lehrer und Journalist und kein Professor.

Nicht nur darum will und muss ich dieses Buch jetzt aber noch einmal selbst vorlegen, in einem neuen „director's cut", das heißt, in einer selbst lektorierten Originalfassung, die ich am Ende um einige Kapitel erweitere. Es ist nicht das erste Mal, dass ich eins meiner Bücher noch einmal ergänze, als sei ich in lebendige Geschichten hineingestolpert, die zu meiner Lebenszeit wachsen und weitergeschrieben werden wollen. Denn es sind ja keine erfundenen Romane, sondern Sachbücher. Im Fall dieses Buches kommt mir heute die Corona-Pandemie in Rom dabei zu Hilfe, wo ich seit Jahren verfolge, wie der Begriff „Abendland" in die Debatten zurückgekommen ist, auch durch eine Bewegung in Deutschland, in der dieses „Land" auf einmal gegen das Fremde verteidigt werden soll, auch von Menschen, von denen ich mir nicht sicher bin, ob ihnen allen das Vaterunser noch geläufig ist – als jener winzige Gebetstext, der für unsere Geschichte in gewisser Weise verfassungsgebend ist. Ich will das hier nicht weiter vertiefen.

Damals tat sich die junge Lektorin jedenfalls schwer mit dem Manuskript, das ich im Verlag ablieferte; besonders mit dem Ende, in den letzten Kapiteln meines Textes, an dem ich mich so viele Jahre abgemüht hatte. Christiane Schmidt leistete damals Außerordentliches, um nüchtern zu entwirren, wo mich mein Anspruch überfordert hatte. Sie löste ihre Aufgabe meisterhaft. Aber jetzt sehe ich, dass ich sie mit der originalen Fassung auch wirklich erschreckt haben muss – vor allem mit den letzten Zeilen dieses Buches, das mir da vor Augen schwebte. Ganz ehrlich, muss ich gestehen, bleibt auch mir selbst die Spucke weg, wenn ich das alte Original jetzt erstmals nach über zwanzig Jahren noch einmal lese, und kann meinen alten Verleger gut verstehen mit seiner und meiner schockierten Lektorin. Ich werde noch darauf zurückkommen, warum ich ihnen heute dafür sehr dankbar bin.

Denn gerade deshalb will und muss ich heute das alte Manuskript noch einmal selbst neu lesen und nachschleifen, als alt gewordener Autor meines eigenen Jugendwerkes und dabei einige Kapitel retten, die dem damaligen Lektorat aus verständlichen Gründen zum Opfer gefallen sind und – vor allem – einige notwendige Ergänzungen vornehmen, von denen ich damals weder etwas wusste noch ahnte. Nur der Umschlag soll unbedingt gleich bleiben wie in dem Buch von 1999. Es ist ein Ausschnitt aus der „Hochzeit des Lammes" aus dem Jahr 1432, den die Gebrüder van Eyck damals für ein Altarbild der Sankt Johannes-Kathedrale der Stadt Gent in Flandern geschaffen haben, wo sich die alten gotischen Silhouetten der Städte an Rhein und Maas über einer Landschaft erheben, die der gleicht, in der ich meine Kindheit verbrachte.

Doch jetzt will ich die Neuausgabe meiner Geschichte zur besseren Orientierung in fünf Teile gliedern mit einem Prolog, in dem ich noch einmal in das Thema einführe und die Verbindung zum Fundament dieser Geschichte herstelle, über die ich mich vor über 40 Jahren erstmals gebeugt habe, bevor sie auf geheimnisvolle Weise in die letzte Zeitenwende vor dem Ende des Jahrtausends am 9. November 1989 gleichsam einmündete. Der zweite Teil folgt dann unter dem Motto „Zum Raum wird hier die Zeit" aus Richard Wagners „Parsifal", in dem ich in 31 Kapiteln historische Schlüsselszenen des Abendlands skizziere, die durch Beobachtungen angereichert sind, die ich bei verschiedenen Reisen von den Orten gemacht habe, an denen sie sich abgespielt haben. „Zwischen den Zeiten" verwandelt im dritten Teil die Geschichte mit meiner Geburt in persönliches Erleben. Dieses Scharnierstück führt zum vierten Teil, wo ich in 22 Kapiteln verschiedene Schicksalsorte des Abendlands aufsuche, um in den Mauern und Gebäudeteilen des Europäischen Hauses das Netz zu suchen und freizulegen, das unsere Geschichte zusammenhält; jetzt in der Abwandlung des „Parsifal"-Motivs: Zur Zeit wird hier der Raum. Viele dieser Kapitel habe ich in den 80er- und 90er-Jahren des letzten Jahrhunderts als Reporter und im Auftrag des Magazins der Frankfurter Allgemeinen Zeitung übernommen für Recherchen, die sich damals und heute erst recht kein Autor je auf eigene Faust in diesem Umfang hätte leisten können. Zurückblickend war es eine Zeit historischen Atemanhaltens vor dem Fin de Siècle. Darum lesen sich viele dieser Stücke zum Teil wie Drehbücher zu „Road-Movies", wie sie in systematischen Geschichtsbüchern normalerweise nicht vorkommen. Das ist kein Nachteil, vielleicht im Gegenteil, und erklärt manche Zufälligkeiten bei der Auswahl dieser Reisen, weil der Anspruch auf Vollständigkeit bei der Geschichte des Abendlands unsinnig ist und ihm kein Mensch hätte gerecht werden können. In Sevilla bin ich nicht mehr den Spuren Isidors nachgegangen und habe nicht mehr das Amsterdam Spinozas besucht. Auch Barcelona, Genf, Genua, Toledo oder Venedig hatte ich für dieses Buch damals nicht aufgesucht. Ich war einfach nicht mehr dazu gekommen, nachdem mir für diese Chronik schon eine große Reihe von Reisen vergönnt worden war, von denen Historiker normalerweise kaum träumen können. Der fünfte Teil dieses Buches mündet dann zum Schluss wieder in einer „Zeitenwende", wo ich mit einigen neuen Bausteinen eine Brücke zum Jahr 2020 vollende. Der Schlussstein ist hier ein Ereignis, deren Zeugen die meisten Leserinnen und Leser selber sind.

Damit beende ich zum letzten Mal dieses Werk, in dem ich eine Quadratur des Kreises versucht habe. Denn es ist ja einerseits radikal subjektiv, wo ich keine einzige meiner Beobachtungen und Erfahrungen hinter akademischen Schimären verberge (und mich dabei auf Fußnoten stütze, die oft mehr der Einschüchterung der Leser als der Wahrheitsfindung dienen). Andererseits ist es so objektiv, wie ein Werk nur sein kann, das sich auf viele gut dokumentierte historische Quellen stützt, deren Deutung ich ganz dem Begreifen der Leserinnen und Leser und ihrer Einsicht in Plausibilitäten anvertraue; und die es hoffentlich nicht stören wird, dass es im Erzählfluss dieses Buches – wie in meiner Erinnerung (und wie es im Alter wohl allgemein häufiger vorkommt) – immer wieder mit den Vergangenheitsformen und dem Präsens etwas durcheinandergeht.

Vor allem aber wollte ich hier einmal so anschaulich wie möglich jene „Voraussetzungen des freiheitlichen-säkularisierten Staates" skizzieren, die er nach dem oft zitierten Diktum des Staatsrechtlers und Rechtsphilosophen Ernst-Wolfgang Böckenförde (1930–2019) aus dem Jahr 1964 „selbst nicht garantieren kann". Als ich Professor Böckenförde im Sommer 1998 deswegen von München in seinem Haus in Au bei Freiburg anrief, riet er mir dringend, bei diesem Zitat auch den folgenden Satz des Originals zu erwähnen, der fast nie mitzitiert werde, und er diktierte ihn mir noch einmal aus dem Kopf am Telefon: „Das ist das große Wagnis, das (dieser Staat) um der Freiheit willen eingegangen ist."

Die Grundvoraussetzungen des freiheitlichen-säkularisierten Staates finden wir alle in der Geschichte des Abendlands, die ich in dieser Ausgabe mit einer Auswahl ausgesuchter Fotos und Darstellungen vor jedem Kapitel anreichere, um die mich vor 20 Jahren schon viele Leserinnen und Leser gebeten haben. Deshalb muss und darf das Buch diesmal auch nur noch und ganz ursprünglich ABENDLAND heißen. Und auch der Grundakkord muss natürlich derselbe bleiben, mit dem die fabelhafte Erzählung seiner Geschichte in meiner Werkstatt vor Jahrzehnten mit dem hier folgenden Kapitel seinen Anfang nahm.

STADT AUS DEM HIMMEL

Holzschnitt aus dem Buch: „Icones, id est verae imagines virorum doctrina simul et pietate illustrium ... quibus adiectae sunt nonnullae picturae quas emblemata vocant" von Théodore de Bèze, Genf 1580

Patmos, etwa im Jahr 95. – Im letzten Buch der Bibel verbirgt der greise Autor so etwas wie einen Notenschlüssel unserer Geschichte. Seine räumliche Theologie über einen geheimen Namen Gottes wird zur Matrix des Abendlands.

Es gibt einen Schlüssel zum Geheimnis Europas. Das ist die Apokalypse des Sehers Johannes aus Patmos, die allen Umwälzungen unseres Erdteils durch Raum und Zeit in der einen oder anderen Weise, positiv oder negativ, geheimnisvoll wie ein Code zugrunde liegt. Es ist ein kurzer Text im letzten Buch der vielen Bücher der Bibel, wo es gegen Ende heißt: „Ich, Johannes, sah die Heilige Stadt, das neue Jerusalem, von Gott her aus dem Himmel herabkommen."

Das griechische Wort „Apokalypse" heißt einfach „Offenbarung". Im Deutschen wird die Offenbarung des Johannes häufig aber auch noch mit dem Zusatz „geheim" versehen; das heißt ursprünglich „zum Haus gehörig" und das ist sehr merkwürdig. Denn die Signale, die von dieser Geheimen Offenbarung ausgehen, sind wirklich in allen Kammern des Europäischen Hauses zu empfangen. Aus ihren aneinandergereihten Buchstaben ist mit blutrotem und goldenem Garn der Faden gesponnen, der im Labyrinth unserer Geschichte wie der Faden der Ariadne die Rückkehr zum Eingang sichert. Fast zweitausend Jahre schon bewegt dieser Signaltext unser Schicksal.

Wenn er in der katholischen Kirche aber jährlich am 9. November verlesen wird, dann deshalb, weil mit diesem Tag an die Weihe der Lateranbasilika in Rom im Jahr 324 erinnert wird, als der heidnische Kaiser Konstantin den Christen – zwanzig Jahre nach ihrer härtesten Verfolgung – im römischen Weltreich eine große Basilika unmittelbar neben seinem eigenen Palast stiftete. Es war ein unglaublicher Wendepunkt der Weltgeschichte: der Anfang des Abendlands.

Auch am 9. November 1918, als die deutsche Revolution fehlschlug, oder 1923, als der 34-jährige Adolf Hitler in München einen Zug von Rebellen in das Feuer der bayerischen Landpolizei führte, und 1938, als in der Mitte Europas die Synagogen brannten, oder am 9. November 1989, als in Berlin die Mauer fiel, hieß es deshalb in hunderten Gotteshäusern Europas aus dem Stundenbuch wieder so fremd, dunkel und rätselhaft wie eh und je: „Ich sah die Heilige Stadt, das neue Jerusalem, von Gott her aus dem Himmel herabkommen ... Einen Tempel sah ich nicht in der Stadt. Denn der Herr, ihr Gott, der Herrscher über die ganze Schöpfung, ist ihr Tempel, er und das Lamm."

ZEITENWENDE

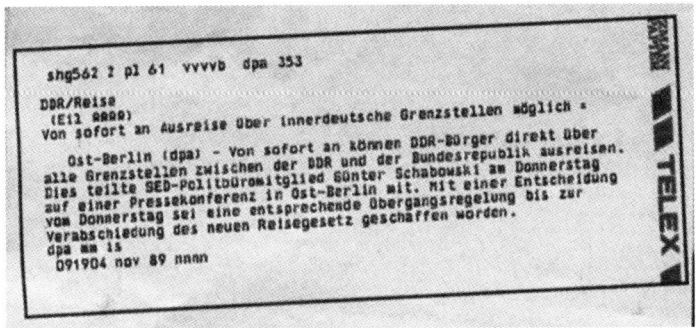

*Telexabschnitt der Eilmeldung der Deutschen Presseagentur
vom 9.11.1989 um 19:04 aus Berlin, die Minuten
später die Öffnung der Mauer auslöste*

9. November 1989, München, Goetheplatz. – Erinnerung an den Tag und die Nacht, an dem ein Regen von Nachrichten und die herabstürzenden Steine der Berliner Mauer die Geschichte meines Lebens unter sich begrub.

Am selben Tag löschte ich am Spätnachmittag früh das Licht in meinem Arbeitszimmer in München und schaute versonnen den Fußgängern unter dem Fenster auf dem Goetheplatz nach. Hätte ich vom Stundenbuch und diesen Lesungen der Offenbarung gewusst, wäre ich gegen sieben Uhr wohl ins Annakloster in die Annastraße gefahren, um den alten Worten während der Vesper in der letzten Bank noch einmal zu lauschen. Denn kein Text hatte mich in den Jahren davor so sehr verfolgt und beschäftigt: als Mitglied der katholischen Kirche, als Bürger der deutschen Bundesrepublik, als Lehrer, als Reporter. Vielleicht wäre ich aber auch nicht gefahren und hätte nur weiter aus dem Fenster geschaut, träge wie eine Katze, und mich weiter des Lebens und der Erinnerungen gefreut.

Es war so mild in München. Ein wundervoller Herbsttag ging zu Ende, nach einem großer Sommer vom Ural bis zum Atlantik. Zwei Jahre zuvor – im Mai 1987 – war ein Kind aus Deutschland mit einem Sportflugzeug unter allen Radarschirmen des Warschauer Paktes hindurch auf dem Roten Platz in Moskau gelandet, am „Tag der sowjetischen Streitkräfte". Kein Blitz hatte ihn getroffen, keine Rakete den Frevel beantwortet. Wenige Wochen danach hatte ich in Leningrad verfolgt, wie sich in den weißen Nächten eine erregte Menschenmenge in den Kolonnaden der Kasan-Kathedrale versammelte und durcheinander diskutierte. Wolkengebirge türmten sich um Mitternacht um uns über diesem Museum des Atheismus auf, in allen Farben. Ich verstand von allem kein Wort, aber sah: Diese Stadt stand unter Strom. Die Gedanken waren frei geworden!

In diesem Sommer 1989 aber war ich mit zwei Söhnen noch einmal, soweit es in Europa nach Westen geht, nach Santiago de Compostela gefahren, während gleichzeitig im Osten nicht die Tornados der Nato, sondern die Füße Abertausender von Flüchtlingen von Ost nach West das endgültige Ende des Kalten Weltkrieges herbeiführten und entschieden. Und in den letzten Tagen hatte sich die Geschichte noch einmal wie nie zuvor seit meiner Geburt beschleunigt. Noch nie waren alle Neuigkeiten aufregender gewesen.

Doch jetzt wollte ich keine Nachrichten mehr hören noch sehen und räkelte mich erschöpft auf dem Stuhl. Am nächsten Morgen würde endlich die Geschichte meines Lebens in der Zeitung erscheinen, an der ich so lang wie an keiner anderen gesessen hatte: über die abenteuerlichen Wirkungen, die die Vision des Himmlischen Jerusalem zuerst in der Geschichte Europas und dann für die ganze Welt entfaltet hat. Über den Entwurf der Messianischen Stadt, die sich von oben nach unten auf die Erde senkt! Morgen früh würde ich endlich meine Skizze vom Bauplan des Motors so vieler historischen Verwerfungen und Brüche auf diesem Erdteil in der Zeitung lesen können und noch einmal vom Ursprung unseres so rätselhaften und immer ungestillten Hungers nach wahrer Revolution erzählen. Nichts war mir an diesem Abend wirklich wichtiger und hätte mich glücklicher machen können. Ich konnte kaum glauben, dass es endlich wahr geworden war. Selten war ich stolzer in meinem Leben, das es gut mit mir meinte. Sieben Jahre vorher hatte ich diese Geschichte zu schreiben begonnen. Nun räumte ich noch ein wenig auf, bevor ich nach Hause gehen wollte, nahm Hut und Mantel, verschloss die Tür des Büros, ging noch am Briefkasten vorbei, um die letzte Post einzuwerfen, und machte mich auf den Heimweg.

Wo war ich also, als drei Minuten vor sieben in Ostberlin Günter Schabowski vom Zentralkomitee der „Sozialistischen Einheitspartei Deutschlands" (SED) auf einer Pressekonferenz ebenso beiläufig wie schusselig verkündete, „ab sofort" könnten alle Bürger seines Staates ungehindert in den Westen reisen? Wo war ich, als unmittelbar danach ein Volk durch die Wand ging. Auf einem U-Bahnhof? Im Bus? Ich weiß es nicht mehr. Ja, es war wohl die Geschichte meines Lebens. Doch in jenen Stunden wurde sie von der fallenden Mauer in Berlin wie von einem einstürzenden Gebäude begraben. Denn wer mochte sie wohl zwischen den Nachrichten dieser Nacht am nächsten Morgen noch lesen?

„Wir nehmen sie nun einfach irgendwann ins Blatt", hatte Thomas Schröder kurz davor gesagt, mein Chef beim Magazin der Frankfurter Allgemeinen Zeitung, „nicht zu Ostern, Pfingsten, Weihnachten oder sonst einem Feiertag, sondern einfach zwischendurch, an einem völlig beliebigen Termin, und dann reden wir endlich nicht mehr darüber und du gehst mir nicht mehr auf den Geist damit." Wohl kein anderer Chef sonst hätte sich darauf eingelassen. Für einen Zeitungsbericht war die Sache zu lang. Und auch in jenen goldenen Jahren der Farbmagazine passte sie im Grunde nirgendwo hin zwischen die doppelseitigen Anzeigen der Diamanten-, Gold- und Kreditkartenhändler, denen diese Zeitungsbeilagen ihre Existenz verdanken, und den Reportagen und Prominenten-Porträts, mit denen wir Redakteure die Zwischenräume so interessant wie möglich zu füllen hatten. Zwischen all diesen Artikeln war diese Erzählung Schmuggelgut.

Denn, offen gestanden, wollte ich mit diesem Stück vor allem Frieden mit meiner früheren Existenz als Geschichtslehrer machen. Hier wollte ich meiner Frau, meinen Kindern und meinen ehemaligen Schülern noch einmal einen roten Faden der Weltgeschichte Europas aufwickeln, in einer einzigen letzten kleinen Erzählung. Jahrelang hatte ich inzwischen als Reporter die Welt nach den Spuren dieser Stadt durchforscht und nachgespürt, wo die Grundrisse des Himmlischen Jerusalem unseren Landkarten und Stadtplänen auch heute noch wie auf Palimpsesten eingezeichnet sind. Das heißt, wie auf jenen alten Pergamenten des Mittelalters, die immer wieder neu abgeschabt und beschrieben wurden, bis sie hauchdünn geworden waren. Überall waren meine Arbeiten Teil eines Tagebuches auf dieser Suche nach Abdrücken jener Vorschau auf die Heilige Stadt geworden, die als das Urmeter des Abendlands verstanden werden muss, wie ich gleich noch erzählen werde, aus jedem Ort Europas.

Doch als ich am nächsten Morgen, jenem am Alpenrand so leuchtenden Herbsttag, mit Herzklopfen die Zeitung aus dem Briefkasten holte, sobald die Kinder aus dem Haus waren, mir allein eine Zigarette anzündete, die Zeitung und das Magazin auffaltete, mich an den herrlichen Bildern ergötzte und endlich meinen Bericht zu lesen anfing, bekam ich fast einen Herzinfarkt. Freilich nicht, weil es in dieser Nacht mit den ersten Hammerschlägen gegen die Berliner Mauer mit der Sowjetunion zu Ende ging. Nicht, weil das rote Imperium einstürzte. Nicht, weil jetzt die ganze Welt aus dem Häuschen war.

Nein, all das ließ mich kalt, ebenso die allerneuesten Nachrichten im Radio. Nur die Druckfehler und Verstümmelungen nicht, die sich im letzten Moment in die letzte Fassung eingeschlichen hatten. Sie brachten mich fast um. Autoren sind leider so. Die erste Seite war zwar immer noch korrekt, wo es hieß, dass das Urbild Europas eine „Stadt ohne Mauern" sei, und auch der Schlusssatz war fehlerfrei, der den langen Bericht in der flimmernden Staubwolke einer Baustelle enden ließ. Doch nun war der Schluss ansonsten so verwüstet, dass mir die Geschichte jetzt insgesamt wie eine einzige Baustelle vorkam. Ich bekam Magenkrämpfe.

Vielleicht muss ich die Geschichte darum heute noch einmal ganz neu erzählen. Doch jetzt hat das Augenlicht schon nachgelassen, mit dem ich damals noch vieles erblickt und gesehen habe; jetzt muss ich bei der endgültigen Niederschrift dieses Berichts schon leider eine Brille tragen, was mir damals undenkbar erschienen wäre. Viele Zeugen, die ich noch befragen konnte, sind verstummt, andere wurden als Schwindler entlarvt. Von vielen Begleitern, die ich damals um mich wähnte, ist dieses Buch die letzte Erinnerung. Mehr als ein Raum, den ich für den ersten Entwurf durchstreifte, hat sich inzwischen in Wohlgefallen aufgelöst. Große Reiche sind inzwischen verschwunden, kleine neue Staaten erstmals auf der Landkarte aufgetaucht, Grenzen wanderten, andere fielen, alles innerhalb von zehn Jahren.

War also alles gar nicht wahr, was ich damals zu beschreiben suchte, oder war es ein Traum? Eine Fata Morgana? Oder ein Widerschein der jenseitigen Welt? Und was war aus der kraftvollen Idee Gorbatschows geworden, der 1987 vom „Europäischen Haus" gesprochen hatte?

OZEANRIESE IN DER DÄMMERUNG

*Abendliche Skyline Manhattans über dem East River
von Brooklyn aus gesehen*

Schaag, 20. Juli 1958. – Zwischen Traum und Raum. Erste Vision einer leuchtenden Stadt des Himmels im Paradies einer Lichtung hinter meinem Heimatdorf vor der holländischen Grenze, wo mein Vater ins Jenseits wechselte.

Was ich am 9. November 1989 als Geschichtslehrer und Journalist und Reporter aber für die Geschichte meines Lebens hielt, hätte ich ja vielleicht auch für einen Kindheitstraum halten können, seit mich mein Vater erstmals an seiner Hand in unserem Heimatdorf durch eine der drei Tore unserer Sankt Anna-Kirche mit in die Himmlische Stadt genommen hatte, als ich vielleicht vier oder fünf war. Doch so war es nicht. Denn im November 1989 hatte ich schon seit Jahren Folgendes erfahren und studiert und gelernt:

Am Anfang war das Europäische Haus als Stadt gedacht. Und nicht nur das. Was Europa geformt hat, wurde ursprünglich in Vorderasien geplant: im Heiligen Land, wo eine Stadt Gottes erstmals als ein Ort des Friedens für die Menschen ersehnt und geschaut wurde. Dieser Gegenentwurf zu den Sklavenhäusern aller Tyrannen der Erde wurde über Jahrhunderte erlitten, ersehnt und entwickelt. Eine gerechte und immer gerechtere Welt. Diese neue Stadt ist das gesellschaftliche Urmeter des Abendlands. Die Sehnsucht nach einem solchen Gemeinwesen ist der Keim unserer Zivilisation geworden – in der das Jüdische zu einem Ferment der Unruhe wurde: einer Unruhe auf Gott hin.

Denn es waren die Juden, das kleinste Volk zwischen den orientalischen Supermächten der Antike, die diesen Traum zuerst geträumt haben – zwischen Ägypten im Süden und Assur, Babylon und den Persern im Norden und Osten und den Städten der Kanaaniter und Phönizier im Westen, vor dem Meer. Zwischen diesen Sonnen-, Sternen- und Erdanbetern behaupteten die Hebräer erstmals, dass ihr Gott einer, einzig, unsichtbar und der Schöpfer des Himmels und der Erde sei. Und dass es sein Liebstes sei, unter den Menschen zu wohnen, am allerliebsten in seiner Stadt: in Jerusalem. Das lässt sich alles nachlesen, weil die Bibel Seite um Seite davon erzählt, wie die Seher und Propheten Israels um die Architektur und fortwährende Erneuerung dieser Stadt ringen.

Mit der letzten Offenbarung setzte der Seher Johannes deshalb nur noch einmal einen besonders glänzenden Schlussstein in dieses Gebäude, in dem er wie in einem Kaleidoskop noch einmal viele Visionen des himmlischen Jerusalem in einem unvergleichlichen Formen- und Farbenspiel zusammenfasst, mit dem Bild und Plan einer ebenso riesigen wie gottes- und menschenfreundlichen Großstadt – und schließlich mit der befremdenden Inthronisation „des Lammes" in dieser Metropole der Völker.

Über die Apostel gelangte dieser Entwurf vom Morgenland ins Abendland, allen anderen voran durch Petrus und Paulus. Die Grundsteine Europas wurden über ihren Gräbern, später über denen der Märtyrer und Heiligen gelegt – vom Grab des Judas Thaddäus in Edessa (dessen Sarkophag aber schon seit Jahrhunderten im Petersdom in Rom neben dem Grab Petri verehrt wird) bis zum Grab des Jakobus in Santiago oder dem des Matthias in Trier. Und geradeso wie das alte Israel die Bundeslade immer mit sich führte, bevor der erste Tempel erbaut wurde, wurde auch das Bild des goldenen Jerusalem von Königen, Heiligen und Gaunern durch alle Zeiten Europas getragen – und oft sogar am fantasievollsten von Gaunern und Verbrechern. Hundertmal wurde das Bild geraubt und versteckt, tausendmal übermalt, verkleistert, verdreht und geschändet. Kaum hundert Generationen sind seit der Zeit der Apostel vergangen, besser ließ sich eine Zeit noch nie überschauen.

Darum sind die Spuren des himmlischen Jerusalem innerhalb des Europäischen Hauses trotz aller Übermalungen auch so leicht zu identifizieren, dessen verschachtelte Fassade heute alle anderen Häuser der Erde überragt, von Lichtern übersät wie ein Ozeanriese, der in der Dämmerung an uns vorüber in das weite Offene des nächsten Jahrtausends gleitet. Gibt es ein schöneres Gebäude auf der Welt? Dreitausend Jahre haben in dem Komplex Platz – mit seinen unendlich vielen Stockwerken, Korridoren, Terrassen, Treppen, Räumen, Zimmern und Zeiten. Kreuzgänge wechseln mit Gärten und Innenhöfen in ihm ab, Vorder- mit Hinterhäusern, Türmen, Bibliotheken, Hallen, Kammern, Kapellen, Erkern und Kerkern und Sälen voller Bilder. Aus Hunderten von Fenstern winken uns Personen zu. Und wenn die Fenster offenstehen, weht durch das Gebäude immer ein Hauch von Ewigkeit, vom Himmel und der Hölle her. Gegenwart und Vergangenheit wechseln in ihm von Tür zu Tür und von manchen Zimmern kann man durch die Wände geradewegs ins nächste schreiten.

So war es schon damals, als mich mein Vater erstmals als kleines Kind in den verzweigten Komplex mitnahm, und so ist es auch heute noch, wo es hier nur einer langen Leiter bedarf, um in jenen Festsaal im Gewölbe des Firmaments hochzusteigen, wo wir die Propheten im Gespräch über ihren Lieblingsort noch einmal zu Tisch bitten und ihnen lauschen wollen – bevor wir uns selbst in allen Zimmern des riesigen Gebäudes auf die Suche nach der Neuen Stadt machen werden. Auf einer kleinen Lichtung hinter meinem Elternhaus, die wir als Kinder den „Abendplatz" nannten, lehnen wir die Leiter einfach an den Himmel. Der Morgenstern leuchtet funkelnd über dem Ort wie ein Signale sendender Satellit.

HIMMLISCHES LABOR

*Das himmlische Jerusalem aus den Apokalypse-
Illustrationen von Albrecht Dürer 1498*

Ein Dialog in und über dem Heiligen Land. Vorstellung einer himmlischen Tafel durch die Jahrhunderte über der Stadt Gottes unter den Menschen von den ersten Propheten Israels bis zu den Visionen des christlichen Sehers Johannes.

Schon auf den letzten Sprossen dringt ein gewaltiger Hymnus herab: „Freu dich, du Unfruchtbare, die nie gebar, du, die nie in Wehen lag, brich in Jubel aus und jauchze! ... Mach den Raum deines Zeltes weit, spann deine Zelttücher aus, ohne zu sparen. Mach die Stricke lang und die Pflöcke fest! ... Denn siehe, schon erschaffe ich einen neuen Himmel und eine neue Erde. Denn ich mache aus Jerusalem Jubel und aus seinen Einwohnern Freude ... Nie mehr hört man dort lautes Klagen. Dort gibt es keinen Säugling mehr, der nur wenige Tage lebt, und keinen Greis, der nicht das volle Alter erreicht."

Oben im Saal spannt sich ein Tisch aus Olivenholz in der Mitte über gut zwölf Jahrhunderte hinweg. Tief unter uns können wir die felsige Landbrücke zwischen Asien und Afrika in allen Einzelheiten an der Mittelmeerküste in der Sonne erkennen und den Schnee des Hermon, den See Genezareth, das grüne Jordantal und das Türkis des Toten Meeres mit bloßem Auge unterscheiden. Gibt es einen schöneren Planeten?

Teppiche bedecken die Wände, Brotladen und Wein sind auf dem Tisch gedeckt. Meinen Namenspatron erkenne ich von Weitem schon an seiner Glatze. „Das himmlische Jerusalem ist frei", höre ich ihn jetzt als Erstes, „und dieses Jerusalem ist unsere Mutter." – „Ja, denn diese Stadt wird auf Gerechtigkeit gegründet", antwortet ihm Jesaia, dessen Stimme von vorhin ich nun wiedererkenne, „Tag und Nacht steht sie den Verfolgten offen. Sie ist das Asyl der Flüchtlinge. Exilanten kommen von weit her zu ihr geströmt." – „Hier will ich wohnen, hier will ich für immer das Antlitz Gottes schauen und mich satt sehen an seiner Gestalt, wenn ich erwache", sagt König David, „von dieser Stadt wird man sagen: Jeder ist dort geboren. Denn Er, der Höchste, hat Zion gegründet."

Alle Namen sind mit einem eigenen Buch in der Bibliothek der Bibel vertreten. Dass es aber in der Mehrzahl Dichter, Seher und Sänger sind, ist schon für ein Kind zu erkennen. Jesaia und ein Mann namens Ezechiel führen das Wort in dieser Runde. Ihre Augen leuchten.

„Die Mauern Jerusalems macht man aus Edelstein, seine Türme und Wälle aus reinem Gold", hat Tobit vorgeschlagen. „Ja, mit einem Fundament aus Malachit", malt Jesaia das Bild wieder weiter aus, „die Grundmauern aus Saphir, aus Rubinen die Zinnen, aus Beryll die Tore und alle Mauern aus kostbaren Steinen." Wie auf der Tasche des Hohenpriesters sollen die Namen der zwölf Stämme Israels auf die zwölf Tore eingegraben werden.

„Nein, das Neue Jerusalem hat gar keine Mauern", steigert der greise Seher Johannes noch einmal den Entwurf, „alle Häuser funkeln dort wie Edelsteine, die Dächer wie Smaragde. Selbst nachts ist sie taghell, sie leuchtet über den ganzen Erdkreis wie Gold, alle Häuser sind hier Paläste. Keiner herrscht mehr über ihre Bewohner und keinen lassen sie dort mehr über den anderen herrschen."

Die Weisheit wird in ihr wohnen, die Stadt selbst wird zur großen Lehrerin der Völker werden. „In dieser Stadt fühlt sich der Schöpfer selber wohl. Sie wird zum Liebeslager des Allerhöchsten werden. An diesem Ort hat er seine Freude, an ihrer Verfassung ergötzt Er sich", sagt Sacharja, „er selbst wird die schutzlose Stadt beschützen. Er wird sie allein groß machen und glänzender als alle anderen Orte. Jeder Kochtopf in Jerusalem ist dann so heilig und wichtig wie alle Geräte und Gefäße des Allerheiligsten. Er schleift die Mauern zwischen den Palästen und Hütten und zwischen dem Tempel und seiner Stadt wird er den Vorhang selbst zerreißen." Er selbst wischt hier die Tränen ab von jedem Gesicht. Die Großen fressen hier die Kleinen nicht auf, die Begabten helfen den Behinderten. Das Pläneschmieden und Schauen und Sichbegeistern will kein Ende nehmen: In dieser Stadt werden die Schwerter zu Pflugscharen umgeschmiedet und Lanzen werden zu Winzermessern. Es gibt keinen Krieg mehr. Jeder sitzt unter seinem Weinstock und unter seinem Feigenbaum und niemand schreckt ihn auf.

„Tyrannen wohnen dort nicht mehr in Gotteshäusern, Mörder gelten da nicht mehr als Helden, Macht und Gewalt nicht mehr als heilig!" Kurz danach erhebt sich Johannes noch einmal als Letzter am Tisch: Johannes, der das geheime Buch Daniels geöffnet hat, den die Löwen nicht anzurühren wagten. „Ein Gotteshaus sah ich nicht in dieser Stadt", hören wir ihn jetzt, gerade nachdem Ezechiel auch den letzten Tempelneubau der neuen Stadt noch einmal voller Eifer in allen Einzelheiten ausgemalt hat, „und ich sah sie von Gott her aus dem Himmel herabkommen. Er selbst, der Herrscher über die ganze Schöpfung, ist ihr Tempel, er und das Lamm, das auf dem Berg Zion steht. Es sieht wie geschlachtet aus. Doch dieses Lamm ist die Leuchte dieser Stadt!"

Und das letzte Wort der Geschichte, da sind sich alle einig, wird keine Katastrophe sein, auch keine paradiesische Oase wie für Adam und Eva, nein, das Ende wird dieser Neuen Stadt gehören, so groß, dass nicht Wildnis sie umfängt, sondern dass sie selbst sogar das Paradies als einen Garten in ihrem Innern umschließt (fast so wie der Central Park von Manhattan umschlossen ist), mit einer sprudelnd frischen Quelle. Vier Flüsse werden der Quelle entfließen, mit einem Wald von Lebensbäumen an ihren Ufern. Das Lebenswasser wird die Wüsten erblühen und das Tote Meer gesunden lassen. Fische aller Art schlagen Salto über den Wellen. Alles blüht und trägt gleichzeitig Früchte in dem Garten: Es ist Frühling, Sommer und Herbst – gleichzeitig Aussaat und Ernte. Die Früchte der Bäume dienen der Nahrung und dem Genuss. Alle Blätter sind reine Arznei. Die Stadt wird wie eine immerwährende Hochzeit sein, Licht der Welt.

Es ist eine Wonne, bei diesem Gedanken zu verweilen. Alle Worte der Alten lösen sich für einen achtjährigen Knaben in Bilder auf – und die Bilder verstehe ich sofort. Eine züngelnde Natter ringelt sich um meinen Fuß, die ich im Zuhören durch meine Finger gleiten lasse. Das Leben ist so leicht. Da sehe ich rechts von mir das kleine ledergebundene Buch meines Vaters auf einem Schrank, nehme es herab, um es auf einem Stuhl vor dem offenen Fenster wahllos aufzuschlagen und lese: „Da flog zu mir einer der Seraphim heran, in seiner Hand ein glühendes Stück Kohle, das er mit einer Zange vom Altar genommen hatte. Mit ihm berührte er meinen Mund ..." – Es ist das erste Buch, das ich jemals selbstständig aufgeschlagen habe.

Gleißendes Sonnenlicht umhüllt mich, ich gleite mit der Hand über die alte dunkle Holzmaserung des Stuhls, blättere weiter und lese: „Der Herr hüllte ihn ein, gab auf ihn acht und hütete ihn wie seinen Augenstern, wie der Adler, der sein Nest beschützt und über seinen Jungen schwebt, der seine Schwingen ausbreitet, ein Junges ergreift und es flügelschlagend davonträgt." Sehnsucht erfasst mich, während ich die Augen schließe, um dem Adler nachzusehen.

FEUERZUNGEN ÜBER DEM ZIONSBERG

*Infektionsherd der jungen Christenheit.
Der Komplex des sogenannten Coenaculums in
Jerusalem ist der Ort des letzten Abendmahls
Christi und des ersten Pfingstfestes.*

Das Schawuot-Fest des Jahres 33. – Auf dem Gipfel des Zionsbergs fällt fünfzig Tage nach dem Pessachfest, an dessen Vorabend Jesus von Nazareth hingerichtet wurde, der Geist Gottes über seine Apostel und die Urgemeinde.

Als ich die Augen wieder öffne, stehe ich am Stephanstor in Jerusalem, unter den steinernen Löwen. Ich schaue an mir herunter: bin siebenunddreißig Jahre alt, verheiratet, Familienvater und zum ersten Mal in meinem Leben hier. Ich bin allein und blinzele in das gleißende Mittelmeerlicht, das sich gerade mit dem Sonnenaufgang vom Ölberg her über die ganze Stadtmauer ergießt. Hinter dem Tor folge ich dem groben Kopfsteinpflaster zur Innenstadt hinab und gehe scharf nach links zurück eine Einfahrt hoch, wo Soldaten ein schweres Eisentor bewachen. Dahinter stehe ich in einem alten Innenhof vor einem großen vergitterten Fenster in der Granitwand aus mächtigen Quadern, von wo aus die Goldkuppel des Felsendoms auf dem Plateau des Tempelbergs als einzigartiges Schmuckstück vor unseren Augen erglänzt, in atemberaubender Vollkommenheit.

Hier etwa muss Jesaia das neue Jerusalem zuerst erblickt haben, als Israel gerade aus der Babylonischen Gefangenschaft in das ausgepowerte Land zurückgekehrt war – gut fünfhundert Jahre vor Christus – und als sich den Augen hier nur ein großes Schutt- und Trümmerfeld bot. Jerusalem lag am Boden. Hier schrie und schrieb er damals: „Wenn du der Unterdrückung bei dir ein Ende machst und die Fesseln des Unrechts löst, wird aus dem Dunkel dein Licht hervorbrechen wie die Morgenröte. Dann wird der Herr dich im dürren Land so satt machen, dass du einem durchrieselten Garten gleichst. Und du wirst die uralten Trümmerstätten wiederaufbauen und die Grundmauern vergangener Generationen wiederaufrichten. Dann wird man dich ‚den Maurer' nennen, der die Risse und Schlünde schließt und Wohnungen aus den Ruinen macht." Das alles ist einmal hier verkündet worden, von diesem Platz. Ich kann meine Augen vom Anblick der Goldkuppel kaum losreißen.

In der erwachenden Altstadt habe ich danach Mühe, mich nicht an jeder Kreuzung in dem Gewirr der dunklen Gassen und bunten Händler zu verirren. Es duftet nach Minze, Mokka, Kohle, Kardamon und allen Gewürzen des Orients. Kinder laufen um uns herum. Die Rollläden und Läden werden mit Getöse geöffnet, ein Esel schreit. Alle in Eile in den engen Fluren dieses Irrgartens.

Am armenischen Konvent gibt plötzlich eine Mauer nach, an die ich mich lehne. Eine schmale Freitreppe führt danach durch einen kleinen Innenhof über verschiedene Mauervorsprünge auf das Dach der Jakobskathedrale. Das Golddach des Felsendoms leuchtet auch hier oben vom Osten her wieder zum Greifen nah herüber, nördlich schimmert das neue Goldkreuz über der Kuppel der Auferstehungskirche. Im Süden aber blendet über dem Zionsberg plötzlich der Himmel selber auf über einer unscheinbaren ummauerten Dachterrasse. Das ist das Obergemach, das noch im Mittelalter „mater omnium ecclesiarum" genannt wurde: „Mutter aller Kirchen". Jetzt spiegeln sich das Mittel-, das Tote und das Rote Meer auf einmal darüber in der Höhe. Ein Sturm tobt unter der gleißenden Sonne durch die Stadt. Ein Blitz zuckt oben am strahlendhellen Himmel.

Rings um die Terrasse hat sich in diesem Licht das Gewirr der Gassen verändert, es ist flacher, orientalischer und älter geworden, auch in den Bekleidungen und Schals, in die der Wind gefahren ist. Auf einem kleinen Platz daneben herrscht Tumult. Dicht an dicht steht da eine erregte Menge – wie in Leningrad! – und diskutiert wild und heftig durcheinander. Aber hier verstehe ich plötzlich jedes Wort, von jedem, der spricht, und jede Sprache!

Manche lachen übermütig, als wären sie betrunken. Bei einer Palme unterhalb dieser Terrasse stehen zwölf Männer – und mitten unter ihnen eine Frau – eng beieinander, alle miteinander leuchtend wie Kerzen auf einem großen Leuchter. Es ist die Feuersäule vom Sinai, aus der Wüste, die sich da gerade auf alle Völker verteilt, höre ich einen sagen. Auf die Parther, Meder und Elamiter, Griechen, Germanen und Ägypter. Hier springt der Funke der jüdischen Geschichte gerade auf Alexandria, Antiochia und nach Korinth und Rom über, hinüber nach Europa – und über Europa auf die ganze Welt.

Ein struppiger Fischer aus Galiläa hält mitten in der Menge eine Rede. Fünfzig Tage zuvor, ruft er, habe sich hier am Vortag des Pessachfestes auf Geheiß der größten Autoritäten des Volkes der ungeheuerlichste Irrtum der Welt in der Stadt ereignet. Der Gerechte sei gehenkt worden! Der Heilige Israels. Nicht wie Jeremias, den die Väter in die Jauchegrube geworfen hatten, nicht wie Joseph, der von seinen Brüdern verkauft worden war, nein, ihn hätten die Hohenpriester von den römischen Besatzern an den Pfahl nageln lassen. Zur gleichen Stunde, als sie im Tempel die Lämmer für das Fest schlachteten, hätten ungläubige und unreine Söldner ihn ausgepeitscht, grün und blau geschlagen und draußen vor der Stadtmauer hingerichtet.

Doch danach sei alles anders verlaufen, als alle es erwarten konnten. Zwei Tage nach seinem Tod haben sie nur noch die Leichentücher in seinem Grab gefunden, ihn aber nicht mehr. Der Tod habe ihn nicht halten können. Der Mann lebt!, sagen sie. Er war der Gesalbte des Herrn, der Messias. In ihm habe Gott sein Gesicht gezeigt, für uns. Und ihn haben wir durchbohren lassen! „Lamm Gottes" nennen sie ihn jetzt. Denn er sei nicht tot. Er lebt, doch nicht als Rächer!

Es ist das erste Pfingstfest. Bald werden die Ersten aus dieser Menge aufbrechen und das Feuer dieser Rede wie Olympioniken in alle Teile der bewohnten Erde tragen und eine neue Welt verkünden, ein neues Jerusalem, als Stadt auf dem Berg, gerecht, befriedet und barmherzig, als ein neues Volk unter allen Völkern, von dem alle Propheten Israels seit Abraham geträumt haben.

Von diesem „Wochenfest" an versammeln sich die zwölf Apostel Jesu zusammen mit seiner Mutter zum Gebet im Tempel über dem Kidrontal und halten gemeinsam mit anderen Jüngern Mahl in ihren Häusern und schon bald zusammen mit kultisch unreinen Heiden: Römern, Griechen, Syrern. Von diesem Tag an wachsen sie täglich. Eine Generation später, als der Tempel durch die Römer in Flammen aufgeht, halten sie im Schatten der jüdischen Synagogen den gemeinsamen Tisch bei, an dem bei ihnen Beschnittene und Unbeschnittene, Juden und Heiden, Herren und Sklaven und Männer und Frauen gemeinsam nebeneinanderliegen, in einem anhaltend revolutionären Skandal. Es gebe keine Armen unter ihnen, lassen sie die Habenichtse der antiken Sklavengesellschaften wissen.

Dreihundert Jahre lang sehen wir diese ersten Christen nichts bauen, was unseren heutigen Kirchen ähnelt. Den Römern fallen sie durch ihre Gewaltlosigkeit und Todesverachtung auf. Und noch etwas zeichnet sie, in diesen Tagen, Wochen, Jahren und Räumen aus: Erstens, sie beten keine Könige, Kaiser oder Tyrannen mehr als Götter an. Kein Lebender darf bei ihnen mehr heilig heißen! Und zweitens: Jesus Christus, der Messias, wird bald wiederkommen, glauben sie, sehr bald, vielleicht schon in Tagen oder Wochen und nicht erst in vielen Jahren. Sie brennen in dieser Erwartung. Außer dem Sonntag feiern sie deshalb noch kein anderes Fest, nur jeden Sonntag, als immer neues Osterfest in der Erinnerung an Christi Auferstehung von den Toten.

Doch weil sie den Göttern und Caesaren nicht opfern, nicht einmal eine popelige Hand voll Weihrauch, werden sie bald ringsum des Mittelmeers als Atheisten beschimpft und als Störenfriede und Spielverderber scheel angesehen. Das bedrückt sie nicht. Sie verstehen sich weiter selbst als heilige Stadt, die „aus lebendigen Steinen" erbaut ist: aus Menschen eben. Deshalb gibt es an ihrem berühmten Tisch natürlich auch schon von Anfang an Verrat und Lüge, Intrigen und Täuschung, die ganze Bandbreite des menschlichen Faktors. Es ist ein Ort beständiger und schlimmster Streitigkeiten.

Von Generation zu Generation steigern sich dazu die Spannungen zwischen den verschiedenen Patriarchaten, die sich mit jeweils verschiedenen Traditionen auf die verschiedenen Apostel zurückführen. Von den übrigen Heiden des Imperiums werden sie meist noch als jüdische Sekte wahrgenommen. Das hemmt ihr Wachstum nicht. Als das römische Reich an seinen vielen inneren und äußeren Krisen immer mehr zu zerbrechen droht, bildet der Verbund dieser christlichen Gemeinschaften das letzte global funktionierende Kommunikationswesen innerhalb des römischen Weltreichs von Spanien bis Syrien.

Seit Neros Zeiten begleiten sie immer wieder mal kleinere oder größere Progrome, in denen sich der übliche Neid mit der Missgunst mischt. Systematisch verfolgt werden sie aber erst ziemlich spät, am härtesten in den Jahren 301 und 305 – das sind die großen Höfe des Todes. Aber auch in diesen Zeiträumen bleibt ein besonderes Kennzeichen der Christen, dass sie sagen: „Kein Lebender darf als Heiliger verehrt werden! Kein Mensch – und sei er auch noch so göttlich, noch so strahlend, noch so mächtig oder noch so gütig, weise et cetera, und mag er auch noch so blaue Augen haben, und sei es auch der Kaiser selbst! – wird von uns mehr angebetet! Anbetung gilt nur Gott allein, der in Jesus von Nazareth sein Gesicht enthüllt hat." Nicht alle, aber doch die besten unter ihnen sagen es immer wieder. Dafür sind sie zu vielen Tausenden gestorben, vor allem in Ägypten und Afrika, in den Arenen, am Kreuz, in ungelöschtem Kalk, unter jedem Marterwerkzeug, weil sie sich in dieser Frage nicht beugen lassen wollten. Ihre inneren Zwistigkeiten hat aber auch dieser Wagemut und alle tödlichen Bedrohungen nicht mindern können. Im Jahr 313, als der römische Kaiser Konstantin endlich Kultusfreiheit für alle verkündet, sind sie unter sich schon heillos zerstritten, wovon die Frage, an welchem Datum das Oster- und Pfingstfest gefeiert werden soll, nur eine von Hunderten ist. All diese Fragen führen sie schließlich in die erste Beletage des Europäischen Hauses, nach Nicaea in der heutigen Türkei, wo der Ort schon lange Isnik heißt.

KONSTANTINISCHES FESTMAHL

*Das Lefke-Tor in İznik mit einem Teil der
antiken Stadtmauern von Nicaea*

Nicaea (İznik) im Jahr 325. – Zwölf Jahre nach der Tolerierung der Christen im Römischen Weltreich beruft Kaiser Konstantin in die Stadt hinter seiner Residenz in Nikodemia ein Konzil, wo ihr erstes Glaubensbekenntnis verabschiedet wird.

Hinter dem Stadttor drängt sich Volk zu der Agora hin. Ein wolkenloser Himmel überwölbt Nicaea. Männer treiben vollbeladene Packesel vorbei, unten am Quai werden leichte Segler entladen. Plötzlich versperrt eine Kette aus römischen Speerträgern und Legionären jedes weitere Vorwärtskommen. Eine endlose Prozession bewegt sich hinter ihnen langsam durch die Menge an dem Theater entlang auf die breite Freitreppe zu, die am Ende des Platzes zu einem Palast hochführt. Das kaiserliche Emblem schmückt die Stirn des säulengeschmückten Eingangs.

Innen ist die Palasthalle von einer Wand zur anderen mit Teppichen bedeckt, etwa 300 Bischöfe der jungen Christenheit sind hier auf Sitzkissen versammelt. Schweigen erfüllt den Raum, bis sich auf ein Hornsignal alle erheben und vor einem Mann verneigen, der nun den Saal betritt. Es ist der Kaiser. Es ist Konstantin, den sie bald „den Großen" nennen werden. Sein Gewand glänzt und blitzt, er ist in Purpur gehüllt, durchwebt von Goldfäden. An der Stirnseite des Saales wendet er sich, schaut den nächststehenden Bischof an und setzt sich auf dessen Nicken, dann lassen sich alle Bischöfe an den Tischen nieder, aus allen Provinzen des Reiches.

Sogleich eilt eine Heerschar von Bediensteten durch die Seitentüren, die in nicht enden wollender Prozession Schalen mit Speisen und Karaffen voller Wein in den Saal tragen. Musikanten spielen auf. Der Abschluss des ersten Konzils der neuen Kirche Christi wird gefeiert. Der Kaiser hat es hierhin nach Nicaea einberufen, der Kaiser beendet es mit diesem Bankett, wo er nun in der Mitte liegt, mit Bischöfen an seinem Tisch und auf Kissen und Polstern zu seiner Seite, die heute wie betrunken wirken und ihre Pokale auf ihn heben. Kann das himmlische Hochzeitsmahl schöner sein?

Die Frage stellen sich viele im Saal. „Man könnte glauben", flüstert am Tisch Caesars Eusebius, der palästinensische Bischof Caesareas, seinem Nachbarn ins Ohr, „all dies sei eine fantastische Vision vom Reich Christi, ein Traum und nicht Wirklichkeit!" Viele Gespräche umflattern diesen Traum wie Schmetterlinge, je länger das Festmahl dauert. Denn übertrifft dieser Tag in diesem Bankettsaal nicht wahrhaftig die kühnsten Träume aller Christen? Ist das nicht die endgültige Erlösung (fast so gut wie die Wiederkunft des Messias)? Sind jetzt nicht endlich alle eins mit ihnen, sogar der Herrscher des Erdkreises!? Mehr noch: Liegen sie hier nicht alle wie die Apostel mit dem Herrn im Abendmahlssaal mit dem römischen Kaiser zusammen? Wein und Freude röten die Gesichter.

Denn der unglaubliche Tag findet ja nur zwanzig Türen hinter der Arena der schärfsten und grausamsten Christenverfolgung statt. Erst vor zwölf Jahren hat dieser Kaiser die Verfolgten zur bevorzugten Minderheit des ganzen Imperiums erhoben. (Und was sind schon zwölf Jahre?) Kein Christ liegt mehr in Ketten. Alle Schikanen sind vergangen. Seit zwölf Jahren genießen sie volle Kultfreiheit und die vollständige Gleichstellung mit anderen Bürgern des Weltreichs. Vor zehn Jahren hat er die Kreuzesstrafe abgeschafft, im Jahr 318 das jüdische Kindstötungsgebot zum Gesetz des römischen Weltreiches erhoben. Eine verschwindend geringe Minderheit hat in seinem Herzen das heidnische Weltreich besiegt, es ist ein Quantensprung der Weltgeschichte.

Und jetzt hat der Kaiser persönlich die Bischöfe auf Reichskosten nach Nicaea an der kleinasiatischen Küste eingeladen, mitsamt ihrem unübersehbaren Gefolge an Priestern und Diakonen, deren Kost und Logis in Hülle und Fülle er Tag für Tag garantiert. An nichts sollte es fehlen. Er hat ihnen die Lasttiere und Freipassagen auf den Postschiffen gestellt – und zu Beginn des Konzils als Erstes Bischof Paphnutius aus Ägypten, dem man in der Verfolgung ein Auge ausgestochen hatte, in seinen Palast kommen lassen, um ihn vor all seinen Würdenträgern auf die leere Augenhöhle zu küssen.

Seit zehn Jahren lässt er in Rom, Jerusalem, Bethlehem und Trier Basiliken errichten, größer als die Halle Salomons je war, riesige Tempel. In die Stirnseite seines Diadems und in das Zaumzeug seines Pferdes lässt dieser Imperator bald einen Nagel vom Kreuz Christi einarbeiten! Und im letzten Herbst hat er in Rom direkt neben seinem Palast eine erste Prachtbasilika feierlich einweihen lassen.

Erstmals ist in diesem Haus in der Apsis auch ein Mosaikbild Jesu mit Bart zu sehen. In den Jahrhunderten zuvor hatten sich die römischen neu getauften Christen den Messias in den vielen Katakomben der Hauptstadt schon nicht mehr wie einen bärtigen jüdischen Jüngling, sondern als einen gut rasierten Philosophen im Kreis seiner Schüler vorgestellt – oder als jungen Hirten, als eine Art Orpheus. Nun aber haben auch die Römer von zwei „nicht von Menschenhand gemalten" Bildern in der Stadt Edessa an der Ostgrenze zum Reich der Parther erfahren, das den Herrn einmal als einen jungen Durchbohrten und Ermordeten zeigte und einmal als den von innen her leuchtenden Auferstandenen mit Mittelscheitel, schütterem Bart, offenen Augen und geheilten Wunden: lebendig. Und nicht weit von Nicaea, an der Meerenge, lässt der neue Kaiser das alte Byzantium gerade zu einer neuen Hauptstadt umbauen, zu einem zweiten Rom, in dem alles noch einmal viel prächtiger werden soll als am Ursprung in Italien: in Konstantinopolis.

Das Konzil, dessen glücklicher Ausgang hier gefeiert wird, hat er aber einberufen, damit die Christen ihm helfen, das zerfallende Reich zusammenzuhalten. Das kann er nur von einer einigen, nicht von einer zerrissenen Kirche erwarten. Auf dieser ökumenischen Synode hat er die zerstritten gewordene Christenheit deshalb noch einmal persönlich geeint, auf diesem Konzil hat er – er, der Alleinherrscher des römischen Imperiums (in dessen Namen Jesus hingerichtet wurde!) – den Christen die Einheit aufgezwungen.

Er ist selbst noch nicht einmal getauft, doch seine Mutter Helena wird jetzt schon als Heilige verehrt und nun sind die Christen seine Leidenschaft geworden. Etwas Moderneres als sie vermag er in seinem Reich nicht zu erblicken. Ihnen wird die Zukunft gehören und er wird ihnen den Weg dahin ebnen. Darum hat er ihnen das erste einheitliche Credo abverlangt, das von nun an von Damaskus bis Córdoba gleich gültig sein soll. Er hat ihren Streit geschlichtet, er und nicht die Patriarchen unter ihnen, hat den Frieden neu gestiftet. Ein Glaube muss unter ihnen herrschen. Ja, er hat ihnen diesen einen Glauben aufgezwungen. Wie sonst sollten sie ihm bei seinem Einigungswerk helfen können, wenn sie theologischer Lappalien wegen selbst uneins waren? Nein, nein, damit soll jetzt für alle Zeiten Schluss sein.

„Mitknecht" nennt er sich bescheiden in dem „köstlichen Blumenkranz" der geweihten Bischöfe. Er beherrscht deutlich mehr als nur das christliche ABC. Er ist „der Apostelgleiche" oder mehr noch, „der dreizehnte Apostel". Das und „Retter der Christenheit" sind nur drei der Ehrentitel, mit denen hier von Tisch zu Tisch die Becher auf diesen Caesar gehoben werden, dessen Vorgänger der Kirche immer neue Märtyrer beschert hatten: auf den „unfasslich wunderbaren", den „allerchristlichsten der Kaiser", dessen Vorgänger sich noch so frevelhaft selbst vergöttlichen und verehren ließen. Ja, Gott hat ihn offensichtlich berufen, die Kirche Gottes wie einen Gürtel als Band um die weltumspannende Monarchie seiner Herrschaft zu legen.

Wird die Bischofskirche dadurch denn nun nicht eine Kaiserkirche? Muss sich jetzt nicht ihr Wesen verändern? Warum nicht, wird hier den letzten Zweiflern entgegnet. Wenn die Bischofskirche voller Zwietracht war und die Kaiserkirche einig und friedlich zu werden verspricht! Warum dann eigentlich nicht? Diesen König hat Gott selbst über sie eingesetzt, das sei ja wohl offensichtlich. Gott sei darum auch Dank für solche Herrschaft. Und überhaupt, haben nicht alle, aber auch wirklich alle, genug von jeder Verfolgung? Haben sie nicht auf solch eine göttliche Stunde in den Katakomben gehofft? Und diese Wende seit den Tagen der Apostel herbeigesehnt? Hatten die Märtyrer nicht von dieser Stunde geträumt? Und hatte die Müdigkeit unter ihnen nicht schon fast Oberhand gewonnen. Und der Streit und die Zwietracht und jede denkbare Form der Ketzerei? Und wenn nun nicht mehr die Löwen in der Arena, sondern eine Karriere beim Staat die Menschen in die Kirche lockt, was soll daran schlecht sein? Es ist doch die Kirche Christi!

Genug der Argumente. Wie sonst schließlich, wenn nicht wie diese Stunde soll denn jener Moment ausschauen, wo sich nach dem Seher Johannes endlich das Neue Jerusalem vom Himmel auf die Erde herabsenkt? Wie sonst? Was soll noch mehr geschehen müssen? Wann je zuvor haben Juden, Heiden und Christen solches schauen dürfen? Nein, ohne Zweifel ist hier endlich wahr geworden, was die Propheten seit Ezechiel gesehen und besungen haben, hier, in Nicaea. Es ist ein riesiger Triumphbogen, in den dieser Festsaal mündet, größer und gewaltiger als alles, was wir später in Rom, Paris oder London kennenlernen werden. Nach und hinter diesem Bogen muss, wer die Geschichte Europas verstehen will, für viele Jahrhunderte die Geschichte der Heiligen mindestens ebenso studieren wie alle Sagen und Legenden der Könige und Herrscher dieses Erdteils. Und hinter diesem Triumphbogen bekommen die Caesaren schon bald eine unerhört neue Sprache zu hören. Hier stehen wir gleich vor einem großen verschlossenen Tor. Es ist eine Kirchentür.

EIN BISCHOF ALS TÜRSTEHER

„Bischof Ambrosius verwehrt Kaiser Theodosius I. den Zutritt zu der Kathedrale von Mailand", Anthonis van Dyck, um 1619, National Gallery London.

Mailand im Jahr 390. – Bischof Ambrosius von Mailand verweigert 65 Jahre nach dem Konzil von Nicaea Kaiser Theodosius den Zutritt zu seiner Kathedralkirche, wenn der Imperator des Weltreichs nicht vorher öffentlich seine Sünden bereut.

Vor diesem Tor verwehrt gerade ein bärtiger Bischof einem kaiserlichen Nachfolger Konstantins mit abwehrenden Händen den Eintritt in das Gotteshaus. Darf das wahr sein? Beim Nähertreten sehen wir: Das Ganze ist nur ein Gemälde, das der flämische Malerfürst Peter Paul Rubens gut zwölf Jahrhunderte später für die Privaträume der „apostolischen Majestäten" Habsburgs in Wien gemalt hat, als er in unsere Geschichte zurückblickte. Das Bild ist eine gemalte Erinnerung.

Der Bischof auf dem Bild heißt Ambrosius, der Kaiser Theodosius – auch er wird „der Große" genannt. Beide lehnen sich an den Ausgang des konstantinischen Jahrhunderts, im Jahr 390. Der Ort und Raum heißt Mailand. Denn natürlich hatte es sich für Konstantin und seine Nachfolger schon bald als Trugschluss erwiesen, was sie von der Bevorzugung der Christen erwartet hatten. Die Kirche vermochte das auseinanderfallende Reich nicht mehr zusammenzuhalten. Und auch die Streitigkeiten hatten in ihr mit dem ersten Konzil beileibe kein Ende. Ein zweites Konzil war noch im gleichen Jahrhundert nötig und fällig, ein drittes und viertes im nächsten Jahrhundert, um der Irrlehren unter ihnen mit Mühe und Not Herr zu werden.

Das Reich kann dem Druck der beginnenden Völkerwanderung damals kaum noch standhalten, auch nicht mit drei Hauptstädten und Machtzentren: in Konstantinopel, Mailand und Trier. Mehrmals werden zwei oder drei Kaiser notwendig, um den Koloss überhaupt noch regieren zu können. Theodosius ist es noch einmal gelungen, mit den Westgoten Frieden zu schließen, aber er muss sie schon innerhalb der Reichsgrenzen siedeln lassen. Im Jahr 380 hat er ein Edikt erlassen, in dem das Glaubensbekenntnis von Nicaea zum Pflichtbekenntnis all seiner Untertanen gemacht wird! Am Ende des Jahrhunderts der blutigsten Christenverfolgungen ist die Kirche selbst verbindliche Staatsreligion geworden.

Jeder Bürger des römischen Reiches gehört jetzt automatisch zum Volk Gottes beziehungsweise er hat dazuzugehören. 392 lässt Theodosius jeden heidnischen Kult verbieten, ein Jahr später setzt er das Weltwunder des Zeustempels in Olympia in Brand, dessen Trümmerfeld danach für Jahrhunderte im Unterholz des heiligen Hains versinkt. Es ist auch das Jahr der letzten Olympiade der Antike, zu der noch einmal siebzigtausend Besucher aus aller Welt gekommen sind.

Drei Jahre zuvor hat sich in Thessaloniki ein Aufstand gegen die römische Besatzung erhoben. Gegen den dringenden Rat seines bischöflichen Freundes Ambrosius rächt sich der Kaiser für diesen Tumult mit einem Massaker an der Stadt. Siebentausend Bürger lässt er im Circus Maximus der nordgriechischen Stadt umbringen. Danach schreibt Bischof Ambrosius Theodosius einen Brief, wie ihn noch kein Kaiser bekommen hat.

In Trier als Sohn des römischen Präfekten von Gallien geboren, ist Ambrosius in den Schriften Ciceros ebenso belesen wie in der Bibel und hat eine glänzende Karriere als Staatsbeamter vor sich, als er 374 mit vierunddreißig Jahren zum Bischof von Mailand gewählt wird – noch vor seiner Taufe. Die Karriere beim Staat ist damit nicht beendet. Er wird kaiserlicher Berater und Erzieher von dessen Söhnen. „Überhebe dich nicht", hat er der Mutter des Kaisers schon vorher einmal wie ein Revolutionär beschieden, als sie von ihm eine Kirche für ihre Freunde verlangt, „dass du glaubst, deine kaiserliche Gewalt erstrecke sich auf die göttliche Angelegenheit der Kirche. Die Paläste gehören dem Kaiser, die Kirchen dem Priester."

Und nun schreibt er Kaiser Theodosius selbst: „Seitdem Menschen denken können, ist so etwas nicht vorgekommen und ich konnte nur hilflos zusehen. Wie oft habe ich um Gnade gebeten, habe vorausgesagt, dass etwas Fürchterliches folgen könne. Doch wie auch immer: Jetzt ist hier Buße vor Gott notwendig. Oder schämt Ihr Euch, Kaiser, das zu tun, was David, der prophetische König und leibliche Ahnherr unseres Herrn, getan hat, nachdem er gesündigt hatte? Dies schreibe ich nicht, um Euch zu beschämen, sondern um Euch an dem Vorbild heiliger Könige Mut zu machen, den Schandfleck von Eurer Kaiserwürde wieder abzuwaschen. Ihr werdet ihn abwaschen durch herzliche Demütigung vor Gott. Gewiss bin ich Eurer frommen Majestät Schuldner und Undank ist nicht meine Sache. Aber – ich sage es jetzt schon und mit Furcht: Ich wage nicht, das Messopfer darzubringen, wenn Ihr daran teilnehmt. Wenn das schon nicht ginge nach dem Mord an einem einzigen, unschuldigen Menschen, darf man es dann nach dem Mord an Tausenden? Ich denke: nein!"

Seit den Propheten Israels ist kein Untertan je so vor seinem Herrscher aufgetreten. Ambrosius erklärt sogar, den Kaiser aus der Kirche auszuschließen, wenn er nicht Buße tue. „Der Kaiser steht innerhalb der Kirche", erklärt er lakonisch, „nicht über ihr!" Und was tut Theodosius? Er nimmt die Buße an und bereut öffentlich seine Sünden. Erst danach erlaubt Ambrosius ihm, wieder in der Basilika Platz zu nehmen. Vier Jahre später vereinigt Theodosius nach einem Sieg über den Weströmer Eugenius noch einmal – ein letztes Mal! – das ganze Römische Weltreich. Ein Jahr später stirbt er. Ambrosius hält ihm eine ergreifende Totenrede: „Dieser Kaiser warf den Glanz seiner Krone von sich und beweinte öffentlich seine Sünden. Unter Tränen und Seufzen erflehte er in der Kirche die göttliche Vergebung. Ich habe diesen Mann sehr geliebt."

Ambrosius stirbt nur zwei Jahre später – und geht danach als der erste der vier Kirchenlehrer des Westens in die Geschichte ein, deren Zeiträume nach ihm für gut sechs Jahrhunderte im Abendland mehr von Bischöfen geformt werden als von jedem anderen Berufszweig. „Nicht kaiserlich ist es", lesen wir heute noch einmal in einem anderen seiner Briefe an den Kaiser, „die Freiheit der Rede zu versagen, und nicht priesterlich, die eigene

Meinung zu verschweigen. Denn nichts macht Euch, Kaiser, so volkstümlich und liebenswert, als dass Ihr die Freiheit liebt."

Mit diesem Geist ist die Kirche zur geschichtsmächtigsten Kraft des Abendlands geworden, zu dem damals Spanien, Gallien und große Teile Germaniens noch genauso gehören wie Ägypten – in einem einzigen römischen Reich! Aus Ägypten, dem theologischen Siedeherd der jungen Christenheit, hatte Jahrzehnte zuvor schon Antonius, der „Stern der Wüste" und „Arzt der Christenheit", mit Kaiser Konstantin und dessen Sohn aus der Einsiedelei eines Felsengrabes heraus einen regen Briefwechsel in die Hauptstadt unterhalten. Die Wirkung dieses dunkelhäutigen Eremiten wird sich noch Jahrhunderte hindurch über ganz Europa hinweg entfalten. Bevor an die Vergünstigungen Konstantins auch nur zu denken war, ist er aus der Oase des Niltals heraus zum Vorbereiter des abendländischen Mönchtums geworden.

Ja, das Mittelmeer ist damals wirklich noch ein Binnensee unseres Erdteils, ein Fischteich im Haus Europas, an dessen südlichem Ufer wir nun einem bartlosen alten Mann begegnen, der sinnend aus dem Fenster schaut.

UNRUHIGES HERZ

Annaba in Algerien, das antike Hippo Regius

Hippo Regius, im Jahr 430. – Am Ende seines Lebens hinterlässt Bischof Augustinus, ein Meisterschüler des Ambrosius, in Nordafrika ein Werk, das die Dynamik der Geschichte des Abendlands prägen wird wie kein Buch sonst neben der Bibel.

Der Mann in weißer Wolltunika blickt über die Wellen unterhalb der Stadt. Er ist 76 Jahre alt, bewundert auch in diesem Alter noch Antonius und verehrt Bischof Ambrosius als „einen der besten Männer, die je auf der Erde wandelten". Ähnliches wird bald auch über ihn gesagt werden. Aurelius Augustinus wird als der zweite und größte Kirchenlehrer in die Geschichte eingehen.

Die Stadt ist belagert. Vor den Mauern bereiten sich die Vandalen Geiserichs auf den Sturm vor. An der Küste hat er vor vielen Jahren in Karthago studiert, der größten Stadt Afrikas. Cicero und Plato kann Augustinus seit dieser Zeit in großen Teilen auswendig zitieren. Jenseits des Wassers hat er in Rom und Mailand als Lehrer und Rhetorikprofessor gelebt. In Mailand ist er auch Bischof Ambrosius begegnet, dessen Gesang ihn fast noch mehr eingenommen hatte als dessen Predigten. Der Bischof von Mailand hat ihn auch getauft. Zehn Jahre später wurde er dann selber Bischof. Ein Meisterschüler wie er ist kaum einem anderen Lehrer je gegönnt worden als Ambrosius mit diesem „Doctor Gratiae", der zu einem „Genie des Herzens" wurde.

Diesen Titel hat Augustinus sich mit seinen „Bekenntnissen" erworben, die über den verschlungenen Weg berichten, der ihn von einem ausschweifenden Leben auf den Bischofsitz der nordafrikanischen Hafenstadt geführt hat. In Hippo lebt er nun schon seit Jahren mit zwölf befreundeten Mitpriestern zusammen, die jene erste Zelle einer ordensähnlichen Gemeinschaft bilden, der gut tausend Jahre später auch ein gewisser Dr. Martin Luther nördlich des Limes entwachsen wird. Er hält den Kopf auf die Hand gestützt.

Augustin könnte ein Chronist der Katastrophe sein und ist doch in seinen letzten dreißig Jahren zum großen Lehrer des Westens geworden. In seine Zeit fällt der Untergang des römischen Weltreiches. Er hat erlebt, wie das Reich zusammen mit der eben erst befreiten Kirche in der Erbfolge der Söhne des Theodosius im Jahr 395 in zwei Teile auseinanderbrach – in einer Spaltung für immer, als fataler Einschnitt in der großen Spaltungsgeschichte der Kirche und des Abendlandes.

Vor zwanzig Jahren hat er gesehen, wie Rom von den Westgoten Alarichs erobert wurde. Kein Bollwerk ist im westlichen Teil des alten Imperiums mehr stark genug, als dass es den Stürmen der Barbaren noch standhalten könnte, weder in Italien, Gallien, Spanien noch in Afrika. Westrom schlingert seinem Untergang entgegen. Und in Ostrom ist die Kirche schon hundert Jahre nach Nicaea zur Geliebten des Kaisers geworden. Manche finden: zur Sklavin. Die Jahre sind chaotisch. Augustinus blättert in den Papyri, die er in vielen Jahren beschrieben hat. Allein die neue „Stadt Gottes ist die wahre Verehrung Gottes", lesen wir, als wir ihm über die Schulter schauen.

Der Verehrer Ciceros hat in acht Kapiteln eine Regel klösterlichen Zusammenlebens nach philosophisch-christlichen Idealen entworfen, die beispielhaft für Europa werden wird. Auf der Grundlage der Bibel sollen nach dieser Vorgabe gleichberechtigte ehelose Laien aus Gottesliebe zuerst nach der Wahrheit und darüber zur Gemeinschaft streben, da nur die Wahrheit – wie er von Plotin weiß – wirkliche Brüderlichkeit stiftet. Diese Regel legt bis heute nahe, Augustinus als den eigentlichen Vater des abendländischen Mönchtums zu betrachten. Denn dass das Reich der Caesaren nicht die heilige Stadt Gottes sein kann, wie es Eusebius am Tisch Konstantins noch glauben mochte, ist ihm in der Betrachtung der weströmischen Verhältnisse inzwischen offenbar geworden. Die Ränkespiele vieler Bischöfe an den Höfen in Ost und West schreien zum Himmel. Viele der neuen Karriere-Christen sind nach der Heirat der Kirche mit der Staatsgewalt mörderisch wie zuvor geblieben – und treulos, verlogen, intrigant oder unzüchtig. Weder das oströmische noch das weströmische Reich, kein Imperium gleicht der verheißenen Neuen Stadt.

Außerdem hat Augustinus erlebt, wie schon in der zweiten Generation nach Konstantin die Urkirche und die frühe Kirche und die Kirche der Katakomben unter dem Druck der globalen Probleme auf einmal zum Gegenstand der bizarrsten Verklärungen geworden ist. Jene Zeit also, in der am Anfang die Wiederkunft des Messias so gut wie jede Woche erwartet wurde. Nein, damals waren die alten Verheißungen nicht in Erfüllung gegangen, weiß er inzwischen, am Tisch der Caesaren nicht und heute auch nicht. Sogar den Ursprung der Neuen Stadt verlegt Augustinus deshalb jetzt nicht mehr nach Jerusalem oder in die apostolische Zeit, sondern überhaupt vor alle Zeit, ins Paradies. Und ihre Vollendung sieht er jetzt endgültig erst am Ende der Geschichte, wo er die „Gottesstadt der Liebenden" wie auf einem fernen Berg erblickt. 22 Jahre hat er an den 22 Büchern dieser Schrift gearbeitet; jetzt beendet er das Werk, das er „De Civitate Dei" nennt: „Über den Gottesstaat". „Am sechsten Tag leben wir jetzt. Am siebten Tag werden wir endlich selbst sein", schreibt er in großen Lettern auf die letzte Seite.

Mit diesem Werk streckt Augustinus unsere Geschichte noch einmal völlig neu aus zwischen dem Anfang und dem Ende der Welt. Vielleicht hat kein Gedanke danach den Lauf der Welt noch einmal so sehr verändert. „Du hast uns auf dich hin geschaffen, oh Gott", hatte Augustinus schon in seinen „Bekenntnissen" geschrieben, „und unruhig ist unser Herz, bis es Ruhe findet in dir." Es ist ein Satz, der wie kaum ein anderer als Leitspruch über der Geschichte des Abendlands befestigt werden könnte.

Mit diesem Weltbild hat er uns von dem Karussell der ewigen Wiederkehr befreit, als das alle heidnischen Völker der Antike bis dahin die Geschichte begriffen haben. Und wie Israel weiter auf den Messias wartet, so drängt Europa nun insgesamt von da an der „Civitas Dei" entgegen, der vollkommenen „Gesellschaft Gottes" und der Wiederkunft des Messias, von jetzt an in einer zielgerichteten Heilsgeschichte, auf die ein glückliches Ende wartet. So wie wir im großen Ganzen denken: dass es immer geradeaus, vorwärts und aufwärts weitergeht – oder umgekehrt: dass viele heute an ein unglückliches Ende, an eine letzte Katastrophe glauben –, das haben wir wesentlich von Augustinus. Von ihm haben wir unseren Glauben an den Sinn ständiger Umwälzungen.

Seit damals gilt im Westen Opposition und Kritik an den Verhältnissen und der Staatsgewalt endgültig nicht mehr als gotteslästerlich – wie im Osten, wo seit Konstantin und Eusebius das Ideal einer „heiligen" – „symphonischen" (das heißt: oppositionslosen) – Einheit von Kirche und Staat das eigentliche Mark der Geschichte geworden und bis heute geblieben ist. Eine solche Einheit wird nach Augustinus für die lateinische Welt prinzipiell undenkbar. Die Dynamik des Westens, seine rätselhafte Unruhe, verdanken wir zu einem großen Teil ihm. Nirgendwo auf dieser Erde geht die Geschichte danach jedenfalls ungeduldiger weiter.

Während wir jetzt noch einmal dem Blick des Augustinus folgen, können wir von hier oben über den Belagerungsring hinweg in der Ferne auch schon das ganze Panorama der Völkerwanderung erkennen, in dem Westrom endgültig untergeht. Wir sehen, wie der Barbarenfürst Odoaker (433–493) das letzte römische „Kaiserlein" im Jahr 476 bei seinem Einmarsch in Ravenna nicht erschlagen lässt, sondern diesem „Romulus Augustulus" Thronverzicht und Kaisertitel mit einer Villa in Kampanien und einer Pension von 6000 Solidi pro Jahr gewissermaßen abkauft.

Unsere Geschichte wird gleichsam ein Niemandsland, die alte Zivilisation ein Trümmerfeld – aus der sich nun kurz danach am Ufer der Adria ein kleiner schlichter Ziegelbau vor unseren Augen erhebt, in dem in diesen Tagen eine rätselhafte Zuversicht die Zeiten überdauert. Es ist so dunkel hinter dem Eingang des kreuzförmigen Hauses, dass wir fast nichts erkennen, als wir leise in den kleinen Vorbau eintreten.

GLITZERNDE STÄDTE IN DUNKLER NACHT

*Mosaikinkrustation im Monument
Galla Placidias, der Tochter von Kaiser
Theodosius I., in Ravenna (ca. 430)*

Ravenna, im Jahr 450. – Glitzerndes Dokument einer Weichenstellung der Geschichte und Ausdruck einer neuen Sehnsucht in Bilderschrift: viele Städte Gottes nach dem Ende des Traums von Gottes großem Weltreich und Imperium.

Erst nach einigen Minuten haben unsere Augen sich an das Dämmerlicht gewöhnt, das dieser Kreuzkammer durch wenige schmale Alabasterfenster von außen zuteilwird. Draußen wartet eine Galerie beeindruckender Dome und Basiliken des frühen Abendlands auf die Besucher, funkelnd im Glanz ihrer unvergänglichen Mosaikverkleidungen, deren Bilder viele Lexikonseiten füllen. Nicht so dieser kleine Bau, der das älteste Schmuckstück Ravennas ist.

Galla Placidia (392–450) hat es für sich als Mausoleum errichten lassen, die Tochter des großen Theodosius (347–395), die die Frau des Westgoten Athaulfs (374–415) hatte werden müssen: des Nachfolger Alarichs (370–410), der Geißel Roms. Hier wollte sie zur Ruhe kommen. Das römische Weltreich ist schon in Ost und West zerbrochen und keine hundert Jahre später wird auch das weströmische Reich erloschen sein. Rom selbst hat die ersten Stürme der Barbaren schon hinter sich. Die Zeit der Verarmung, der Verödung und des Zerfalls hat begonnen. Aus dieser Zeit ist dieser Raum.

Zwei Hirsche sind an einer Wand zu sehen, an frischem Wasser, an denen sie sich letzen. Gegenüber ein bartloser Jüngling als guter Hirt, der in bukolischer Landschaft seine Lämmer kost. Auch die Decke ist wie der ganze Innenraum über und über mit Mosaiken verkleidet, sehr schön, ein blauer Himmel mit Sternen über Sternen. Doch die Sterne haben zur Hälfte den Grundriss einer kleinen Stadt. Dieser Himmel ist voll davon: von unzähligen neuen Jerusalems unter den Städten dieser Welt – mitten in der Völkerwanderung. Hier hat sich der Ort um ein vielfaches multipliziert, von dem aus das Antlitz der Erde und des Alls einmal in alle Windrichtungen erneuert werden sollte, in einer abenteuerlichen Vision, als funkelndes, altes Mosaik an der Decke, als sehr viele kleine Städte, die wie Sterne am Himmel die Welt erleuchten.

War unsere Geschichte wirklich je ein Niemandsland, die alte Zivilisation ein Trümmerfeld? Natürlich nicht, doch mit der Abdankung des letzten weströmischen „Kaiserleins" im Jahr 476 war von dem tausendjährigen Imperium im Westen allein die Kirche übrig geblieben – sozusagen als Witwe – jetzt wieder ohne Staat, ohne Herrscher in ihrem Arm, ohne Macht, doch nicht ohne Selbstbewusstsein, wie wir es im nächsten Zimmer bestaunen können, im Papstpalast in Rom, den Kaiser Konstantin noch errichten ließ, neben der ersten Basilika, die er damals in seinem Weltreich bauen ließ.

HISTORISCHER BRIEFWECHSEL

*Vorhalle der Basilika San Giovanni a Porta Latina,
errichtet unter Papst Gelasius I. (492–496) innerhalb der
Aurelianischen Mauer am südlichen Stadtrand Roms*

Rom im Jahr 494. – Als in der alten Hauptstadt nur noch der Papst, aber kein Kaiser mehr regiert, bekommt Kaiser Anastasios I. in Konstantinopel einen Brief, in dem ihn der machtlose Bischof von Rom über die Grenzen seiner kaiserlichen Macht aufklärt.

Doch diesen Palast sollten wir uns nicht falsch vorstellen. Er müsste längst renoviert werden. Denn wie gesagt, die Gunst der Herrscher, der Glanz des Goldes, das alte Zeremoniell, es ist alles vergangen. Vom Himmlischen Jerusalem ist in den Mauern Roms in diesen Jahren nichts wiederzuerkennen.

Im Jahr 476, beim Fall Ravennas, hatten germanische Stämme auch die alte Hauptstadt überrannt. Die Völkerwanderung hatte eine nicht mehr zu steuernde Dynamik aufgenommen, in der das weströmische Reich untergegangen war. Von dem einst so mächtigen römischen Imperium war im Westen nur die ohnmächtige römische Kirche übrig geblieben.

Papst Gelasius I., der Bischof Roms, stammte aus Nordafrika. Und in dieser Situation schrieb er dem oströmischen Kaiser Anastasios I. in Kontantinopel von Rom aus nun Folgendes: Zur Leitung der Welt gebe es nicht nur eine Macht, sondern deren zwei. Das wüssten wir aus dem Evangelium, wo wir bei Lukas 22,38 lesen, dass der Herr der Welt seinen Aposteln nach dem letzten Abendmahl die geheimnisvolle Auskunft gegeben hat, „zwei Schwerter", die sie ihm gerade gereicht hatten, seien „genug". Diese beiden Schwerter aber müssten sich seiner Auffassung zufolge der Kaiser und der Papst in der Zeit der Geschichte teilen. Mit anderen Worten: Mit diesem Brief stellte Papst Gelasius I. die geistliche Gewalt auf eine Ebene neben der weltlichen Gewalt. Es sollte keine Allmacht mehr geben. Papst und Kaiser seien – zum Wohl aller Menschen! – von Gott her als Partner gedacht.

Doch damit nicht genug. Denn Gelasius fügte noch an, dass der Kaiser in Konstantinopel nach göttlichem Recht eigentlich ihm, dem Nachfolger Petri in Rom, doch ein wenig untergeordnet sei. Denn müssten selbst die obersten Herrscher nicht aus der Hand jeden Priesters demütig die Sakramente empfangen? Wie viel mehr sei der Kaiser dann aber ihm als Papst gegenüber zur Demut verpflichtet, dessen Stuhl doch jeden anderen Bischofssitz überrage?

Der Anspruch war ungeheuerlich, auch fast schon ein wenig lächerlich. So wundert nicht, dass der byzantinische Kaiser damals kaum ein Achselzucken dafür übrig hatte. Dadurch aber, dass es hier im Westen danach für fast dreihundert Jahre keine Großmacht mehr geben wird, sehen wir, dass gerade in der Kirche Roms jedem späteren Staat Europas ein ungeheuer selbstbewusstes Gegengewicht als Opposition erwächst.

Denn die „Zwei-Schwerter-Lehre", wie der Anspruch nach diesem Brief benannt wurde, sollte danach etwa 600 Jahre lang das Verhältnis zwischen Staat und Kirche bestimmen. Seine indirekten Auswirkungen dauerten unendlich viel länger. Die allmähliche Entstehung der westlichen Demokratien ist undenkbar ohne diesen Anspruch. Denn hier wurde nicht nur der Grundstein für die Souveränität der Kirche gelegt, sondern auch die jeder legitimen Opposition. Auch die spätere Trennung von Kirche und Staat und das System der „Balance of Power" nahm mit diesem Brief seinen Anfang, als der ohnmächtige Papst dem mächtigsten Herrscher des Erdkreises plötzlich unerschrocken das Recht absprach, auch über die Seelen seiner Untertanen herrschen zu wollen. Es war, wie gesagt, die Zeit der Wirren und der Völkerwanderung, in der die römische Kirche zur entscheidenden Ordnungsmacht des Westens wurde.

EIN VOLK WIRD GETAUFT

Der Dom Unserer Lieben Frau von Reims,
Salbungs- und Krönungskathedrale
der französischen Könige

Reims in der Champagne, Dezember 499. – Riskanter Schachzug. Chlodwig lässt sich auf den dreifaltigen Gott der Christen taufen, obwohl der rücksichtslose Krieger nur deshalb König der Merowinger ist, weil er von ihren heidnischen Göttern abstammen soll.

Kurz nachdem Papst Gelasius seinen Brief in Rom einem Boten an Kaiser Theodosius in Konstantinopel übergeben hat, hören wir über 1300 Kilometer nördlich, in der bescheidenen Vorgängerkirche der prächtigen Krönungs-Kathedrale Frankreichs, eine der ersten Glocken Europas bimmeln, wie sie bis damals nur in Nordafrika zu hören waren. Hier tauft Remigius (436–533), der Bischof dieses Ortes, gerade einen ersten fränkischen König mit dem Namen Chlodwig (466–511) zum Christen. Die ganze Stadt wird deshalb später nach dem Bischof benannt werden. Es ist das heutige Reims. Und gleich nach dem König tauft Remigius noch einmal dreitausend Adlige mit, als Vorhut des ganzen Volkes der Franken. Es ist eine Knochenarbeit. Chrodechildis, die christliche Gattin an der Seite des Königs, soll Chlodwig, der sich bis dahin vor allem als rücksichtsloser Krieger einen Namen gemacht hatte, zur Bekehrung zum mächtigeren Kriegsgott der Christen überzeugt haben.

Doch es ist ein riskantes Spiel, das der König da treibt. Denn das Recht zu seiner Königsherrschaft beruht ja auf seiner Abstammung von den heidnischen Göttern. Das ist das merowingische „Königsheil". Das ist die magische Macht seiner Sippe, die die Felder grünen lässt und seinen Kriegern das Kriegsglück schenkt. Genau besehen, berechtigt den alten Heiden nach dieser Taufe deshalb also nichts mehr zu seiner alten Königswürde. Nur, weil er gerade schon als König regiert, bleibt er jetzt Herrscher, aber von nun an eben nicht mehr als Nachkomme der Götter. Das weiß in diesem Moment keiner besser als Bischof Remigius, der ihn da tauft. Doch auch Chlodwig ist kein Dummkopf. Nicht ohne Grund hat er lange gezögert. Jetzt hat er viele Tage und Nächte damit verbracht, zuallererst den Adel für den Glaubenswechsel zu gewinnen. Ohne dessen garantierte Treue hätte er den Schritt nie wagen können. Warum der König aber nun noch König ist, wird mit dieser Stunde im Westen eine offene Frage. Doch bald nach dieser Massentaufe herrscht in Europa keiner über mehr Stämme und Vasallen als die Franken, die sich von nun an als „Gottes geliebtes Volk" verstehen.

Derweil verwüsten außerhalb Roms Barbaren weiter Italien und die Provinzen. In den Apenninen essen die Menschen Eicheln, Brennesseln, Hunde und Ratten. Könige saufen aus den Hirnschalen ihrer Feinde auf ihren Siegesfeiern. Doch in eben diesem Zeitraum sehen wir plötzlich wie in einem Blick aus dem Fenster in der Mittagssonne in einem kosmischen Tal voller Berge einen schroffen hohen Felsen wie einen rauchenden Vulkan in den Himmel hochragen. Das Donnern, Bellen und Schreien von zehntausend Geschützen umrahmt den alten Gottesberg mit dem Feuernimbus entfesselter Gewalten. Kein Strauch ist unversehrt auf dem brennenden Gestein, über der Glut des Kraters ist kein einziges Vogelsingen mehr zu hören.

Erst hoch oben, auf der Höhe der Wolken, spiegelt sich das gleiche Stückchen Erde noch einmal wie in den Tagen des Anfangs. Da erblicken wir nun zwölf Männer auf dem obersten Hügelrundweg. Gemeinsam tragen sie eine Tür auf ihren Schultern, darauf einen in weiße Tücher gewickelten Leichnam. Vor einer Grube unter einem Rosmarinbusch halten sie an, in einen kleinen umschlossenen Paradiesgarten. Es ist der 21. März des Jahres 547, ein wahrer Frühlingsanfang.

ORA ET LABORA

*Blick aus der Abtei des heiligen Benedikt auf dem
Monte Cassino auf die Tiefebene des Latium
mit der alten Hauptstraße von Neapel nach Rom
und den Aurunci-Bergen im Hintergrund*

Monte Cassino, März 547. – Vom Grab des heiligen Benedikt nimmt mitten im Untergang der antiken Welt eine neue Zivilisation vom Abendland Besitz, in einem Regelwerk des Gebets und der Arbeit, mit einem urdemokratischen Element in seiner Mitte.

Rund hundertfünfzig Männer in grobem Gewand folgen mit dunklem Wechselgesang der Bahre. An der Grube gibt es keine Trauerrede, stattdessen wird das Evangelium des Tages vom letzten Abendmahl Christi verlesen. Der Tote hat die Stunde seines Todes vorausgesehen und sie stehend und betend erwartet, gestützt von zwei Freunden, als ein neuer Moses der Christenheit. Und dann verschwindet er auch schon fast aus unserem Blick.

Denn zwei Generationen lang verschwindet mit diesem Toten auch sein Name aus allen Quellen. Nicht einmal einen Mantel und auch sonst nichts Eigenes hat er hinterlassen, außer einer revolutionär neuen Regel aus dreiundsiebzig Absätzen, „von erhabener und menschlicher Weisheit, anwendbar in allen Zeiten und in allen Ländern", die er dieser Trauergemeinde hinterlassen hat. Es wird Jahrzehnte dauern, bis Papst Gregor der Große (540–604) uns in einer ersten Biografie davon berichten wird, der selber ein späterer Schüler dieses Toten war und der auch erstmals seinen Namen überliefert: Benedikt von Nursia (480–547). Er hat das geregelte Leben in Europa eingeführt, den gegliederten Alltag nach der Gliederung der Weltzeit durch Augustinus: eine völlig neue Zivilisation.

Jetzt aber ahnen die Brüder an seinem Grab noch nicht, welch unschätzbaren Schatz er ihnen mit der Hausregel ihrer Wohngemeinschaft hinterlassen hat. Ein Jahr vor Benedikts Tod ist in Athen die heidnische Akademie geschlossen worden, die Platon rund neunhundert Jahre zuvor gegründet hatte. Von nun an ist die Regel Benedikts das Instrument, das die besten Elemente der heidnischen Zivilisation des Altertums als tragendes Gewölbe des Abendlands retten und erhalten wird.

Es ist längst nicht die erste solcher Regeln, es gibt schon viele von ihnen, deren wichtigste Teile meist von der früheren Regel des Augustinus stammen. Eine andere fast noch wichtigere und anonyme Vorläuferregel wird später „Magisterregel" genannt, weil in ihr in einem komplizierten Dialog zwischen Lehrer und Schüler vom Kloster als einer „heiligen Schule" die Rede ist, deren Unterricht alle Kinder Gottes bedürfen, um vollwertige Bürger des himmlischen Jerusalem zu werden. Und wahrhaftig entwickeln sich die Klöster von da an zur Bildungsanstalt Europas. Alle Mönche lernen hier grundsätzlich lesen und schreiben, in einer Hochachtung des Wortes, wie sie davor nur aus dem Judentum bekannt ist. In diesen Häusern löst sich die abendländische Christenheit auch weitgehend von der Vorläuferbewegung der Eremiten, was in nichts einen sprechenderen Ausdruck findet als in den gemeinsamen Schlafsälen, die in diesen Komplexen die Einzelzellen für eine gute Weile ablösen. Noch nie zuvor ist das Gemeinschaftsleben so sehr als Hochform der Nachfolge Christi betont und besungen worden, als Vorbereitung des hochzeitlichen Mahls im Himmel.

Ja, es ist wirklich nicht die erste Klosterregel, doch Benedikt hat sie auf einen unüberbietbar einfachen Punkt hin verdichtet: Bete und arbeite! – „Ora et labora", in dieser Reihenfolge und in dieser strengen Unterordnung der Arbeit unter das Gebet: in einer kristallenen Hierarchie der Werte. Für das Gebet werden die Mönche neben den Kirchen bald eine der schönsten Architekturformen Europas entwickeln: den Kreuzgang.

Natürlich arbeiten alle – und selbstverständlich auch der Abt. Doch nach dem Wort der Psalmisten Israels, wo es heißt: „Siebenmal am Tag singe ich dein Lob wegen Deiner gerechten Entscheide", gliedert diese Regel den Tag nach sieben Gebetszeiten. Seitdem wird der Psalter zum großen Lehrbuch Europas. Von diesen Tagen an beginnen hier alle Tage mit dem Gebetsruf des alten Israel: „Oh Gott, komm mir zu Hilfe! Herr, eile, mir zu helfen!" Selbst unter den Nazis beginnen alle Mönche Europas jeden einzelnen Tag in der Frühe mit dem Ruf: „Gepriesen sei der Herr, der Gott Israels!" – selbst in den Tagen, als die Öfen von Auschwitz glühen.

Schließlich macht noch eins diese Regel einzigartig unterschiedlich zu allen anderen Regeln. Nach Benedikt muss der Abt der Klöster jeweils gewählt werden – und immer wieder einen Rat der Brüder einberufen, zu dessen sorgfältiger Anhörung er verpflichtet ist. Dieses benediktinische Wahlprinzip ist von nun an das einzige demokratische Element in der ständisch gegliederten Welt von der Spätantike bis zur Neuzeit, als ein beständiger Vorgriff und Stachel im Fleisch aller europäischen Reiche und Staaten.

An die Gründung eines Ordens hat Benedikt von Nursia selbst kaum gedacht. Dennoch übernehmen schon bald eine Unzahl neuer Klöster von Bangor bei Belfast bis Emmeram bei Regensburg seine goldene Regel. Denn zur Urkirche, wissen sie, führt kein Weg zurück. Darum verankern sie die Christenheit von nun an wie ein Schiff an ihren Klöstern. Der antike Widerspruch zwischen körperlicher und geistiger Arbeit ist bei ihnen für eine lange Zeit überwunden. Der Pflug ist ihnen so heilig wie die Feder. Von jetzt an schaffen daher Mönche Oasen der Kultur in einer Mondlandschaft der Barbarei. Sie haben alles gemeinsam. Als Kommunisten zur größeren Ehre Gottes legen sie Sümpfe trocken, machen Ödland urbar, unterrichten die Kinder der Barbaren und schreiben alle alten Texte immer wieder neu ab, von Homer bis Augustin. Die lateinischen Klassiker und ein gut Teil der Weisheit Athens haben sie für uns gerettet.

Mönche bewirten ganze Landstriche mit Wein, Würsten und Bier. Die „heiligen Berge" Bayerns werden später für ihre Brauereien berühmt. Mönche lehren Europa die Veredelung der Reben, das Winzermesser hängt an ihrem Gürtel. Oberbayern ist eine Klosterlandschaft, wie die Ile de France und Österreich und viele andere der fruchtbarsten Landstriche Europas: „Terra benedictina terra benedicta est", heißt es schon bald: Benediktinisches Land ist gesegnetes Land. Kein Adliger lebt in diesem Raum so gut wie diese Mönche. Keiner hört schönere Gesänge, keiner ist belesener.

Kein Staat, sondern diese Kirche der Klöster hat also in weiten Teilen Alteuropas ohne einen Schwertstreich die Gesellschaft neu gegründet. Unser Reichtum ruht auf seiner Leistung, unsere Kontinuität verdanken wir Benedikt: einem einzigen Menschen. Jetzt tragen sie ihn auf den Schultern zu Grab, geradeso, wie er auf den Schultern vieler Vorgänger gelebt hatte.

Die jetzt noch kleinen Gebäude über dem Paradiesgarten auf dem Hügel werden wachsen und wachsen und immer wieder zerstört und neu aufgebaut werden. Zerstört wird dieses Mutterkloster zuerst von den Langobarden im Jahr 577 und zuletzt von der 5. britischen Armee und ihrer 4. indischen und neuseeländischen Division – verstärkt durch ein brasilianisches Expeditionskorps sowie französische, polnische und italienische Einheiten und einer jüdischen Brigade – die hier fünf Monate lang im Frühjahr 1944 die 10. deutsche Armee Hitlers berennen, die ihnen vor den Mauern des Klosters den Weg nach Rom versperrt. Wie ein Riegel überwacht der Monte Cassino die Straße von Neapel nach Rom. Wie ein ausgebrannter Krater fällt er schließlich in die Hände der Alliierten. Doch jetzt hören wir den Geschützdonner noch nicht. Der Frühlingswind fächelt durch den Garten, die blühenden Obstbäume, die weißen Mandelbüsche. Es duftet nach frischen Kräutern. Nicht weit hinter einer Zypressenreihe versperrt eine Mauer mit einer Pforte den Weg.

ANKUNFT DER IREN

*Klosterruine von Clonmacnoise am Shannon River
in Irland aus dem Jahr 548*

St. Coulomb in der Bretagne im Jahr 599. – Irische Mönche singen auf gälisch und lateinisch die Wiegenlieder einer neuen Zivilisation des Abendlands, deren Alleinstellungsmerkmal die Freiheit des Christenmenschen wird.

Die Pforte führt – keine 50 Jahre später und rund 2000 km von Monte Cassino entfernt – über eine Freitreppe hinunter zu einem Strand am Atlantik. Frauen und Kinder sind am Ufer zusammengelaufen. Ein merkwürdiges Boot aus Weidengeflecht und Tierfellen wird den Sand hochgezogen. Daneben stehen dreizehn Männer, die alle zusammen sehr merkwürdig aussehen, so wie hier noch nie jemand gesehen worden ist: heilige Hippies, in weiße Kutten gehüllt, die Stirnseite halbmondförmig ausrasiert und mit ungeschorenem Haar am Hinterkopf, das ihnen in langen Strähnen auf die Schulter fällt. Sie haben farbige Lidschatten, wie die keltischen Druiden. Jetzt holen sie Leiern und Lyren aus dem Boot und gefüllte Ledersäcke, die sie um den Hals vor die Brust hängen oder auf den Rücken wie Mütter ihre Säuglinge. Die Kinder, die sich in einem großen Kreis um sie gesammelt haben, starren sie mit offenem Mund an, als dieser Chor schließlich zu singen beginnt. Herrliche Stimmen mit wüstem Akzent.

Auf Latein kann man sich gut mit ihnen verständigen. Ihre Ledersäcke stecken voll kostbarer Handschriften. Eines ihrer schönsten Bücher ist ein Psalter, den sie jeden Tag zu einem Drittel lesen und singen, wie sie sagen, also etwa fünfzig aller Psalmen König Davids aus dem alten Israel. Jeden Tag! Doch sie sind eben nicht aus dem Heiligen Land, sondern über die irische See und den Kanal bis hierhin an die gallische Küste zwischen der Normandie und der Bretagne gesegelt und gerudert. Sie sind die ersten irischen Pilger auf dem Kontinent, auf ihrem „Abenteuer um Christi willen", wie sie sich und diese Ausfahrt von der grünen Insel nennen. Der ältere unter ihnen ist um die fünfzig und Columban der Jüngere (540–615), neben ihm, der Rothaarige, ist Gallus (550–640). Hunderte werden ihnen noch über das Meer folgen – jeweils ein Mönch mit zwölf Begleitern in einem Boot. Und keiner von ihnen wird jemals nach Irland zurückkehren. Auf dem Festland aber gehen sie nicht in die wenigen Städte, wo sich die Christen um die alten römischen Bischofssitze scharten, sondern sie gehen aufs Land, wo sie unter der großenteils heidnisch gebliebenen Bevölkerung Klöster gründen. Es wurden die neuen Schulen Europas. Es war ein völlig neuer Schritt.

Auf dem Festland werden diese Mönche von nun an einen Kranz von Klöstern, Kirchen und Siedlungen in ihrer Spur pflanzen, wie Gärtner Setzlinge in den Boden bringen. Das Dorf Saint Coulomb in der Bucht von St. Malo wird später für immer an die folgenreiche Landung des heiligen Columban in Gallien erinnern. Er stirbt in Bobbio in Norditalien, Gallus in Arbon in der Schweiz, unweit des späteren Klosters St. Gallen, das zu einer von vielen neuen Keimzellen der Kultur Europas werden wird, wo irische Harfen und Wiegenlieder die neue Kindheit des Kontinents begleiten.

Die Geschichte Irlands war bis hierhin eine Geschichte für sich im Haus Europas. Da die Insel nie eine römische Kolonie war, hat es hier auch nie eine Konstantinische Wende geben können. Irland ist aufgeteilt in Hunderte winziger Königreiche, als die ersten Missionare aus Rom dort an Land gehen. Römische Legionäre hat die Insel nie gesehen. Hier gibt es keinen Oberherrscher, mit dessen Taufe die Christianisierung des Landes erledigt gewesen wäre. Hier müssen die Missionare nicht die Herrscher, sondern zuerst die Sänger und Dichter überzeugen. Sieben ägyptische Mönche, die in Ulidh begraben liegen, sollen vor Jahrhunderten schon das Klosterwesen nach Irland gebracht haben.

Die Christianisierung Irlands ab dem 4. Jahrhundert ist deshalb noch einmal eine einmalige Wiederholung des Erfolgs der

Urgemeinde: als eine Bekehrung von Herz zu Herz und Haus zu Haus, in einem einmaligen Wettstreit mit der alten keltischen Gelehrtenelite dieser Insel. In dem ältesten erhaltenen gälischen Gedicht besingt Dallán Forgaill (530–598), ein keltisch-heidnischer Dichter, die Heldentaten Columban des Älteren (540–615), der als christlicher Barde die Insel durchstreift und später als Patron der irischen Dichter verehrt werden wird.

Das Land erblüht in jenen Tagen wie ein Kirschbaum im April. Unter den Hunderten von Kreuzesformen, die die Geschichte kennt, wird das irische Kreiskreuz zum schönsten der Christenheit. Iren verfassen auf Gälisch die neben dem Lateinischen und Griechischen größte Literatur des Frühmittelalters. Gegen ihre Könige treten sie aus Protest oft in den Hungerstreik. Vielweiberei und auch die Scheidung behalten sie – unter Bezug auf Abraham und die Patriarchen – als guten irischen Brauch bei. Milch ist in den Klöstern Columbans ein Luxusgetränk, Fisch ein Festmahl.

So ist Irland ohne einen einzigen Märtyrer christlich geworden. Auf dieser Insel wohnt das einzige Volk Europas, das nie Eroberungszüge unternahm, wohl selbst aber vielmals erobert wurde. Nur Priester schickte es auf den Kontinent, Mönche, Gelehrte, Sänger, Missionare. „Hier draußen", schreibt deshalb Heinrich Böll noch über tausend Jahre später in sein Tagebuch, „lag damals, weit außerhalb der Mitte, als ein Exzentrikum, tief in den Atlantik hineingerutscht, Europas glühendes Herz." Europas glühendes Herz?

„Wir sind alle eins", verstehen wir in dem anschwellenden Gesang dieser Abenteurer um Christi willen, „alle sind wir Glieder eines Leibes, ob Gallier, Briten, Franken, Burgunder, Iren oder welcher Nation auch immer." Ihr Einfluss ist unglaublich. Columban hat fast allein die Beichte in Europa eingeführt, ein unerhörtes Instrument der kritisch befreienden Selbsterkenntnis – zusammen mit der Buße, die den „Schwatzhaften zum Schweigen verurteilt, den Ungestümen zur Sanftmut, den Fresssack zum Fasten, den Faulen zum Wachsein, den Hochmütigen zu Gefängnis und den Verräter zu Acht und Bann."

Der „Gottesmann", wie Columban schon zu seinen Lebzeiten genannt wurde, revolutionierte Europa durch das „Heilmittel der Buße". Der Weg zur Einsicht in persönliche Schuld wurde von Iren im Abendland geebnet. Auch die Hochschätzung von Frauen und von Kindern, die in ihrer Eigenheit zu respektieren und zu fördern seien. Es war der Schlüssel zum Geheimnis ihres umwälzenden Erfolgs im Erziehungswesen.

In Deutschland zählen wir zu Columbans Zeit 115 irische Heilige, in Frankreich 25, in England 24, 36 in Belgien, 25 in Schottland, es ist ein riesiger Chor. Ihre Bibliotheken sind Schatzkammern im Unterbau des Abendlands. „Wir dürfen nicht schweigen von der Insel Irland, die zwischen Spanien und Britannien liegt", notiert noch zweihundert Jahre nach seinem Tod der Mönch Ermenrich im Kloster Sankt Gallen, „denn von dort ist uns ein Strahl großen Lichts gekommen." Bangor, das Heimatkloster Columbans, war zu einer Wiege des Westens geworden, in einer Dachkammer unseres Hauses, nur fünfzehn Meilen von Belfast am Lagan River entfernt.

„Ohne Gegner kein Kampf", lesen wir jetzt noch in einem seiner Briefe, „ohne Kampf kein Sieg und ohne Freiheit keine Würde!" Oder, auf Lateinisch: „Si tollis libertatem, tollis dignitatem" (Wenn du die Freiheit nimmst, nimmst du die Würde). Es ist dieser Geist, mit dem Columban und viele andere irische Wandermönche Europa 600 Jahre nach Christus neu christianisiert und gewissermaßen noch einmal neu begründet haben.

Doch Columban und der heilige Gallus leben noch, der eine in Bobbio in Norditalien, der andere in Sankt Gallen in der Schweiz, als wir plötzlich spüren, wie die Erde zu zittern und zu schwanken scheint.

Plötzlich erschüttert ein Erdbeben den gesamten Bau, eine Staubwolke verdeckt vom Süden her die Sonne, das Bersten einstürzender Mauern mischt sich mit den Klagerufen von Kindern und Frauen und arabischem Kriegsgeschrei. Reiter mit grünen Bannern jagen im Galopp um das Mittelmeer.

MILCHSTRASSE DER WIEDERERINNERUNG

Kathedrale der „Aufnahme Unserer Lieben Frau in den Himmel" in Córdoba. Das Gotteshaus wurde nach der Eroberung Spaniens 784 unter Emir Abd ar-Rahman I. als Moschee über den Ruinen der westgotischen Kathedrale für Sankt Vincent von Saragossa errichtet und im Jahr 1236 nach der christlichen Wiedereroberung unter König Ferdinand III. von Kastilien wieder in eine römisch-katholische Kathedrale umgewandelt.

Am Guadalete, dem Fluss des Vergessens, in Andalusien im Jahr 711. – Siebenhundert Jahre nach dem Opfertod Christi in Jerusalem werden die siegreichen Krieger Mohammeds zur größten Herausforderung im Kampf um die Seelen der Menschen des Abendlands.

Als sich der Staub verzieht, umschließt das abendländische Haus mit einem Mal nicht mehr das Meer in seiner Mitte, jetzt liegt der altrömische riesige Villenkomplex wie gespalten da. Mit Urgewalt ist das Vertraute fremd geworden. Jetzt können wir den alten südlichen Flügel kaum noch erkennen, der abgeborsten an einem fremden Ufer in der Sonne liegt, in der Hand von Fremden aus dem Morgenland, der Heere der Kalifen: dem Schwert Allahs, wie die Araber, oder der Geißel Gottes, wie die Christen es sehen.

In nur hundert Jahren nach dem Tod Mohammeds in Medina haben Araber die Hälfte des alten römischen Weltreichs überrannt. In Ägypten waren die Verhältnisse so, dass ihr Sieg über die korrupten Byzantiner von vielen Christen für ein gerechtes Gottesgericht gehalten wird. Jerusalem haben sie im Nu überrannt. Hier errichten sie auf einem alten verwaisten Platz in der Mitte der Stadt gleich den Felsendom über den Fundamenten des alten jüdischen Tempels – mit den gleichen Maßen wie die Grabeskirche über dem Berg Golgatha und dem leeren Felsengrab Christi. Es ist eine Torhalle des Himmlischen Jerusalem, die byzantinische und syrische Architekten und Bauleute den Muslimen untergeschmuggelt haben – jetzt zum Ruhm Allahs und im Dienst der neuen Herrscher, die sich zu dieser Zeit noch in Zelten am wohlsten fühlen.

Die Eroberung Spaniens, wofür die Römer zweihundert Jahre gebraucht haben, ist ihnen im Handstreich gelungen. Das Erste, was wir danach erkennen können, ist ein silbernes Band, das sich unter dem matten Licht der Milchstraße weit, weit nach Westen hinzieht, bis zum Ende der Erde.

Da hinten liegt ein dunkler Schrein. Wir sehen Millionen Menschen dem matten Licht dieser Straße über viele Jahrhunderte zu dieser Truhe hin folgen. Es ist der Weg schlechthin in die Geschichte Europas. Und es ist ein Weg, den der Prophet Mohammed zusammen mit dem Apostel Jakobus gebahnt hat, nachdem beide längst tot waren, entschlafen der eine, enthauptet der andere. Denn das Grab und die Gebeine dieses Apostels werden im 8. Jahrhundert gerade zu der Zeit im äußersten Nordwesten Spaniens entdeckt, als das Land – nur achtzig Jahre nach dem Tod Mohammeds – nahezu vollständig unter das grüne Banner des Propheten geraten ist. Als Jerusalem im Osten zur verlorenen Mitte der Christenheit wird, taucht deshalb rätselhafterweise hier draußen, weit hinten im Westen, in der Stunde der höchsten Not ein neues Jerusalem auf der Landkarte auf: eine ganz und gar christliche Stadtgründung auf dem Höhepunkt islamischer Zeit, unter immenser Bedrohung.

Der Weg zu diesem Grab fängt darum zuerst am „Fluss des Vergessens" an. Das ist der Rio Guadelete in Andalusien, wo Araber die Westgoten unter König Roderich im Jahr 711 vernichtend schlagen. Der König verblutet auf dem Schlachtfeld. Danach gleiten die Heere des Kalifen nur noch wie das Messer durch die Butter über Spanien und Frankreich nach Europa hinein. Gut hundert Jahre später, im August 846, wird eine arabische Flotte den Tiber hinauf bis nach Rom segeln und dort die Gräber der Apostelfürsten Petrus und Paulus schänden. Die Sachsen, Friesen und Franken, die vor diesen Schatzkammern der Christenheit wohnen, können die Sarazenen nicht daran hindern. Ganz Europa droht eine Provinz der unbesiegbaren Herrscher aus Damaskus zu werden, nachdem die iberische Halbinsel den Arabern bis auf einen kleinen unbesiegten Rest im Norden im Handumdrehen vollständig in die Hände gefallen ist.

Doch es ist eben dieser Rest, in dem das Grab gefunden wird. Und danach wird hier oben den Siegern und ihrer neuen Wüstenreligion auch schon bald die erste eigene Niederlage beigebracht. Ein gewisser Don Pelayo hat sie in den Kantabrischen Bergen in eine Falle gelockt, nur sieben Jahre nach der Schlacht am Guadelete. Danach folgt der blitzschnellen arabischen Eroberung eine unendlich zähe Wiedereroberung der iberischen Länder durch die Christen. Gewissermaßen geht also von den Vorfahren Sancho Pansas die Wiederanbindung Spaniens an Europa aus und nicht vom Geschlecht Don Quijotes.

Denn die gedrungenen Galicier und Asturier und nicht die hageren westgotischen Edlen Kastiliens kreuzen hier ja erstmals erfolgreich ihre Klinge mit den Arabern. Vielleicht haben wir deshalb auch dem listigen Sancho die Entdeckung des Apostelgrabes zu verdanken. Denn so eindeutig die Apostelgräber des Petrus und Paulus in Rom sind, so mysteriös ist das Grab des Jakobus. Rom hat seinen Namen wegen der Apostel nicht geändert, der Flecken in Galizien nennt sich jedoch gleich nach dem Apostel selbst: Sant Jago – als „Santiago de Compostela". Es ist die einzige Stadt der Welt, deren Ursprung sich einem Apostel verdankt.

Während die Araber über Gibraltar noch auf allen Straßen und Wegen Spaniens nach Norden stürmen, beobachten wir in Nordspanien nun plötzlich Millionen von Pilgern aus ganz Europa, die mit ihren Füßen einen neuen Weg von Ost nach West ebnen. Santiago de Compostela wird ein Magnet für die Völker Europas – und Jakobus der starke Held gegen alle Feinde der Christenheit. An dem Verlauf der vielen Fußspuren dahin können wir erkennen, dass es vor allem die Völker außerhalb Spaniens sind, die diese Reise nach Santiago auf sich nehmen, besonders die Franken links und rechts des Rheins. Muss dieser Weg nicht gesichert werden?! Zum Wohl der Frommen, zum Nutzen der Christenheit! In Torres del Rio steht eine achteckige Kapelle der Ritter vom Heiligen Grab links von der Straße auf einem Hügel, durch dessen ehemals offenes Dach den Pilgern nachts mit Flammen und tags mit einer Rauchsäule der Weg gewiesen wird, mit „einer Wolke am Tag und eine Feuersäule bei Nacht".

Bevor das Jahrtausend zu Ende geht, ist schon wieder der gesamte Norden Spaniens zurückerobert. Dabei wird der Pilgerweg nach Santiago immer ein wenig südlicher durch das Landesinnere verlegt, parallel zum Frontverlauf, als ständige Inbesitznahme durch die Füße der Pilger Europas. Wie steinerne Besitztitel werden hier auch jeweils sofort neue Kirchen errichtet und Moscheen in ebensolche umgewandelt, sobald die Mauren vertrieben sind. „Santiago! Santiago!" ist der Schlachtruf der Spanier über Jahrhunderte hinweg in diesen Kämpfen. „Allahu akbar!" heißt die Antwort der Araber: „Gott ist größer!"

Die Christen schreien nach dem heiligen Jakob, wo die Muslime den Allerhöchsten um seinen Beistand anrufen. Denn nach der Fleischwerdung Gottes gilt für die Europäer prinzipiell der Geist ohne zumindest einen Knochen nicht viel, fast gar nichts. Fast alle Kellergewölbe des Europäischen Hauses bergen darum bis heute solche Knochen und Beine der Heiligen. Und über diese Gewölbe hinweg verbindet der Weg nach Santiago von Anfang an die Jahrhunderte. Er zieht sich wie ein Rückgrat durch das Europäische Mittelalter, als Milchstraße, die die Menschen wie die Künste nährt.

Der Weg ist ein Wegenetz, ein Geflecht von Wegen, ein Adernetz, das sich wortwörtlich über ganz Europa spannen wird. Wie Seide spinnt sich die Blüte der romanischen Kultur um dieses Netz und diesen Strick herum. Das europäische Hospitalwesen entwickelt sich entlang dieses Weges, dazu die Herbergs- und Hotelkultur, der Brücken- und Straßenbau, das Architekturwesen Europas. Ein Feldweg strahlt hier überall kilometerweit nach links und rechts. Kilometerweit? Hunderte von Kilometern allein in Spanien, nach Norden und Süden. Hunderte von Kilometern? Er strahlt durch ganz Europa. Ein Feldweg gestaltet Europa um: eine große Ackerfurche, die von unzähligen Füßen durch den Kontinent gegraben wird, als ein mächtiger Strom mit vielen, vielen Nebenflüssen. In Europa hat fast jede alte Stadt von Belang einen Jakobshof, wo sich die Pilger sammeln, wie in Frankfurt am Main, oder eine entsprechende Jakobskirche, wie im mährischen Brünn oder im polnischen

Torún vierhundert Kilometer östlich von Berlin. Kein Weg hat in der Vergangenheit die Kenntnis der Nationen des Westens untereinander so sehr gefördert. Keiner hat die europäische Integration intensiver vorangetrieben.

In Kastilien und León scheint er manchmal in grenzenloser Einsamkeit bis an den Rand des Himmels zu steigen, in ein unendliches Blau hinein, über weizenfarbene Steine und mit Schafherden in der Ferne in den Farben abgeernteter Felder. Und in Redecilla del Camino in Kastilien, einem kleinen Dorf am Weg, finden wir sogar ein Taufbecken, das einmal als Abbild des himmlischen Jerusalem für dieses Hundertseelennest skulpiert wurde. Ein Strauß Plastikblumen schmückt das ausgetrocknete Meisterstück. Die Kirchentür hängt schief in den Angeln.

Draußen sitzen alte Frauen vor der warmen Mauer auf dem Boden und schütteln Kichererbsen aus verdorrten Schoten auf eine Decke in der Mitte. Schwere Lastwagen donnern von Pamplona Richtung Burgos auf der Straße vorbei. Ich schaue nach Westen und schaue nach Osten, den endlosen Weg entlang, zurück, zurück, bis er sich in der Ferne als silbernflimmerndes Band verliert – wie die vielen Flüsse, die den wasserreichen Kontinent durchziehen –, fahre mit dem Blick über die Pyrenäen durch Frankreich.

KÖNIGSSALBUNG WIE IM ALTEN ISRAEL

*Die Kathedrale Saint-Gervais-et-Saint-Protais
in Soissons in der Picardie*

Soissons in der Picardie, Dezember 751. – Nach dem Siegeszug der Heere der Kalifen knüpfen fränkische Bischöfe an biblische Traditionen an und salben ihre Könige nun, wie der Prophet Samuel im fernen Palästina Saul und David zu Königen Israels salbte.

Da bricht im Oktober 732, zwischen den keltisch-römischen Städten Tours und Poitiers, zwanzig Jahre nach dem ersten Sieg Pelayos über die Araber im nordspanischen Asturien, der Siegeszug des Islams vollends an den Ufern des Flusses Vienne an den Lanzen und Streitäxten der Franken, Langobarden, Sachsen und Friesen unter Karl Martell (688–741) zusammen, im Herzen Frankreichs. Im Bericht dieser Schlacht fällt zum ersten Mal der Begriff „Europa" im modernen Sinn. Doch nicht weniger bedeutend ist ein anderer Raum, weiter hoch im Norden, über dem Ufer der Aisne, im Bischofssitz der merowingischen Königsstadt Soissons, wo das Knistern von Kerzen und atemlose Stille plötzlich dem Gebrüll des Schlachtenlärms gewichen ist. Draußen schwingt sich eine bewaldete Hügellandschaft sanft über dem Fluss empor. Der einzige Steinbau der Stadt ist von strohgedeckten kleinen Lehmhütten umgeben, deren Mauern an Häuser der Berber aus Marokko erinnern. Hier im Innern aber duftet es nach Weihrauch statt nach Brandschwaden und Kuhfladen. Der Raum im Dämmerlicht ist voller Menschen.

Gerade kniet in der Mitte ein Mann auf einem Podest in fränkischer Kriegerkleidung vor einem hochgewachsenen Greis nieder, der nun seine Hand in eine Schale taucht und damit die Stirn des Knieenden bezeichnet. Ist das nicht Karl, „der Hammer", wie die Franken den Mann nun nennen, der die Araber zurückwarf? Sind das nicht seine Gesichtszüge? Ja, es sind seine Züge, doch es ist Pippin, sein Sohn. Und was da gerade geschieht, ist die endgültige Antwort auf die seit Chlodwig offene Frage nach der Legitimation der Könige in dem neuen christlichen Reich der Franken. Und es ist auch – neunzehn Jahre nach der Schlacht bei Tours und Poitiers – die erste Antwort der Kirche auf die Bedrohung durch den Islam.

Gestern ist der letzte machtlose Königsspross der Merowinger geschoren und ins Kloster geschickt worden. Dazu hat sich Pippin, der Verwalter des königlichen Hofes, aus Rom ermächtigen lassen. „Wer die Macht hat, soll auch König sein", hat ihm der römische Bischof geschrieben. Der Schotte Wynfrith, vor dem er dort kniet und den die deutschen Franken Bonifatius nennen, hat ihm als päpstlicher Gesandter selbst den Brief überbracht. Und so salbt er diesen Krieger nun erstmals – gerade da vorne! – mit Öl vom Ölberg in Jerusalem zum „Messias": zum „Gesalbten des Herrn", zum ersten katholischen König des Westens – gerade so, wie die Bibel die Zeremonie beschreibt, mit der fünfzehnhundert Jahre zuvor im fernen Palästina der Prophet Samuel zuerst Saul und dann David zum ersten und zweiten König der Juden gesalbt hat. Das ist das neue „Königsheil"!

Es ist die letzte Großtat dieses Achtundsiebzigjährigen. Er ist der große „Entgötterer" des Nordens. Bis weit über die Elbe hinaus hat er die alten germanischen Länder mit ersten primitiven Domkirchen über alten heidnischen Heiligtümern übersät. Diese Salbung aber ist sein letzter und aufklärerischster Akt der Entgötterung. Denn von jetzt an legitimiert endgültig nicht mehr die Abstammung von Göttern, sondern die alte jüdische Salbung durch die römische Kirche für Hunderte von Jahren die zentralen Herrscherfiguren Europas. Jetzt erhebt sich Pippin. Leise klirrt sein Schwert auf dem Steinboden.

Karl Martell hatte Pippin gezeugt und Pippin zeugte Karl.

BAUARBEITEN AM HIMMLISCHEN JERUSALEM

*Karolingischer Löwe auf dem Bronzeportal
des Aachener Doms von 796*

Aachen, April 806. – Der Frankenherrscher Karl alias König David lässt am Nordrand der Eifel die Pfalzkapelle seines neuen Kaiserreichs nach den Maßen der Grabes- und Auferstehungsbasilika Christi aus Jerusalem errichten.

Große, goldglänzende Flügeltore aus bester Bronze mit karolingischen Löwenköpfen schwingen leicht vor uns auf. Mächtigere Gussarbeiten hat die Welt hier oben im Norden noch nicht gesehen. In Konstantinopel leuchtet kein Tor goldener. Hinter der Schwelle des geheimnisvollen Zentralbaus mögen wir nur noch flüstern. Pippins Sohn Karl ist der Bauherr dieses Raums, den auch er nach den „heiligen Maßzahlen" der Apokalypse als Abbild der Neuen Stadt entwerfen ließ. Im ersten Stock schmücken streng geometrische Gitter eine Balustrade über dem inneren Säulenring. Die Anlage ist exakt nach Osten ausgerichtet, wo der Jüngste Tag zuerst aufleuchten wird, dem Wiederkommen des Messias entgegen. In diesem Raum beginnt das Mittelalter. Auch Karls Thron im ersten Stock schaut nach Osten. Jetzt, spät in der Nacht, kurz vor dem Morgengrauen, leuchtet fast nur der Jerusalemer Marmor dieses Stuhls von der Empore herab, auf dem wir den Herrscher reglos sitzen sehen. Worauf wartet er? Hat er nicht alles erreicht?

Seinen Berater Einhard (775–840), den er nach dem Architekten des Gotteszeltes Israels in der Wüste Bezaleel nennt, hat mit Odo von Metz (742–814) den Bau der neuen Pfalzanlage fast vollendet. Er selbst lässt sich in seiner Akademie nur noch David nennen. Der römische Badeort Aachen am Nordrand der Eifel ist sein Jerusalem geworden. Als weitere Berater und Architekten hat er einen Kreis hervorragender Mönche um sich versammelt, aus Irland, Pisa oder Aquileia; Angelsachsen, Franken, Westgoten oder Langobarden. Heute hat er seine zwölfköpfige Tafelrunde schon vor Mitternacht aufgehoben, von der die Legenden noch Jahrhunderte erzählen werden. Sein Reich umfasst die Vorfahren der Westdeutschen, der Franzosen, der Norditaliener, der Österreicher, der Schweizer, der Niederländer. Papst Leo III. (750–816) hat ihm in einer Christnacht vor sechs Jahren aus Dankbarkeit für seinen Schutz ein kaiserliches Diadem auf die Stirn gesetzt und ein „Imperium Romanum" unter die Füße gelegt. Aber es gab hier doch kein „römisches Reich" mehr, nur in Byzanz im Osten noch, Westrom war schon vor dreihundert Jahren gefallen! Ja, und dieses mächtige Rom war jetzt wiederauferstanden, dazu aus dem Süden in den Norden gewandert, über die Alpen, in einer fabelhaften Wiedergeburt. Mit einem Mal war der Frankenkönig Karl jetzt auch ein Nachfolger Konstantins, Diokletians, Neros und Caesars. Nun mussten sich alle Gesandten des Morgenlands und auch aus Byzanz vor dem Herrscher in Aachen am Nordrand der Eifel platt auf den Boden werfen.

Jetzt zieht sich der Kaiser den Mantel höher über die Schulter. Bis nach Mitternacht hat er sich wieder aus den Schriften des Augustinus vorlesen lassen; er findet keinen Schlaf. Gott weiß, dass keiner mehr als er der Neuen Stadt entgegendrängt. Der Vollendung der Geschichte! Den Stamm der Sachsen hat er deswegen mit Feuer und Schwert seinem Gottesvolk der Liebenden hinzugefügt. Wer hat die Witwen, Waisen, die Schwachen und Schutzlosen jemals besser geschützt? Wann haben die Frauen je zuvor eine ähnlich bedeutende Rolle gespielt wie unter seiner Herrschaft? Wann ging es hier gerechter zu? Wann friedlicher? Wann waren die Stämme, Zungen und Länder je einiger? Jetzt wird es hinter dem östlichen Fenster hellblau. Karl hüllt sich fester in den Mantel. Wie soll es weitergehen?

Wie es weitergeht? Schon sehr bald nach Karls Tod zerfällt sein Reich in die beiden Rheinländer der Ost- und Westfranken. Aus mörderischem Bruderkampf gehen Deutschland und Frankreich hervor. Das deutsche Land zerfällt wieder schnell in die Stämme, aus denen es genommen war. Karls Reich war so flüchtig. Dennoch ist Karl der Große der Vater aller späteren Visionen einer politischen Einheit Europas geworden. Sein Reich war so europäisch wie kein Staat danach.

Und von ihm selbst bleibt nach ihm dieses Haus in Aachen übrig, das er als eine einzige große, heilige Uhr errichten ließ. Jeweils am Mittag der Sonnenwenden fällt für wenige Minuten ein Lichtstrahl auf die Goldkugel über dem Barbarossaleuchter, die sich von der Decke des heiligen Achtecks wie eine Stadt zur Erde heruntersenkt. Der ganze Raum ist als Kalenderstein erbaut, in dem die ablaufenden Jahre der augustinischen Endzeit für uns abgezählt werden, als ein zentrales Zimmer des lateinischen Westens, wie kein anderer Bau Mitte und Modell des europäischen Hauses. Wie Muscheln an einen Felsen sind an dieses karolingische Urgestein eine Vielzahl von Räumen späterer Zeiten angewachsen, von denen wir über eine kurze Zeitsteige in eine Torhalle hinuntersteigen.

EINE BRÜCKE AUS BÜCHERN

*Spätkarolingische Torhalle des ehemaligen
Reichsklosters Lorsch, ca. 900*

Lorsch am Rhein, Juli 820. – In den Scriptorien der Klöster wird dem Abendland ein neues Fundament aus Pergament eingebaut, in einer Brücke allen Wissens der antiken Welt in die neue Zeit, die später Mittelalter heißen wird.

Doch ist es eine Torhalle? Der Bau steht mitten im Weg. Es ist ein quergestellter mächtiger steinerner Schrein über drei Rundbögen, in den links und rechts zwei umschlossene Wendeltreppen hochführen. Der Raum liegt völlig frei und leuchtet wie ein Schmuckstück den flachen Hügel herab, auf dem sich hinter ihm noch eine mächtige Kirchenruine erhebt. Rote und weiße Kacheln sind an seiner Stirnseite zu einem kunstvollen Ornament ineinandergreifender Davidsterne angeordnet, durchbrochen von vorspringenden Säulen und einem rätselhaften Friesdekor. Gewiss muss es ein Schatzhaus sein und ja, schließlich doch ein Torbogen: Es ist ein neuer Eingang des Abendlands.

Es ist ein Übersetzungslabor, ein Skriptorium und ein Tresor der Bücher, den Abt Richbod für das reiche Kloster Lorsch wie eine Brücke vom Altertum zur Neuzeit hat errichten lassen. An die 400 kostbarster Handschriften passieren diesen Raum. Durch diese Torhalle ergießen sich die Ströme der antiken Weisheit in die Bibliothek und den Neubau Europas, das nun nördlich und westlich des Raumes entsteht, den das alte römische Weltreich davor umfasste. Denn als der Süden und Osten des Mittelmeerraums an den Islam gefallen ist, erlebt Europa hier oben eine erste Wiedergeburt in einer Umwälzung, deren Fundament das Buch geworden ist.

Schon im ersten Jahrhundert hat das Buch die alte Schriftrolle abgelöst. Es war eine revolutionäre Neuerung des Kommunikationswesens. Denn verglichen mit der Schriftrolle ermöglicht das Buch ja einen viel schnelleren Zugriff auf jede gewünschte Information. Das Buch beschleunigt die Kommunikation damit auf eine Weise, wie es zweitausend Jahre später die Elektronik noch einmal tun wird.

So gibt es zu Beginn des Mittelalters kaum etwas Wertvolleres als diese pergamentenen Bücher, die nun in Lorsch wie in Irland oder am Bodensee immer auch schon Bilder und fantastische Ornamente neben den Schrifttexten enthalten: Fabelwesen, Engel und immer neue Skizzen der Gottesstadt. Eine ungeheure Erregung hat die Kunst ergriffen. Der Glanz und die Farbenfülle dieser kindlich verspielten karolingischen Miniaturen wird nie mehr übertroffen werden. Eine ungebändigte Geistigkeit treibt diese frühe Geistlichkeit Europas um.

Denn die Geistlichen, das sind in diesen Gebäudeteilen neben den Bischöfen und Mönchen ja überhaupt alle Bewohner der Klöster: die Gärtner ebenso wie die Goldschmiede, Buchmaler, Buchbinder, Schreiber. Schöner und liebevoller werden Bücher nie mehr ausgestattet werden als in der Zeit, da sie allesamt Unikate aus ihrer Hand sind. Jedes Buch kostet der notwendigen Rinderhäute wegen eine ganze Rinderherde. Nie mehr wieder werden die einzelnen geschriebenen Worte so wertvoll sein.

Ja, in diesen Tagen wird Europa aus den Scriptorien ein neues Fundament aus Pergamentseiten untergeschoben. Wie ein Seitenfenster öffnen wir einen dieser Codices und beugen uns noch einmal in einen heute fast vergessenen Zeitraum unserer Geschichte zurück.

EIN EIFERSÜCHTIGER BISCHOF

Triforium in der Apsis der Kathedrale Saint Jean von Lyon

Lyon an der Rhône im Jahr 834. – Ein fast vergessener hebräisch-lateinischer Wettkampf um die Seele des Abendlands und die Bildung der Menschen des römisch-fränkischen Großreichs, das von Aachen bis zu den Pyrenäen reicht.

Die Kammer erinnert an ein Zimmer, wo wir bei unserem Besuch ein Laken aus dem Fenster hängen müssten, um später von außen überhaupt noch erkennen zu können, dass es solch einen Raum in dem Gebäude überhaupt gibt. Denn innen finden wir in all den dunklen Gängen schon lange die Tür nicht mehr, die in das Zimmer führt. Am Fenster steht auch hier ein Schreibpult, zum dritten Mal, und davor schon wieder ein Bischof, der gerade einen Brief an seinen Mitbruder in Narbonne beendet. Er ist empört.

Bischof Agobard (779–840) ereifert sich, dass viele seiner frommen Franken inzwischen den Sabbat heiligen und den Sonntag durch Arbeit schänden. Zahlreiche Mädchen würden sich mit Vorliebe bei Juden als Mägde verdingen. Gerade unter den einfachen Leuten hielten viele Israel für das einzige und wahre Volk Gottes! Und am Hof König Ludwig des Frommen (778–840) und seiner Frau Judith gingen die Beschnittenen inzwischen ein und aus, wie es ihnen gefalle!

Denn seit dem Fall Jerusalems im Jahr 70 leben auch die Juden überall in Europa, allerdings noch so wie die ersten Christen: in verstreuten Gemeinden, ohne Staat und Reich, als ungeschützte Gesellschaft an einem seidenen Faden, als reine Zivilisation. Seit dem ersten Jahrhundert liegt die Kirche mit der Synagoge über den Messias im Streit – und umgekehrt. Keiner ist so belesen und schriftkundig wie diese beiden Konkurrenten um das Herz Europas, wie der christliche Klerus und die Juden. Doch während der Klerus fast überall lateinisch schreibt und liest, schreiben die Juden außer Hebräisch auch schon oft in den jeweiligen Landessprachen – allerdings auch mit hebräischen Lettern, von Deutschland, das sie Aschkenas, bis zu Spanien, das sie Sefarad nennen. Es gibt keine Analphabeten unter ihnen. Und natürlich ist ihre hohe Bildung ein ständiger Stein des Anstoßes in einer noch weitgehend analphabetischen Welt. Bei ihnen ist das ganze Volk so schriftkundig, wie es unter den Christen nur die Mönche sind. Der früheste Quellenfund in Berlin ist ein jüdischer Grabstein mit hebräischen Lettern und das ist auch in vielen anderen Orten so.

Doch die Spannung zwischen Juden und Christen ist dennoch nicht der Konflikt, der den hohen Raum des Mittelalters insgesamt prägt, erst recht nicht am Anfang. Das wird vielmehr der Konflikt zwischen der weltlichen und geistlichen Macht, wie ihn Augustinus Jahrhunderte zuvor skizziert hatte. In diesem Widerspruch verbraucht sich das Mittelalter. Petrus und Caesar, der erste und der dreizehnte Apostel, erschöpfen sich im Kampf um das geistliche und weltliche Schwert, um den Vorsitz in Europa. Vierhundert Jahre nach Karl dem Großen haben Päpste schon deutsche Könige aus der Gemeinschaft der Christen ausgeschlossen und Kaiser Päpste für abgesetzt erklärt. In dieser Zeit sprechen die Kanzleien der Kaiser erstmals auch vom „Heiligen Römischen Reich", um den Völkern Europas ihren ebenbürtigen Rang vor den Päpsten zu demonstrieren. Seit damals werden in Köln auch die „Heiligen Drei Könige" verehrt – mit der Begründung, dass die Könige in Bethlehem schon den Messias verehrten, als Petrus noch in den Windeln lag. Doch hinter diesen Kanzleien, am Ende eines langen Ganges, blicken wir in einen Raum, der wie in einem nächtlichen Spiegel der Kammer Bischof Agobards gleicht.

DAS DRITTE REICH

*San Giovanni in Fiore in Kalabrien um den alten
Klosterkomplex Joachim von Fiores*

San Giovanni in Fiore am 1. April 1190. – Der Theologe und Zisterzienserabt Joachim von Fiore sieht dramatische Änderungen der katholischen Kirche voraus, die in seinen Schriften zu einem Treibsatz in der Geschichte des Abendlands werden.

Die Kerze auf dem Tisch ist fast herabgebrannt. Es ist die Studierstube Abt Joachims. Der kalabresische Zisterziensermönch ist ein umfassend gebildeter Gelehrter. Nach einem bewegten Pilgerleben, das ihn über Palermo, Jerusalem und verschiedene Klöster Mittel- und Süditaliens geführt hat, ist er in diesem Skriptorium an seinem Lebensziel angekommen.

Das Kloster San Giovanni ist seine eigene Neugründung im Süden Kalabriens. Es liegt fast schon in der Sohle des Stiefels, inmitten der Wälder des Sila-Gebirges, die im Winter oft im Schnee versinken. Jetzt schmiegt sich noch kein Ort um das Kloster. Der Stauferkönig Heinrich VI., ein Sohn Kaiser Barbarossas, hat Joachim den Grund geschenkt, wo der markante Bau wie ein Solitär auf einer Lichtung liegt.

Ostern ist früh in diesem Jahr. Nachts ist es noch sehr kalt. Da ist der gelehrte Mensch noch früher wach als sonst, auch außerhalb der Zeiten für das nächtliche Stundengebet, das er mit seinen Mitbrüdern im Chorraum ihrer Kirche verrichtet. Sein Lebensthema aber verfolgt ihn Tag und Nacht, in seinen Träumen und im Skriptorium und dieses Thema hat ihn auch heute Morgen wieder geweckt. Das ist die rätselhafte Apokalypse des Johannes von Patmos. Vor sieben Jahren hat Joachim in Rom um die Erlaubnis nachgesucht, nur noch über diese Offenbarung zu forschen und zu schreiben. Vor zwei Jahren hat Papst Clemens III. ihm die Erlaubnis erteilt. Und heute Morgen war es ihm noch auf dem Nachtlager, bevor er dem feierlichen Hochamt zur Erinnerung an die Auferstehung Christi von den Toten in der neuen Basilika als Abt vorstand, als habe sich ihm mit einem Mal das innere Geheimnis der Geheimen Offenbarung erschlossen, über die er sich seit Jahren wie ein Alchimist über den Stein der Weisen gebeugt hatte. Er hat das Ereignis wie eine Erleuchtung wahrgenommen, wie eine Eingebung, gerade so, als habe er einen Schlüssel zum Verständnis der Weltgeschichte gefunden.

Jetzt, am Ende dieses Ostertages, will er die Entdeckung endlich schriftlich festhalten. „Wie die Dreifaltigkeit ist auch die Weltzeit gegliedert: als eine Geschichte des Vaters und des Sohnes und des Heiligen Geistes", schreibt er voller Hast. Das war die Kernformel. Das erste Zeitalter war ein Zeitalter der Knechte, das zweite ist eines der Freien und das dritte wird ein Reich der Freude, der Liebe, des Öls, des Sommers, der Helle des Tages, der Lilien, des Geistes und des Pfingstfestes sein. Und nun – die Erschütterungen der Papstkirche zeigen es überall – wird das Zweite Reich bald abgelöst werden. Der Petruskirche wird endlich eine letzte Johanneskirche folgen. Es wird keine Fürsten und Bischöfe und auch die Trennung zwischen Priestern und Laien nicht mehr geben. Sehr bald wird dieses „Dritte Reich" nun kommen! Der Antichrist, der Böse persönlich, wird durch sein Erscheinen dieses Reich ankündigen müssen: das letzte Heil der Geschichte!

Seine Abtei liegt rund 500 Kilometer südlich vom Monte Cassino. Das kleine Fenster des Raumes lässt schon ins nächste Jahrhundert blicken. Im Osten an der Adria sehen wir da einen Reiter, der in Apulien einen Hügel hochjagt, auf dem ein geheimnisvolles Kastell aus neun Achtecken errichtet wird. Acht schlanke Oktogone werden auf der Baustelle wie Zacken einer Krone einem massiven Oktogon mit einem achteckigen Innenhof in der Mitte hinzugefügt. Mehr Achtecke sind noch nie einem Haus einverleibt worden. Was soll das für ein Bau werden? Eine kaiserliche Gefängnisburg? Ein kosmischer Brunnen? Und ist der Reiter vielleicht schon der Antichrist? Keiner weiß es, doch wahrhaftig, eine neue Zeit hat angefangen.

Am Horizont zeigt sich ein erster rosa Streif der Morgenröte über den Bergen. Weit hinten sehen wir schon die Jünger des

Franziskus in ihren braunen Kutten in Scharen durch die italienischen Ebenen und Städte der kommenden Jahre ziehen, in selbst gewählter Armut und merkwürdiger Freude, unter ihnen die ersten Naturforscher und Entdecker Europas mit ihrer überschäumenden Liebe zu aller Kreatur. Jede Zwölfzahl im Wald ist ihnen eine Kirche, überall, wo sie sich versammeln, erkennen sie die Türme und goldenen Mauern des himmlischen Jerusalem. Zusammen mit den Dominikanern in ihren schwarzweißen Gewändern antworten sie in Predigt und Lebensstil den Bewegungen der Ketzer, die allenthalben wie ein kultureller Taifun durch Europa ziehen und ein Lied angestimmt haben, das jahrhundertelang nicht mehr verstummen wird.

In immer neuen Strophen leugnen diese Radikalerneuerer die verwandelnde Kraft der Taufe, die Wirklichkeit der Wunder, die Gegenwart Christi im Altarssakrament und den Sinn von Gebeten, die an Heilige gerichtet werden. Die Klöster sind ihnen zu fett geworden, die römische Kirche die Hure der Apokalypse oder Babylon, jedenfalls ein unglaubwürdiger Sündenpfuhl, der von Grund auf auszumisten, zu reinigen und zu reformieren sei, in vollkommen neuen Formen gemeinschaftlichen Lebens und einer Theologie, die angeblich wieder an den Wurzeln ansetzt. Die Welt hat gedürstet nach ihnen, glauben sie: nach der endlich ganz und gar „wahren Kirche". Endlich soll unter ihnen die Kirche zu dem werden, wozu sie von Christus selbst auserwählt ist! In Südfrankreich wird diese erste Bewegung der „Reinen" und „Vollkommenen" in einem Vernichtungskrieg aufgerieben; das ist das vorläufige Ende der attraktiven Bewegung der Katharer, deren moderner Totalitarismus damals Europa von innen schon mehr bedroht, als die Sarazenen es von außen können.

Rom wird auch die Dreifaltigkeitslehre dieses Joachim von Fiore bald als Irrlehre verwerfen. Die Kreise, die seine Gedanken ziehen, kann keiner verhindern. Immer noch kratzt seine Feder über Pergament, als wir in den Nachbarraum eintreten. Es ist dunkel, nur der Mond scheint durch das Fenster und erhellt den Raum, wo wir eine junge Frau neben ihrem Bett auf dem Boden knien sehen.

WAHRER LEIB

*Ausschnitt aus dem „Triumph des Altarsakraments"
in den Stanzen des Raffael der Vatikanischen
Museen aus dem Jahr 1509*

Lüttich im Jahr 1209 und Orvieto am 11. August 1264. – Das letzte Hochfest der Kirche für ein optisches Übersetzungswunder zur Schau der „wahren Ikone" vom Antlitz Christi.

Die junge Frau ist eine Augustinerchorfrau, also Nonne eines Frauenordens, der seit Jahrhunderten nach der Klosterregel des heiligen Augustinus von Hippo lebt. Gebannt schaut sie auf den Mond und es scheint, als würde sie durch ihn hindurchschauen. Juliana von Cornillon (1192–1258) ist 17 Jahre alt und mystisch begabt. Auf dem Mont Cornillon, einem Hügel vor Lüttich, auf dem sich das Augustinerkloster der Stadt befindet, hat sie in ihrer Zelle Visionen und Traumbilder. Und hier erkennt sie in dem Vollmond gerade die verwandelte Hostie aus den Eucharistiefeiern in ihrem Kloster wieder, in der nach katholischem Glauben das letzte Abendmahl Christi und sein Opfertod auf dem Golgatha gleichzeitig gegenwärtig werden. Der Wesenskern der katholischen Kirche verdichtet sich in der verwandelten Brot-Oblate aus ungesäuertem Weizenmehl, wo Juliana nun jedoch einen Flecken, den sie auf der Mondscheibe wahrnimmt, als himmlische Nachricht deutet, dass dem Kalender der Kirche noch ein Fest zur besonderen Verehrung der heiligen Hostie fehle, das zu ergänzen sei. Vielleicht war es ein Komet, der vor dem Mond vorbeizog, den sie sah und als Flecken wahrnahm. Wir wissen es nicht. Doch Christus selbst bestätigt ihre Deutung bald in einer weiteren Vision, wie sie sagt.

Die Lehre der dauerhaften Wesensverwandlung von Brot und Wein in Leib und Blut Christi unter den Händen geweihter Priester war schon immer eine aufreizende Herausforderung an den Verstand. Die wirkliche Gegenwart Gottes in den verwandelten Hostien war aber auch immer schon der Anker der Christen in ihrem Glauben – bis zu jenem Tag, an dem

Jesus Christus auf den Wolken des Himmels wiederkommen würde. Auch deshalb wurde die Eucharistie immer wieder angegriffen. Ignatius von Antiochien (+ 108) nannte sie im 2. Jahrhundert noch eine „Medizin der Unsterblichkeit und Gegengift gegen den Tod". Berengar von Tours (+ 1088) hingegen wollte die Eucharistie wenig mehr als hundert Jahre vor Juliana nur noch als heiliges Symbol verstanden wissen. Die Oblate „aus ungesäuertem Brot" entstammte uralten Festvorschriften des Judentums für das Paschafest. Als verwandelte Hostie oder Opfergabe wird sie in den Glaubenskämpfen des Mittelalters gleichsam zum katholischen Unterscheidungsmerkmal zu allen anderen Religionen und gegen alle Abweichungen der verbindlichen Glaubenslehre innerhalb der Kirche Roms. Auf dem vierten Laterankonzil 1215 hat die Kirche deshalb die faktische Wesensverwandlung der Materie von Brot und Wein in den Leib und das Blut Christi als allein rechtgläubig und verbindlich für jeden Gläubigen erklärt.

In dieser Spannung wird auf Julianas Anregung erstmals im Jahr 1246 ein neues Corpus Christi-Fest in Lüttich begangen, bei der die geweihte Hostie zur Anbetung durch die Straßen der Stadt getragen wird. Der Widerstand gegen die Seherin und ihre Visionen ist damit nicht beendet, erst recht nicht aus ihrem eigenen Orden. Schließlich muss sie das Kloster verlassen und als Einsiedlerin leben. Auch feierliche Prozessionen gibt es anfangs noch nicht zu „Fronleichnam", wie das neue Fest auf mittelhochdeutsch für den „Leib des Herrn" im deutschen Sprachraum bald genannt werden wird. Im Jahr 1252 ist das Fronleichnamsfest durch Kardinal Hugo de Saint-Cher, der Juliane gut kannte, schon in ganz Deutschland angeordnet. Für die ganze römische Kirche war damit noch nichts entschieden. In den theologischen Debatten des Hochmittelalters war der Streit um die faktische Gegenwart Gottes in dem geweihten Brot der katholischen Eucharistiefeiern im Rest des Abendlands ab nun jedoch zu einer offenen Causa mit ungewissem Ausgang geworden, in die 17 Jahre später dann aber auch noch der Himmel selbst eingriff, wie es aussah.

Denn es war ja wirklich ein universaler Streit um die Kraft und Fähigkeit der Kirche zur Wesensverwandlung. In Prag an der Moldau hatte der Zweifel auch einen böhmischen Priester namens Petrus oder Pjotr ergriffen, der die Sache nicht glauben konnte, weil sie einfach zu unglaublich erschien. Er zweifelte ganz schlicht daran, dass sich die Hostie und der Wein während der Messe unter seinen Händen in das Fleisch und Blut Christi verwandelten, wie es die Kirche lehrte. Gleichzeitig wollte der fromme Skeptiker natürlich weiter als Priester wirken; er verdankte dem Stand ja seinen Lebensunterhalt. So machte er sich zu einer Pilgerreise nach Rom zum wahren Bildnis Christi auf, um unterwegs Klarheit in dieser Frage zu erbitten. Sein Beichtvater, der ihn in diesem Vorhaben bestärkt hatte, riet ihm aber, unterwegs auf jeder Etappe des Pilgerwegs an jedem Morgen wie gewohnt und mit allen Zweifeln, die ihn plagten, das Messopfer zu feiern. So tat er es und gelangte über den Frankenweg (die „Via Francigena") nach Rom. Dass er im Petersdom das wahre Bildnis Christi zu sehen bekam, das die Kanoniker von Sankt Peter dort eifersüchtig hüteten, ist nicht überliefert. So feierte er zwei Messen an den Apostelgräbern des Petrus und Paulus, betete in seinem Anliegen und machte sich auf den Rückweg.

In Bolsena – etwa 100 Kilometer nördlich von Rom – kamen am 18. Juni 1263 seine Zweifel jedoch besonders stark zurück, wo er Quartier neben der Basilika der heiligen Christina nahm, die dort im Jahr 297 unter Kaiser Diokletian hingerichtet worden war. Am kommenden Morgen feierte er dann das Messopfer an dem Altar über ihrem Katakombengrab mit den Reliquien der Märtyrerin. Doch da fing die trockene Hostie nach der „Wandlung" beim Brechen durch die Hand des Priesters plötzlich zu bluten an und das Blut der Hostie tropfte auf das sogenannte Korporale, wo sich ihm in den Flecken das Antlitz Christi offenbarte, wie er später sagte.

Das Korporale oder „Körpertuch" ist ein gefaltetes kleines Leinentuch, das seit der karolingischen Liturgiereform des 8. Jahrhunderts im neuen Römischen Reich der Karolinger für den Altar jeder Kirche vorgeschrieben war – als Unterlage für die Hostie nach ihrer Verwandlung, weil dieses Stück Stoff das „Schweißtuch" (oder sudarium) vergegenwärtigen sollte, das im Grab Christi auf dem Gesicht des Auferstandenen gelegen und seinen ersten Atemzug empfangen hatte, als er wieder lebendig wurde.

Jetzt vermochte der Priester nicht, mit der Feier der Messe fortzufahren, und brachte das Korporale mit der Hostie in die Sakristei, um sie dort sicher aufzubewahren. Dabei tropfte Blut von dem Tuch auch auf den Altar und auf die Fliesen des Wegs zur Sakristei (wo die Steine mit den Spuren heute noch aufbewahrt werden). Danach machte sich Vater Petrus mit den Kanonikern der Basilika der heiligen Christina in das nahe Orvieto auf, wo Papst Urban IV. (1200–1264) mit seinem Hof residierte, um ihm den erschreckenden Vorfall und seinen Unglauben zu beichten. Urban hatte Rom seit seiner Wahl im Jahr 1261 nie betreten. Jetzt hörte der Pontifex ihm aufmerksam zu und sandte danach den Ortsbischof Giacomo sowie Thomas von Aquin aus dem Dominikanerorden und Bonaventura, den Generalminister des Franziskanerordens aus dem nahen Bagnoregio, nach Bolsena, um das Korporale zu begutachten und nach Orvieto zu bringen. Gelehrtere Berater hätten sich zu dieser Zeit in Italien vom Papst kaum finden lassen. Alle drei kamen in Bolsena übereinstimmend zu dem Schluss, den Vorgang als Wunder anzuerkennen, und machten sich in einer feierlichen Prozession auf, die neuen Reliquie nach Orvieto zu bringen. Der Papst kam ihnen auf diesem Weg ebenso feierlich bis zur Brücke des Rio Chiaro entgegen, die heute „Ponte del Sole" heißt. Da nahm er das Corporale mit den Resten der Hostie entgegen, für eine feierliche gemeinsame Prozession zurück nach Orvieto, nach dem Muster des Einzugs Jesu nach Jerusalem. Der Streit um die Realpräsenz war damit entschieden. Dem skeptischen Petrus oder Pjotr aus Prag war ohnehin schon klar geworden: Es handelte sich bei der Wandlung nicht um einen Hokuspokus, wie Spötter den Vorgang der lateinischen Wandlungsworte „Hoc est enim Corpus meus" wegen veralberten: „Das ist mein

Leib." Es war keine bloße Formel. Die Worte waren wahr. Danach verliert sich auf geheimnisvolle Weise die Spur dieses Pilgers nördlich der Alpen.

Papst Urban IV. hingegen war in Troyes in Frankreich als Sohn eines Schusters geboren, hatte in Paris Theologie studiert, war Domherr in Laon in der Picardie und Archidiakon in Lüttich gewesen, wo er auch Juliana kennen und schätzen gelernt hatte, bevor Papst Innozenz IV. ihn als Legaten nach Breslau entsandte und zum Bischof von Verdun ernannte, bevor er 1255 der lateinische Patriarch von Jerusalem wurde. Weltläufiger konnte ein Mann zu seiner Zeit kaum sein. Und jetzt war die Begegnung mit dem böhmischen Pilger der letzte und entscheidende Anstoß, der Initiative Julianas von Lüttich zu folgen, als er nur ein Jahr später, am 11. August 1264, mit der Bulle „Transiturus de hoc mundo" das Hochfest des Leibes und Blutes Christi für die ganze Kirche einsetzte, das auf lateinisch *Sollemnitas Sanctissimi Corporis et Sanguinis Christi* heißt. Dies geschah nur drei Monate vor seinem und sechs Jahre nach Julianas Tod. Der innere Sinn dieses neuen „Hochfests" ist es, dass die verwandelte Hostie nicht nur von den Gläubigen verzehrt, sondern auch angebetet werden kann, „um den Glauben zu mehren, die Übung der Tugenden zu fördern und die Schmähungen des Allerheiligsten Sakraments zu sühnen", wie Papst Benedikt XVI. es über 700 Jahre später sagen wird. Mit der Einsetzung dieses letzten Hochfests wurde Urban IV. zu einem der großen eucharistischen Päpste der Kirchengeschichte – nicht zuletzt deshalb, weil er Thomas von Aquin beauftragte, die liturgischen Texte und Hymnen für das Fest zu formulieren, die bis heute als Wunderwerke abendländischer lateinischer Dichtung gelten.

Nikolaus III., der Nachfolger Urbans auf dem Papstthron, veranlasste aufgrund des Blutwunders von Bolsena den Bau der Marienkathedrale von Orvieto. Gestalterische Genies des 13. Jahrhunderts gestalteten sie zu einem beispiellosen Gotteshaus. Seitdem überragt der „Duomo" den Gipfel des Stadtfelsens von Orvieto, als ein Juwel der italienischen Gotik und als Triumph der Wahrheit des Glaubens über den Zweifel, wo das blutbefleckte Korporale seit 1290 in einer überreich geschmückten Seitenkapelle aufbewahrt und verehrt wird und an dessen Fassade Meister Lorenzo Maitani aus Siena (1275–1330) auf zahllosen Marmortafeln ein Relief zum Glauben der Christenheit ins Werk gesetzt hat, das einem Gottesbeweis durch Schönheit so nahekommt wie nur möglich. Es ist ein Weltwunderwerk.

Dreihundert Jahre später setzte der Malerfürst Raffael dem Hostienwunder in den Jahren 1509 und 1512 noch zwei weitere große Denkmäler, als er in den Gemächern Papst Julius' II. im Vatikan in zwei weltberühmten Meisterwerken an die Einsetzung des Fronleichnamsfestes als eine Sternstunde der Geschichte erinnerte. Das ist einmal seine Darstellung der „Messe von Bolsena" und – gegenüber seiner „Schule von Athen", wo Raffael den Neuaufbruch Europas in der Renaissance thematisiert – der „Triumph des allerheiligsten Altarssakraments". Dieses Bild war sein erstes Fresko in Rom. Die Sala della Signatura, für die er es gemalt hat, ist so etwas wie das Bernsteinzimmer der Vatikanischen Museen, in dem von morgens bis abends die Besucherströme nicht nachlassen, die von hier aus weiter zur Sixtinischen Kapelle drängen. Dieses Meisterwerk zeigt in der Mitte einen leeren Altar, darauf eine Monstranz mit einer konsekrierten Hostie. Darüber schwebt der Heilige Geist, darüber der erhöhte Christus, darüber der Vater im Himmel. Von oben nach unten hat Raffael hier also ins Bild gesetzt, wie sich die Dreifaltigkeit Gottes auf Erden in der verwandelten Hostie verdichtet und offenbart und zeigt. In der Höhe ist Gott von Engeln, Patriarchen, Propheten und Heiligen umgeben (von Adam über Jeremias bis zu Stephanus), während sich unten Kirchenlehrer wie Augustinus und Geistesgrößen und Künstler wie Dante Alighieri, Fra Angelico oder Bramante um die Hostie auf dem Altar scharen: um ein winziges Stück Brot in einer goldenen Fassung.

Das „Allerheiligste" zeigt das „eucharistische Antlitz" Christi, wie Papst Johannes Paul II. im Jahr 2003 schreiben würde. Nicht das Abendmahl, sondern allein die Hostie hat Raffael deshalb in diesem Raum als überwältigenden Triumph über alle Weisheit der Welt und der Antike ins Bild gesetzt, als Zentralgeheimnis des Abendlands. Draußen vor den Gemächern Papst Julius' II. wuchs zu der Zeit die Kuppel des Neubaus von Sankt Peter in den Himmel, als Raffael dieses Wunderwerk der Malerei schuf. Kein Wunder war es jedenfalls, dass Julianas Visionen zu ihrer Zeit beim Klerus auf fruchtbaren Boden gefallen waren. Denn das Fronleichnamsfest visualisiert das Wunder der Eucharistie in höchster Abstraktion und Präzision in der Bildsprache heiliger Zeichen einleuchtender und sinnlicher als alle Dogmen zusammen. Es ist der Blick auf die verwandelte Hostie als ein Bild der Zukunft, in der aller theologische Streit – wie in der Blickachse der Zentralperspektive Raffaels – sein Ziel und seine Erfüllung und sein Ende findet. Vor allem war es wohl das Fest eines unfassbaren Staunens, das wir Juliana und Papst Urban IV. verdanken, als letztes Fest, das der Kirche der Apostel noch fehlte.

Aus Lüttich, nur 50 Kilometer vom Aachen Karls des Großen entfernt, erobert das Fronleichnamsfest dann die ganze Welt. Schon bald sehen wir die ersten Prozessionen in Verdun und in St. Gereon zu Köln und wenig später auch die ersten Monstranzen, die als gotische Miniaturkathedralen in purem Gold in den Händen der Priester den Leib Christi von beiden Seiten sichtbar den Gläubigen zur Verehrung darbieten. Im Herzland der längst ausgestorbenen Karolinger wurde das Fest zuerst in prächtigen Prozessionen gefeiert.

In Rom selbst hingegen – das nur 100 Kilometer südlich von Orvieto liegt – fasst die öffentliche Prozession mit dem „eucharistischen Antlitz" Christi trotz aller päpstlichen Unterstützung jahrhundertelang keinen Fuß. Dort hatte allerdings Papst Innozenz III. im Januar 1208 – nur ein Jahr vor der Vision Julianas – den Römern erstmals die „wahre Ikone" selbst in einer Prozession vorgestellt, als er eben jenes „Schweißtuch" oder Sudarium barfuß in einer Kristallmonstranz von Sankt Peter in die nahe Hospitalkirche des Heiligen Geistes getragen hatte. Es war dasselbe Sudarium, das schon Jahrhunderte zuvor zum Vorbild der Korporal-Tücher aller katholischen Kirchen geworden war. Eine Kopie dieses geheimnisvollen Schleierbildes mit dem Antlitz Christi hatte auch Juliana in Lüttich immer nah bei sich gehabt.

Der Dom von Orvieto ist ein globaler Touristenmagnet geworden, der Kunstliebhaber aus aller Welt anzieht. Auch die blutbefleckte Altarplatte von Bolsena zieht bis heute noch Pilger an wie die Ruinen der Zisterzienserabtei Villers-la-Ville in Brabant, wo Juliana ihre letzte Ruhe fand. Wir aber schauen noch einmal zum Hostienmond hinauf, dann wird es hell. Ein neuer Tag. Durch die schmale Tür treten wir auf einen Wehrgang und blicken ins Freie.

FALLENDE MAUERN UND EINSTÜRZENDE NEUBAUTEN

*Blick in die 48 Meter hohe Chorhalle der unvollendeten
Peterskathedrale von Beauvais*

Jerusalem, Oktober 1187, und Beauvais, April 1284. – Nach Saladins Rückeroberung Zions aus der Hand der Kreuzfahrer erfasst eine Baubewegung am himmlischen Jerusalem das Abendland, wo die Bauhütten der Kathedralen Europas erste Technologiezentren werden.

Das Kidrontal liegt vor der Mauer. Drüben zieht eine Ritterprozession zum Garten Gethsemane hoch. Der Wind trägt ihr Weinen und Schluchzen bis zu uns empor. Das Königreich Jerusalem ist nach nur achtundachtzig Jahren gefallen. Wie eine reife Frucht ist die Stadt Sultan Saladin in die Hände gefallen, nachdem er das Heer der „Lehnsleute Christi" vor drei Monaten oben in Galiläa fürchterlich zerrieben hat. Jetzt lässt der großzügige Kurde die Franken für ein bis zwei Dinar Lösegeld pro Kopf zurück in die Heimat ziehen. Sie müssten Gott auf den Knien danken. Aber Heimat? Hier im Heiligen Land wollten sie für immer Heimat haben. Das Schluchzen will unter ihnen kein Ende nehmen, als sie die Flagge des Propheten über dem Tempelberg flattern sehen.

Seit diesem Herbstabend wird der alte jüdische Tempelbezirk endgültig in muslimischer Hand bleiben, zumindest für die nächsten achthundert Jahre. Diese Kreuzfahrer waren Europas erste Zionisten. In Palästina haben sie für kurze Zeit den europäischen Staat schlechthin errichtet. Es ist unglaublich, wie sehr sie nach ihrer blutigen Eroberung Jerusalems hier in der Fremde an der Neuen Stadt gebaut und gemauert haben. Und nun weht die Fahne des Propheten wieder über der Al-Aksa-Moschee, die sie knapp hundert Jahre zuvor auf dem alten jüdischen Tempelberg in eine Marienkathedrale verwandelt hatten.

Die Kreuzzüge sind an ihr Ende gekommen, auch wenn in den nächsten hundert Jahren noch siebenmal versucht werden wird, sie wieder aufleben zu lassen. Keineswegs an ihr Ende gekommen sind die ungeheuren Wirkungen des Zusammenpralls der Kulturen für Europa. Wie unter einer Lupe können wir uns knapp hundert Jahre später in der fernen Picardie im Westen Frankreichs davon ein erstes Bild machen – in der gigantischen Staubwolke eines einstürzenden Neubaus. Der Grundstein für die St. Peter-Kirche von Beauvais, die das größte Gotteshaus der Welt werden sollte, war ein halbes Jahrhundert nach dem Fall Jerusalems gelegt worden. Höher hat sich die mittelalterliche Kultur nie emporgeschwungen, tiefer ist sie nie gestürzt. Es ist die spektakulärste Baukatastrophe des Zeitalters, in dem allein in Frankreich in nur hundert Jahren einhundertfünfzehn Kathedralen errichtet werden.

Die graue Schieferwand, die das weiße Kreidegebäude im Westen abschließt, leuchtet golden auf in der Abendsonne. Große Kastanien wirken winzig vor dem Gemäuer. Gerüste stützen im Nordwesten die turmhohen Mauern. Dass sie keine Türme hat, bleibt ihr statisches Hauptproblem: Wie in einem riesigen Segel fängt sich der Wind in der flachen Schieferwand, die den Bau einmal versiegelte – ungebremst durch jedwelche Türme, die den Druck in dem vollendeten Bau auffangen und umleiten könnten. Pfeiler und Streben, die die Wände stützen sollen, müssen jetzt selbst gehalten und gefangen werden. Eisenklammern und Stangen halten die Stützpfeiler und Strebestützen zusammen. Im Fernglas sieht es aus, als würden die Dämonengesichter da oben lachen und grinsen.

Wir aber halten auch jetzt noch den Atem an über dem einzigartigen Balanceakt, der hier einmal über den Gesetzen des Gleichgewichts und der Schwerkraft riskiert wurde. Es scheint ein Wunder, dass bei dem Einsturz überhaupt noch ein Stein auf dem anderen blieb, dass die Mauern nicht alle wie Karten ineinanderstürzten. Der Stein ist so fein gearbeitet, als hätte er den Händen der Steinmetze überhaupt keinen Widerstand geleistet. Als hätte sich hier die Materie völlig dem Geist unterworfen – bis zur schließlichen Rebellion der Erdanziehung.

Nur das Querschiff und der Chor sind vollendet, Längsschiff und Turm fehlen. Wo in anderen Kathedralen die Tiefe des Raums beginnt, schneidet hier eine riesige schmucklose Wand das Abenteuer ab. Und doch ist der Komplex immer noch schwindelerregend hoch, turmhoch ohne einen einzigen Turm. Welch ein Raum! Die Wände so hoch, als hätten die Maurer einfach nicht aufhören wollen. Die schlanken Pfeiler verlieren sich im Himmel. Lichtflecken huschen im Osten die Säulen und die Wände hoch, Teppiche von Licht und Farben. Verschwindet die Sonne, glühen die Fenster selber auf. Bei vorbeiziehenden Wolken beginnen sie zu leben, werden größer und kleiner, als würden sie Licht ein- und ausatmen. Im Westen ergießen sich durch die riesige Rose, die sich über dem Südportal auseinanderfaltet, wahre Lichtfluten durch das Querhaus. Am Zenit ist jetzt mit bloßem Auge ein neuer Riss in der Gewölbedecke zu sehen. Kürzlich ist während der Messe ein Stein heruntergefallen. Wird das alles also noch einmal einstürzen?

Die Kreuzgewölbe spannen sich in dem Haus über Jahrhunderte. Manche Kathedralen könnten stolz sein, wenn ihr Hauptportal so groß und prächtig wäre wie eins dieser Seitenportale. Hier aber wurde ein Hauptportal nie geöffnet. Eine gewaltige astronomische Uhr, die die Augenblicke bis zum Jüngsten Tag abzählt, finden wir in einer Seitenkapelle. Dahinter die älteste – seit 1302 immer noch laufende – Uhr der Welt, die wie eine spätere Kanzel gebaut wurde: die vielleicht ungeheuerlichste Entdeckung des Westens, die verrinnende Zeit. Nicht einmal die Chinesen haben so etwas erfunden: die Messbarkeit des Abstraktesten in Stunden, Minuten, Sekunden!

Die Vorgeschichte des filigranen Massivs ist in Stichworten die Geschichte der ganzen Gotik. Ihren Ursprung verdankt sie der Ausrufung des sogenannten „Gottesfriedens" im frühen 11. Jahrhundert in Frankreich. Bis dahin war das Land durch Fehden, Willkür der Adligen und Beutezüge einfacher Raubritter völlig ausgeblutet. Die Macht des Königs galt nichts. Was galt, war das Recht des Stärkeren: das Recht der Plünderei, der ständigen Vergewaltigung. Erste Frucht des Gottesfriedens, den die

Kirche in dieser allgemeinen Not zuerst in Frankreich und später im ganzen Abendland als Beginn eines allgemeinen Waffenstillstands durchsetzte, war ein wirtschaftlicher Aufschwung, der ungeheure Mittel frei werden ließ.

Vom Abt Suger, der St. Denis bei Paris als erste gotische Kathedrale errichten ließ, wissen wir, dass die Landbevölkerung dem neuen Frieden eine Produktionssteigerung um oft mehr als tausend Prozent verdankte. Das war die erste Quelle der notwendigerweise unvorstellbar großen Mittel, mit denen sich solche Bauten überhaupt realisieren ließen. Es war wohl auch ihr erster Impuls. Der Bau der neuen Kathedralen setzt jedenfalls um 1130 ein – als Ausdruck des neuen Wohlstands und anderer Segnungen dieses neuen Ordnungsdenkens, das die damalige Zeit so fasziniert, vor allem aber, und zwar bis zum Ende der Zeit, als prächtigste Metaphern der Himmlischen Stadt des Friedens – die die Kreuzfahrer auf der Erde nicht mehr zu errichten vermochten.

So gesellt sich zu der Kreuzzugs- und Pilgerbewegung in dieser Zeit auch bald eine regelrechte Baubewegung, die den beiden ersten in ihrer Dynamik in nichts nachsteht. Kirchenbau ist Gottesdienst, wie die Kreuzzüge nach Jerusalem oder die Pilgerfahrten nach Santiago oder Rom. Und wie die Ritter und Pilger erwarten die Menschen, die diese Bauten beginnen, nicht, dass sie auch ihre Vollendung erleben werden. Und wie bei den Rittern und Pilgern reihen sich am Anfang auch dieser Bewegung Priester, Bischöfe und sogar der König neben den Bauern unter die Handlanger ein, um Balken und Steine für die neuen Gotteshäuser zu schleppen. Das ist der Anfang.

Hundert Jahre später sind dann aus den Bauhütten der Kathedralen die ersten Technologiezentren Europas geworden, denen in der Folge eine Vielzahl neuer Berufe wie einer stetigen Quelle entfließt. Danach bleiben die mittelalterlichen Städte genauso kompliziert differenziert zurück wie die Architektur dieser Häuser. Über Versuch und Irrtum wird im Dombau der Wissensschatz vieler Zünfte gesammelt und gespeichert. Im Aufbau dieser Kirchen erfahren die Menschen ihre Meistermöglichkeiten und Grenzen. Es ist der Triumph des Christentums über ein ganzes Zeitalter: Es ist eine neue Welt – am Anfang.

Denn kaum ist das Königtum durch die Friedenszeit erstarkt, bemächtigen sich die Kapetinger dieses Triumphs. Jetzt beginnt ihr allmählicher Aufstieg zu einer Machtfülle, die in Europa ohnegleichen ist und noch lange sein soll. Jetzt wird der Gottesfriede in „Königsfriede" umbenannt – als dessen markanteste Symbole im Kronland nun die neuen Kathedralen gelten. In diesen Jahren schlägt die anfänglich oft dokumentierte „Baulust" in eine regelrechte Bauwut um, die bald als „Baukrankheit" oder „Bauwollust" kritisiert wird – in einer fast klassischen Definition modernen Suchtverhaltens: „Diese Lust zum Bauen wird durch immer neue Bauten nicht etwa befriedigt, sondern nur immer weiter gesteigert und vermehrt."

Um 1165 ist mit dem Bau der Notre-Dame in Paris der Wettkampf um die höchsten Höhen ausgebrochen. Mit fünfunddreißig Metern Gewölbehöhe wird sie die größte Kirche des Landes. Dreißig Jahre später erhält die Kathedrale von Chartres ein noch einmal ein vier Meter höheres Gewölbe. Weitere sechzehn Jahre später wird mit dem noch höheren Bau der Krönungskirche von Reims begonnen. Neun Jahre später wird in Amiens der Grundstein für die bis dahin modernste und rationalisierteste Kathedrale gelegt, deren Volumen nach einer Bauzeit von vierzig Jahren doppelt so groß werden wird wie das der Notre-Dame; mit einer Scheitelhöhe von über zweiundvierzig Metern wird es der höchste Kirchenraum der Welt. Und die Kathedrale von Beauvais soll noch höher werden; und sie ist es auch heute noch. Der Bau wird 1225 begonnen, fünf Jahre nach dem Beginn des Neubaus von Amiens. Knapp sechzig Jahre später tut es den ungeheuren Schlag, dessen Zeuge wir eben geworden sind, es dröhnt wie ein Erdbeben. Da ist er erstmals eingestürzt. Das Gewicht war auf zu wenige Säulen verteilt worden.

Sieben Jahre nach dem ersten Einsturz der Kathedrale von Beauvais wird Akko von den Arabern erobert. Das ist das Ende der Kreuzzüge. Zwölf weitere Jahre später wird Papst Bonifaz VIII. in Anagni südlich von Rom von Franzosen zuerst geohrfeigt und dann gefangen gesetzt: erster Auftakt der großen Spaltungen des Westens. In Beauvais aber wird unmittelbar nach dem Einsturz wieder mit dem Auf- und Weiterbau der Kathedrale begonnen. Es ist ein Triumph der Baustelle über die Ruine. Nichts spiegelt den Entfaltungsprozess der Städte des Westens wie seine großen Gotteshäuser. Fast dreihundert Jahre lang ziehen sich die Arbeiten hin, immer wieder unterbrochen von Kriegen, Geldmangel und einem schleichenden Verlust der Orientierung.

In den Sechzigerjahren des sechzehnten Jahrhunderts wird trotz dann vieler Warnungen damit begonnen, das endlich fertiggestellte Querschiff (das nun vom Boden bis zu Decke achtundvierzig Meter misst!) mit einer nochmals über hundert Meter hohen Spitze zum Himmel zu krönen: mit dem höchsten Turm der damaligen Welt. Die Architekten scheinen wahnsinnig geworden. Nach vierjährigem Schwanken stürzt das unvergleichliche Gebilde am 30. April 1573 in die Tiefe und reißt alle benachbarten Gewölbe und Joche mit sich herab. Es ist kein ganzes Jahr nach der Bartholomäusnacht, der Pariser Bluthochzeit, einem der ersten Staatsmassaker der Neuzeit. Die Kirche wird noch einmal repariert, doch am Ende des Jahrhunderts wird sie im Westen nur noch mit einer Holzwand verschlossen. Der Bau ist bis zur äußersten Grenze des Möglichen vorgestoßen, in einer Steigerung der Proportionen ins Unfassbare – als sollten die Gesetze der Statik hier nicht erkundet, sondern überwunden werden. So ist sie immer baufällig geblieben: die zerbrechlichste aller Kathedralen Frankreichs.

In Jerusalem aber fängt etwa mit dem Baubeginn und dem Scheitern der Kreuzfahrer auch die Nationalgeschichte der Europäer an, nachdem die universale Hoffnung Europas dort so tragisch gescheitert ist. Schon bald nach den Kreuzzügen ist nicht mehr das universale „Römische Reich" der Ostfranken, sondern das nationale Königreich der Westfranken die führende Macht des Abendlandes: Frankreich, „die erstgeborene Tochter der Kirche".

König Ludwig der Heilige (1214–1270) hat 1239 in Konstantinopel für die astronomische Summe von 135.000 Goldpfund die Dornenkrone Christi gekauft, für die er in Paris für 40.000 Pfund die Sainte Chapelle errichten lässt. Und vom See Genezareth nehmen die Kreuzfahrer schließlich auch noch das Symbol der Lilien in jene Geschichte mit, in deren Verlauf sich die französischen Könige ihren Mantel schließlich über und über mit dieser Blume besticken lassen, von denen doch jede Einzelne schöner sein soll als Salomon in all seiner Pracht. Wie Eva der Rippe Adams, so entspringt die Idee der Nation der Seite des gescheiterten christlichen Weltreiches. Schließlich finden wir das Lilienwappen des Herrschergeschlechts der Bourbonen aber über einer grob gezimmerten Holztür wieder, vor einer Schlüsselkammer der französischen Geschichte.

KAMPF UM DAS KÖNIGSHEIL

*Geburtshaus Jeanne d'Arcs in Domrémy
(Foto: Dirk Weisbrod)*

Domrémy in Lothringen, Dezember 1428. – Ein Mädchen in Harnisch brennt für Gott und Frankreich und erteilt dem Abendland eine Lektion über Recht, Wahrheit und Rechtmäßigkeit, die aller Gesetzmäßigkeit vorgeordnet ist.

Es ist ein windschiefer und dunkler Wohnraum. Vor dem flackernden Kaminfeuer ein betendes Mädchen, das ein wenig Juliana gleicht vom Mont Cornillon vor Lüttich. Es ist aber keine Nonne, sondern Jeanne, die Tochter des Jacques Darc. Gleich wird sie ihre Eltern verlassen und ins benachbarte Vaucouleurs aufbrechen, um den dortigen Stadtkommandanten um Hilfe zu bitten. Er soll sie zum französischen Thronfolger, dem Dauphin Charles, bringen.

Doch es dauert Wochen, bis Robert de Baudricourt ihr überhaupt Gehör und noch länger, bis er ihr Glauben schenkt. Denn es sind wieder Stimmen, wie bei Juliana von Lüttich, die Jeanne ihren Auftrag gegeben haben sollen, den Thronfolger aufzusuchen, um ihn zu bewegen, das französische Heer nach Orléans zu führen, die Stadt zu befreien und Charles auf dem dann freien Weg nach Reims zu führen, auf dass er dort als Karl VII. zum französischen König gekrönt werde.

Die Stimmen des Erzengels Michael und der beiden Heiligen Margarethe und Katharina hört Jeanne d'Arc, seit sie dreizehn ist. Zuletzt aber haben sie das Mädchen unaufhörlich gedrängt, Frankreich von der Anmaßung der englischen Besatzung zu befreien. Seit 1337 standen England und Frankreich im Krieg, fast 100 Jahre schon. Der englische König Edward III. hatte 1328 die Thronbesteigung des Hauses Valois nicht anerkannt, da er als Herzog der Normandie und Enkel des französischen Königs Philipp IV. selbst Ansprüche auf den französischen Thron anmeldete. Bald standen englische Truppen tief in Frankreichs

Kronland und es dauerte Jahre, bis ein zerbrechlicher Waffenstillstand erreicht war.

Als Ende des 14. Jahrhunderts König Karl VI. von Frankreich dem Wahnsinn verfiel und das Land in einem Bürgerkrieg versank, sah König Heinrich V. von England seine Zeit gekommen. Mit dem Herzogtum Burgund verbündete er sich gegen den Herzog von Orléans und den Dauphin Charles, die für den wahnsinnigen König die Regierungsgeschäfte führten. Und mit ihm und Burgund verbündete sich Isabeau von Bayern – die Frau des wahnsinnigen Königs und die Mutter des Dauphins. Sie erklärte den Dauphin zu einem außerehelichen Bastard und damit unwürdig, den französischen Thron zu besteigen. Ihren kranken Mann überredete sie zu einem Abkommen mit den Engländern. Im Vertrag von Troyes am 21. Mai 1420 schloss der wahnsinnige Karl den Dauphin von der Thronfolge aus und setzte den Engländer Heinrich an seine Stelle. Die Sache war rechtens und schien aussichtslos.

Von da an jedoch verließ die Engländer das Schlachtenglück. Heinrich V. starb zwei Jahre später und hinterließ einen Säugling als Thronfolger. Die Krönung musste somit auf Jahre verschoben werden, als auch Frankreichs Karl VI. – der Wahnsinnige – nur wenig später starb. Es galt in Frankreich zwar eine Regel, die dem Ausruf des Volkes folgte: „Le roi est mort, vive le roi", wonach mit dem Tod des Königs der Thronfolger direkt und ohne Wahl zum neuen König wurde. Doch seine Legitimation erhielt der Nachfolger nur durch die Krönungszeremonie in Reims. Das war der „Sacre", die heilige Weihe, die unter allen Krönungen des Abendlandes die sakralste war. Es war eine Art Bischofweihe mit Heiligem Öl aus dem Heiligen Land, das seit den Tagen Chlodwigs in Reims aufbewahrt wurde. Erst diese Königsweihe machte den Herrscher Frankreichs zum „rex christianissimus", zum allerchristlichsten König, der die Kraft seines „Königsheils" nach seiner Weihe und Krönung mit einem Heilungswunder zu erweisen hatte.

Das ist der Hintergrund der Mission Jeanne d'Arcs: Sie muss und will den legitimen König Frankreichs auf den Thron bringen – den Dauphin Charles, Sohn des wahnsinnigen Karl VI. So empfindet es auch das französische Volk, das Isabeaus Verleumdung kein Wort glaubt, und so will es offenbar auch Gott, als er Jeanne durch „Stimmen" auf den Weg nach Orléans bringt, wo sie dem Dauphin zum Sieg über die Engländer verhilft und weiter nach Reims, wo sie ihre Mission erfüllt, wie die Stimmen es ihr vorausgesagt haben. Am 17. Juli 1429 wird der Dauphin in ihrer Gegenwart in der Kathedrale von Reims als Karl VII. zum König gesalbt! Ein Mädchen in Männerkleidern hat die Geschichte des Abendlands verändert, auch wenn die Engländer weiterhin auf ihren Vertrag pochen, weil er doch legal zustande gekommen sei.

Sie ruhen nicht, bis sie Johanna 1430 mithilfe der Burgunder in Compiègne in ihre Hände bekommen, weil sie – gegen den Rat ihrer Stimmen – weiterkämpfen und nach der Königskrönung auch noch Paris zurückerobern wollte. Am 30. Mai 1431 endet sie in Rouen mit 19 Jahren als Hexe auf dem Scheiterhaufen. Doch im selben Moment beginnt auch der lange Rehabilitations- und Heiligsprechungsprozess Jeannes, der fast 500 Jahre dauern wird, bis Jeanne zur Heiligen der katholischen Kirche erhoben werden wird. Die Engländer aber mussten schon 20 Jahre nach ihrem Feuertod auf alle Ansprüche einer Herrschaft über Frankreich verzichten.

Das Geheimnis der Jungfrau von Orléans, wie sie schon bald genannt wird, liegt in der Beantwortung dieser Frage: „Ist etwas, das legal ist, deshalb auch schon legitim?" Sind also Gesetze oder Verträge, auch wenn sie korrekt zustande gekommen sind, automatisch auch rechtmäßig? Die Antwort der kleinen Jeanne, für die sie ihr Leben gewagt und hingegeben hat, lautet: nein!

Gelernt wurde ihre Lektion dennoch nicht, wie wir wissen, seit nach ihr eine Generation nach der anderen Gesetze erlebt hat, die das Recht mit Füßen getreten haben. Denn offenbar gibt es eine Rechtmäßigkeit, die aller Gesetzgebung vorgeordnet ist; eine Legitimität, die durch die Natur, das Gewissen und unser Hören auf Gott bestimmt ist und durch die ein Gesetz erst wirkliche Gültigkeit erlangt. Darum darf die kleine Jeanne als große Patronin aller Opfer von Besatzung, Gewalt und Krieg und aller, die zu Unrecht verurteilt wurden, gesehen werden. Fast folgerichtig musste sie daher auf dem Scheiterhaufen als Ketzerin enden – in einem Inquisitionsprozess, damit vor aller Augen sichtbar werde, dass auch und immer wieder sogar Christen vergessen, was legitim und von Gott geboten ist.

Fast ist es so, als erhellt schon der Scheiterhaufen anstelle des Kamins den winterdunklen Raum, in dem wir Jeanne noch immer beten sehen. Oder ist es etwas ganz anderes, das da draußen vor sich geht? Wir wollen nachschauen und verirren uns auf lichtlosen Fluren, über die wir schließlich in einen byzantinischen Erker zurückkommen, wo es brenzlig durch die Fenster riecht.

UNTERGANG DES ZWEITEN ROMS

Detailansicht der Hagia Sophia in Istanbul, dem ehemaligen Konstantinopel, wo die Basilika 537 unter Kaiser Justinian als größtes Gotteshaus der Christenheit errichtet wurde, die 1453 in eine Moschee und 1934 in ein Museum umgewandelt wurde. 2020 machte Präsident Erdogan das Museum wieder zu einer Moschee.

Konstantinopel, 29. Mai 1453. – Fast 1000 Jahre nach dem Untergang des weströmischen Reiches fallen Ostrom und das Morgenland an Sultan Mehmed, während das Abendland zu Europa wird, mit einem dritten Rom als neuem Nachbarn im Osten.

Ein enger Gang führt dahinter zu einer schmalen Treppe, auf einen zweiten Flur hoch, zu einem engen ummauerten Balkon hinaus, von wo wir eine ferne Rauchwolke über dem Meer zum Himmel hochsteigen sehen. Das ist Byzanz. Da hinten brennt Konstantinopel. Das ist das Ende des zweiten Roms Kaiser Konstantins, sein neues Jerusalem, wo Staat und Kirche wie nirgendwo sonst mehr in Europa zur fast vollständigen Deckung gekommen sind – wenn auch in einer klaren Hierarchie: unter der Herrschaft der Selbstherrscher und Kaiserpäpste und einer bestechend einfachen Staatsdoktrin. Wer innerhalb dieses Reiches lebt, gehört zum Volk Gottes. Hier geht es zugrunde.

Denn nun ist Sultan Mehmed gerade in die Schöne eingedrungen. Hinter den Mauern geht es apokalyptisch zu, das Wehgeschrei nimmt kein Ende. Janitscharen vergewaltigen in der Hagia Sophia die schönsten Nonnen der Stadt und besaufen sich mit Messwein auf dem Altar. Der letzte Kaiser Ostroms ist nur noch an seinen goldenen Adlerschuhen unter Bergen von Gefallenen zu identifizieren. Auch er heißt wieder Konstantin – wie sein Vorgänger, der das christliche Rom 1100 Jahre zuvor begründet hat. „Menschen von allen Seiten strömten der großen Kirche zur Heiligen Weisheit zu", heißt es dazu in einem Bericht über den letzten Tag, bevor die Mauern Konstantinopels brachen. „Kaum ein Bürger, mit Ausnahme der Soldaten auf den Mauern, blieb dem verzweifelten Bittgottesdienst fern. Priester, in deren Augen die Union mit Rom eine Todsünde war, traten an den Altar, um zusammen mit ihren unionistischen

Brüdern die Messe zu zelebrieren. Jedermann war gekommen, um die Beichte abzulegen und das Abendmahl zu empfangen, ohne zu achten, ob der Priester ein Orthodoxer oder ein Katholik war. Die goldenen Mosaiken mit den Abbildern Christi schimmerten im Licht von tausend Lampen und Kerzen. Unter ihnen bewegten sich zum letzten Mal die Priester in ihren herrlichen Messgewändern im feierlichen Rhythmus der Liturgie. In diesem Augenblick war die Kirche geeint."

Einen Tag später war die alte Schwester des Westens gefallen. Seit diesem 29. Mai 1453 wird „Europa" zum Namen für das alte Abendland. Und Konstantinopel wird zu Istanbul, zur „Hohen Pforte" der islamischen Welt. Im alten Morgenland erklärt aber kurz danach der Mönch Filofej das kerzenknisternde, ikonenschimmernde und hölzerne Moskau vor dem Ural zur Nachfolgerin Konstantinopels: zum „dritten Rom". Von diesem Tag an werden Rom und Moskau zu den eifersüchtigsten Nebenbuhlerinnen um das Herz Europas: das neue Byzanz im Osten, wo die Kirche seit Theodosius eine Sklavin der Herrscher war, und das alte Rom im Westen, wo die Kirche seit Ambrosius ein Widerpart aller Herrscher ist.

Moskau, die neue Dame im Europäischen Haus! Es ist noch keine sechshundert Jahre her, dass die ersten slawischen Völker – denen Moskau nun vorsteht – im Auftrag zuerst des Kaisers von Byzanz und dann der Päpste von Bayern und Mähren her zum Christentum bekehrt worden sind. Das hatten zwei Griechen fast ganz allein besorgt, die beiden Brüder Kyrillos und Methodios, und auch sie wieder, wie vorher schon die Iren unter den Franken, mit dem wichtigsten kulturellen Instrument jener Zeit überhaupt unter dem Arm: mit dem Buch.

Für die schriftlosen Slawen haben sie dafür eigens eine neue Schrift entwickelt, die bald für den Osten so bedeutend wird, wie es die Regel des Benedikt für den Westen schon geworden ist. Wie ein Kontrastmittel zeichnet seitdem das griechische und kyrillische neben dem lateinischen Alphabet die Texte und die Landkarte einer einzigartigen Konfliktgeschichte zwischen Ost und West in Europa.

Doch als mit dem Fall Konstantinopels – und des Schwarzmeerhafens Asow – die traditionelle östliche Tür Europas zu den Gewürzkammern Indiens von den Muslimen verschlossen wird, verstärken die christlichen Europäer ihren Druck weit im Westen ganz neu gegen die Tore des „Dar al-Islam", gegen das Haus des Islam.

Das wollen wir uns ansehen, in der Alhambra in Granada, wo dem Genueser Kapitän Christoph Columbus gerade der königliche Auftrag erteilt werden soll, einen westlichen Seeweg nach Indien zu erforschen, „den vorher noch niemand begangen hat, in die indischen Länder und zu dem Fürsten, der der große Chan genannt wird".

DAS NEUE SPANIEN

Der Palast der Alhambra über Granada

Granada im Jahr 1492. – Nach dem Abschluss der christlichen Wiedereroberung Spaniens aus der Hand der muslimischen Mauren fängt unter den „katholischen Königen" genau hier auch die Eroberung der „Neuen Welt" und der Neuzeit an.

Die maurische Stadtburg der Alhambra auf dem Sabikah-Hügel Granadas vor dem Panorama der Sierra Nevada ist ein Traum für die Augen, von außen wie innen. Doch ein schauriges Panorama begleitet im gleichen Jahrhundert im Rest Europas die ersten Schritte des Abendlands auf dem Weg in die Neuzeit. Es sind Scheiterhaufen, auf denen Ketzer brennen. Es sind Bücherverbrennungen, mit denen die Reformation beginnt. Auf einmal ist Europa voll brennender Hexen. Unsere moderne Angst fängt an dieser Biegung an; die Albträume der Neuzeit, in gewaltigen Wehen, jedoch vielleicht zuerst mit einer Hochzeit.

1469 haben Fernando von Aragón und Isabel von Kastilien geheiratet und ihre Reiche zu einem neuen Spanien zusammengefügt. Dreiundzwanzig Jahre später wird Granada als letzter maurischer Stützpunkt auf iberischem Boden eingenommen und damit die achthundertjährige Geschichte der christlichen Wiedereroberung beendet. Der Einzug in Granada gilt in ganz Europa als Revanche für den Fall Konstantinopels. Die Vereinigung der katholischen Königreiche ist der endgültige Beginn des europäischen Nationalzeitalters.

Doch nur zwei Monate später werden alle Juden aus Spanien vertrieben, in einem der ersten großen Staatsverbrechen der Neuzeit, als Ouvertüre der nächsten fünfhundert Jahre. Es ist eine radikale und brutale Enteignungsmaßnahme. Die Juden bilden den spanischen Mittelstand. Binnen drei Monaten wird er radikal vernichtet. Ihre gesamte Habe verschwindet wie Wasser in der Wüste. Die Juden überfluten zum Abschied ihre

Synagogen; weinen, klagen. Dreihunderttausend müssen unter Tränen das Land verlassen. Überfüllt fahren die Judenschiffe ab. Papst Alexander VI. öffnet ihnen schließlich als erster Souverän die Häfen des Kirchenstaates, ihm folgen Neapel, Venedig. Danach öffnet die Türkei ihnen weit die Tore, bald leben in Konstantinopel fünfzigtausend spanische Juden. In der griechischen Hafenstadt Thessaloniki werden noch jahrhundertelang keine Frachtschiffe am Sabbat gelöscht, weil die Stadt von sephardischen Juden dominiert wird. Spanien aber ist über diesen Gewaltakt zum ersten modernen Staat geworden.

„In Spanien befand sich das älteste, sicherste und größte Judenzentrum Europas", schreibt der rumänisch-deutsche Jude Valeriu Marcu über vierhundert Jahre später in Frankreich auf einer neuen Flucht der Juden in einem atemlosen Essay über die Vorgeschichte dieser älteren Vertreibung. „Im Ringen gegen die Muselmanen hatten sich die christlichen Könige stets der Juden bedient. Die Sehnsucht dieses Nomadenvolkes, die Sesshaftigkeit, schien hier verwirklicht. Gerade als in Mittel- und Westeuropa die Ghettos dem Erdboden gleichgemacht wurden, lud König Jakob von Aragón die Juden ein, sich in Mallorca, Katalonien und Valencia niederzulassen. Der König besiedelte sogar die den Mauren entrissenen Gebiete mit Juden und schenkte ihnen deren Obstgärten, Weinberge und Häuser."

Im 15. Jahrhundert lebt deshalb in Spanien die zahlreichste Judenschaft Europas und stellt die hervorragendsten Dichter, Ärzte und Wissenschaftler der iberischen Halbinsel. Spanische Juden sind unter den Ersten, die kastilisch dichten. Und doch bahnt sich hier die erste Tragödie der Neuzeit an. Hundert Jahre vorher hat die Pest allerdings schon das oft gerühmte Zusammenleben zwischen Juden und Christen in der Tiefe erschüttert und eine Welle von Verfolgungen und Konversionen ausgelöst.

„Die getauften Juden, von ihren mosaischen Brüdern ‚Fronknechte des Christentums' genannt, heißen in der spanischen Gesellschaft Conversos – Bekehrte, so Marcu weiter. „Die spanische Gesellschaft, die nicht immer reichen aragonesischen und kastilischen Granden, vermengen sich aufs Innigste mit Konvertiten, denen bald kein Adelsnest mehr zu hoch im Gebirge liegt. Nach vier Jahrzehnten schon hat fast jeder Aristokrat jüdische Verwandte. Am Vorabend der Inquisition sind fast die Hälfte der Juden Spaniens getauft. Die Getauften, aller Fesseln bar, im Besitz des Vollbürgerrechts, dringen nun mit Windeseile in alle Stellen ein."

Alfonso de Spina, der General der Franziskaner, ist einer dieser Konvertiten wie Salomon Halevi, der sich später – als Erzbischof von Burgos – Pablo de Santa Maria nennt, oder Josua de Lorca, der sich in Geronimo de Santa Fé umbenennt, oder Juan der Alte oder Abner de Burgos, eine Leuchte des Gesetzes, der als Alfonso de Valladolid zum Führer der Konvertitenbewegung wird. Und seit einem legendären Streitgespräch, das der gelehrte Nachmanides 1263 in Barcelona mit den Dominikanern vor dem König zu führen hatte, sind diese Jahrzehnte nun auch zur großen Zeit der Disputationen geworden, meist als Wortgefechte zwischen getauften und ungetauften Juden, auf höchstem Niveau. Prominente Abtrünnige haben das Privileg erhalten, wo immer sie es wünschen, solche Wettkämpfe zu verlangen, in denen über den Messias gestritten wird. Es sind Schauspiele wie später die Stierkämpfe, allerdings in Kathedralen statt in Arenen, doch ähnlich elegant und mit ähnlich sicherem Ausgang.

Doch das Misstrauen blieb, die Neuchristen wurden auch Ende des 15. Jahrhunderts noch immer als Converos oder Marranen – so das vom spanischen Wort für Schwein abgeleitete Schimpfwort – wahrgenommen. „So entsteht erst langsam, dann schneller und dann mit brausender Gewalt die Reaktion auf die neue Liebe der Hebräer zur Taufe. Denn die Neuchristen haben nicht nur neue Ämter erobert, sie haben auch ihre alten behalten. Sie bleiben weiter Armeelieferanten, Steuerpächter und Bankiers.

Nur die römische Kirche aber hat stets auch die Juden beschützt – damit die Menschen einen heiligen Faden der Erinnerung behalten in Zeiten der immer wiederkehrenden Barbarismen, die verkünden, die Geschichte fange mit ihnen an.

Viele Päpste waren als Judenfreunde bekannt. Die ewige Stadt war der einzige Schutzgeist der Juden im Mittelalter. Jahrhundertelang hat die Kirche ganz allein die Menschheit gegen alle satanischen Grimassen, alle bösen Gefühle, allen Wahnsinn der Seele, gegen alle Sekten verteidigt – gegen alle Gegner, die nicht nur vergängliche und quälende politische und wirtschaftliche Systeme verneint haben, sondern auch den beschränkten Rahmen, die beschränkten Möglichkeiten der menschlichen Existenz an sich. Es gäbe kein Abendland mehr, wenn diese Kirche nicht auch kämpferisch gewesen wäre."

Doch Spaniens Kirche war nicht sehr papsttreu. In Spanien ist die Kirche nicht der Widerpart wie sonst im Westen, sondern der weltlichen Gewalt ergeben. Hier ist sie am nationalsten geworden, im Kampf gegen die Mauren sind Staat und Kirche zu einer Einheit zusammengewachsen: und damit vom Papst und seiner Universalität am unabhängigsten. „Der Beichtvater der Könige hieß Tomás de Torquemada. Und keiner wusste deshalb besser als er, der Großinquisitor, wie sehr Fernandos Herz stets nach Gold dürstete; er hatte eine primitive, wollüstige Sehnsucht danach. Und die Hebräer gehörten zu den Reichsten des Landes." Sie sollen enteignet und vertrieben werden. Die Conversos aber, die getauften Juden, geraten von da an noch mehr unter Generalverdacht.

Als der Papst gegen die Ausweisung der Juden protestierte, stellte sich Torquemada und mit ihm das königliche Ehepaar taub: „Die Inquisition bestritt dem Papst ganz entschieden das Recht, ihre Angeklagten freizusprechen und spanische Angelegenheiten von Rom aus zu beurteilen. Torquemada blieb noch Großinquisitor, als ihn Rom – empört über seine Verurteilungen – aus der katholischen Gemeinschaft exkommunizierte. Torquemada stellte sich blind und taub. Er hätte gern das Inquisitionsgericht gegen Rom selbst losgelassen."

Es gibt danach noch Überlegungen, auch Nordafrika von den Mauren zu befreien, doch dabei bleibt es. Als die Wiedereroberung Spaniens ihr Ziel erreicht, hat sich das Zeitalter erschöpft. Im Moment der Krise entscheiden sich die katholischen Könige für die Erforschung des Weges noch weiter nach Westen. Deshalb wird im Jahr der Eroberung Granadas aus der Hand der Muslime und der Vertreibung der Juden aus Spanien hinter dem Ozean auch noch eine neue Welt entdeckt. Seitdem ist die Erde keine Scheibe im Herzen des Universums mehr, sondern ein kleiner verlorener Planet geworden, der durch das Weltall kreist.

Damit einher geht eine Neuentdeckung des Menschen in der Mitte des Planeten, die uns erstmals zu Fremden in unserer eigenen Geschichte werden lässt. Eine explosive Revolution aller Künste begleitet diesen Entdeckungsvorgang, in der Literatur, der Musik, der Malerei. Die ersten modernen Romane entstehen, die ersten Porträts, die den Namen in unserem Sinn verdienen. Zuverlässiger als durch die Geschichtsbücher lässt sich seitdem durch viele Gemälde in die verschiedenen Zimmer des Europäischen Hauses hineinschauen, in einer Bildergalerie, die sich – über das Labyrinth vieler Gänge und Irrgärten hinweg – in einem einzigen Bogen vom Beginn der Neuzeit bis in das 20. Jahrhundert hineinspannt. In diesem Drama spielt ein Porträt die Hauptrolle, von dem es in Rom seit Jahrhunderten heißt, Gott selbst habe es geschaffen. Es ist das maßgebliche Modell aller Christusporträts, das Albrecht Dürer im Jahr 1500 in Nürnberg mit 28 Jahren allerdings benutzt, um nach diesem „kanonischen" Vorbild sein eigenes Selbstporträt zu malen, als Ebenbild Gottes im Pelzrock.

VERHÄNGNISVOLLER STELLUNGSFEHLER

Öffentliche „Weisung" der wahren Ikone im sogenannten Schleier der Veronika auf der Loggia des alten Petersdoms (aus Stephanus Planck Mirabilia Urbis Roma), ca. 1486

Rom, 3. Adventssonntag 1511 (ungefähr). – Ein deutscher Augustinermönch erfährt in Rom ein umgekehrtes Pauluserlebnis, als er gar nichts erkennt, wo zahllose Pilger vor und nach ihm ein wahres Urbild des Erlösers gesehen und wahrgenommen haben.

Elf Jahre später stehen wir in einer Menschenmenge unter der Loggia der alten Außenfassade des Petersdoms in Rom. Die Päpste und ihre Kardinäle und Prälaten halten die Stadt immer noch für den Mittelpunkt des Erdkreises. Vor 18 Jahren hat Alexander VI. nur zwei Jahre nach der Entdeckung Amerikas durch Christoph Columbus die neu entdeckten Welten mit einem Federstrich als väterlich omnipotenter Weltenrichter wie eine Torte zwischen Spanien und Portugal aufgeteilt. Jetzt ist der Platz schwarz vor Menschen, in erregter Erwartung, die zur Loggia hinaufschauen. Seit 1506 ist der Prachtbau Kaiser Konstantins über dem Grab des Apostels Petrus eine Baustelle.

Papst Julius II. will eine neue und prächtigere Basilika bauen, wie sie die Welt noch nicht gesehen hat. Dafür hat er die künstlerischen Genies seiner Zeit als Planer in die Bauhütte berufen. Nach fünf Jahren ist die Fassade und der Portikus des Altbaus aber immer noch nicht abgerissen und vollkommen intakt, hinter dem sich die gigantische Kuppel des Neubaus schon in den Himmel wölben will. Nun aber wartet die Menge unter der päpstlichen Loggia auf die „Ostensio Veronicae", die seit dreihundert Jahren zum wichtigsten Pilgermagneten Roms geworden ist. Das ist das Vorzeigen und der Segen mit dem heiligen „Schweißtuch" Christi oder der „wahren Ikone", die hier auch Veronica genannt wird. Die Gläubigen kommen nicht wegen des Papstes, sondern wegen dieses fast durchsichtigen Schleiers in die Hauptstadt der Welt. Sie kommen, seit Papst Innozenz III. das Schleierbild im Januar 1208 erstmals in einer Prozession vom alten Petersdom zum Heilig-Geist-Spital getragen hat, um die wichtigste Reliquie der Christenheit in Augenschein zu nehmen. Dante hatte sie 1320 in seiner Göttlichen Komödie ausführlich beschrieben. Die Stadt ist voller Legenden über ihren Ursprung. Unklar war nur, ob es aus dem Grab Christi stammte oder von einer Frau, die Jesus auf dessen Weg zur Hinrichtung das Gesicht damit abgetrocknet hatte. Klar war nur, dass es ein Bildwunder war und dass der Segen mit ihm einen außerordentlichen Ablass zeitlicher Sündenstrafen versprach.

Plötzlich wird es still, dann hören wir das Klingeln von Glöckchen und Zimbeln. Auf der Loggia sind drei Domherren erschienen. Der mittlere hält eine Art Brett unter einer Brokatverkleidung in den Händen. Als er diesen Mantel entfernt, sehen wir, dass ein Holzrahmen damit verhüllt war. Darin leuchtet hinter einer Kristallscheibe der heilige Schleier. Damit segnet der Kanoniker nun kreuzweise die Menschenmenge, die unter ihm auf die Knie gegangen ist. Hunderte rufen Gott auf dem Platz um sein Erbarmen an. Nach wenigen Minuten ziehen sich die Domherren von der Loggia wieder in die Basilika zurück. Die „Weisung der Veronica" ist beendet

Doch damit ist die Reise aller Pilger auf dem Platz an ihr Ziel gelangt. Das hier ist der Höhepunkt. Nun können sie zufrieden wieder nachhause ziehen. Ein junger Augustinermönch aus Deutschland hingegen verlässt den Platz wütend und mit raschen Schritten. Er hat nichts gesehen und stand wohl auch ungünstig und zu weit weg von dem Geschehen, in einem verhängnisvollen Stellungsfehler. 34 Jahre später wird er über jenen Morgen berichten, allerdings nicht mehr als Mönch, sondern als der berühmte Reformator Dr. Martin Luther.

In seiner letzten großen Streitschrift über die „teuflischen" Machenschaften des Papsttums erinnert sich der hochbegabte Theologe an diesen Morgen voller Spott: „Mit der Veroniken thun und geben sie für, es sei unseres Herrn Angesicht in ein Schweißtüchlein gedruckt. Es ist nichts denn ein schwartz Bretlin, viereckt. Da henget ein klaret lin für, darüber ein anderes klaret lin, welches sie auffzihen, wenn sie die Veronica weisen. Da kann der arm Hans von Jene nicht mehr sehen denn ein klaret lin für einem schwarzen bretlin." Was aus dem „armen Hans aus Jena" wurde und was er gesehen hat, wissen wir nicht. Luther jedenfalls – das scheint klar – hatte im Winterlicht dieses Adventssonntags in dem fernen zarten Schleier einfach nichts erkennen können. 1545 benutzt er diese Enttäuschung, um im Grobianismus seiner Zeit gegen das katholische Festhalten an die Materialität des Glaubens in der Reliquienverehrung überhaupt zu wettern. Es ist eine seiner letzten Beschimpfungen Roms, nachdem er in den Jahrzehnten zuvor in Wittenberg mit dem Papst über verschiedene Grundüberzeugungen der katholischen Kirche über Kreuz geraten war. Auch die Rechtfertigung des Menschen vor Gott durch gute Werke, zum Beispiel durch Pilgerreisen, hatte er da schon lange zu einem großen Unsinn erklärt. Darüber war er, befeuert von den massenhaft verbreiteten Flugblättern des neuen Buchdrucks, einer der ersten Superstars der neuen Medien geworden.

Wäre vielleicht alles ganz anders gekommen, wenn er die unvergleichliche Vera Icon Christi von Nahem und in Ruhe hätte studieren können? Müßige Frage. Er hat es nicht. So wundert weniger, dass er danach auch vieles andere nicht mehr glauben konnte und zuerst Opfer seines Generalverdachts gegen die Kirche Roms wurde und dann Opfer seiner eigenen Propaganda.

Nicht Kaiser, Könige oder Heerführer, sondern eben dieser Augustinermönch erschüttert das Abendland daraufhin jedenfalls bis in die Grundfesten. Luthers „Mönchsgezänk", wie Papst Leo X. (1513–1521) dessen Infragestellung der Dogmen der Christenheit in einer verhängnisvollen Fehleinschätzung zunächst wahrnahm, spaltet zuerst die lateinische Kirche und dann Europa. Die Erfindung des Buchdrucks und die Entwicklung industrieller Papierherstellung befeuern die Entwicklung dieser Spaltung nachhaltig. Plötzlich werden die Menschen des Abendlands überwältigt von der Erfahrung der ersten Massenmedien mit ihren unabsehbaren Konsequenzen. Plötzlich gibt es im 16. Jahrhundert zwei Kirchen im Westen, dann drei, vier, fünf: die Kirchen Zwinglis, Calvins und Heinrichs VIII. von England. Es ist eine Kettenreaktion. Als die Kirche einmal gespalten ist, haben die Reiche und Staaten hier endlich kaum noch einen Gegenspieler von Gewicht. Nun zerfällt Europa vollends in Nationen. Das „saumlose Gewand Christi", als das sich die Reiche und Königtümer des Abendlands vorher gemeinsam verstanden haben, ist zerrissen. Es hilft nicht, dass dieses Gewand in der alten Petrus-Basilika in Trier noch verwahrt und verehrt wird.

Gerade in Deutschland zerbirst die mittelalterliche „Communio" immer und immer weiter in seine alten Stämme, Städte und Häuser, bis die Franzosen bald nur noch von den „Deutschländern" östlich des Rheins sprechen. Das allerchristlichste Frankreich spaltet sich hingegen als Erstes auch politisch von der Christenheit; 1536 paktiert es mit den Türken gegen das „Heilige Römische Reich", das damals neuerdings auch noch „deutsch" genannt wird. In Frankreich spaltet sich danach das Herrscherhaus auch zuerst vom Adel und vom Volk ab. Der Spaltung der Klassen und Rassen wird die Spaltung der Städte, der Gruppen, der Dörfer, der Familien und Ehen folgen. Die Spaltung des Bewusstseins. Sogar die Spaltung des Atoms wird Jahrhunderte später in Europa glücken.

Wenige Jahre zuvor, 1527, keine zwanzig Jahre nach Luthers Romreise hatten schon deutsche Landsknechte, die seiner neuen Lehre anhingen, Rom geplündert und in den päpstlichen Stanzen ein höhnisches LUTHER in das Fresko vom „Triumph der Eucharistie" gekratzt, das Raffael hier im Jahr 1509 auf die Wand gemalt hatte, nur ein paar Schritte neben der „Messe von Bolsena", in der Raffael wenige Jahre danach noch einmal das Wunder der Realpräsenz Gottes in der Hostie gerühmt hatte. Auch dieser Glaube kam nun in großen Teilen des Abendlands an sein Ende. Die Landsknechte standen im Sold Kaiser Karls V., im Kampf gegen das neue Frankreich, das sich auch noch mit Papst Clemens VII. (1523–1534) verbündet hatte. Drei Tage dauerten die Plünderungen, die Vergewaltigungen, das Brandschatzen. Danach war die Vera Icon, das wahre Bild Gottes, aus Rom verschwunden.

NEUE STADT IN DER NEUEN WELT

„Historical Monument of the American Republic"
1867–1888 von Erastus Salisbury Field,
Michele & Donald D'Amour Museum of Fine Arts,
Springfield, Massachusetts, USA

Boston im Jahr 1620. – Nach der Rückkehr der heidnischen Götter ins Abendland wandert der Traum einer himmlischen Stadt auf den Schiffen der Pilgerväter in die Neue Welt, dem Zufluchtsort vieler Emigranten aus der Alten Welt.

Nach diesem Verlust sehen wir der Rückkehr heidnischer Götter zu. Dieser Zeitraum wirkt wie eine lange Renaissance-Halle voller Pinakotheken und Gemäldegalerien, an deren Eingang sich eine Gruppe antiker Götterstatuen spreizt. Sie waren natürlich nie ausgestorben im Abendland. Zu Beginn der Neuzeit aber wird ihre Wiedergeburt erstmals wieder offen gefeiert, von Artemis bis zu Athene. Seitdem kehren die alten Götter überall mit Macht zurück, denen sich bald neue Fabelwesen zugesellen: die Göttinnen der Nationen, der Vernunft oder des Schicksals. Schon Machiavelli versteht die Geschichte wieder rein zyklisch, ganz heidnisch, antik. Über die Neue Stadt am Ende einer Heilsgeschichte oder das wahre Antlitz Gottes könnte er nur noch lächeln. Er aber wird jetzt zum prophetischen Denker der Neuzeit. Die katholische Kirche reagiert auf die Erschütterungen der Reformation mit der Gegenreformation und dem Barockstil, der Europa noch einmal in ein einheitliches Gesamtkunstwerk von Lissabon bis Wilna verwandeln wird. Das neue Zeitalter lässt Museen als Erinnerungsorte entstehen und wird schließlich auch Kirchen zu Museen verwandeln.

Hier lassen wir nun prächtige Kunstwerke unbeachtet – von Genies und heiligen Malern, bis wir schließlich vor einem eher simplen Gemälde wieder stehen bleiben: einem kleinen Segelschiff vor Anker, einer Nussschale, einem Ruderboot am Ufer und schwarz gekleideten Männern und Frauen, die durch die

Brandung ans Ufer waten. „Mayflower, December 11^(th) 1620", steht darunter auf einem Messingtäfelchen.

Als in Europa keiner mehr an die Neue Stadt glaubt, nur noch die Schwärmer, bringen diese „Pilgerväter" den alten Gedanken des himmlischen Jerusalem zu Beginn des Dreißigjährigen Krieges nach Amerika in Sicherheit. In der Neuen Welt wird er danach zur Blaupause der ersten revolutionären Republik in Ost und West, als „shining city on the hill" für ein universales Volk aus allen Völkern. So wird Amerika zum jüngsten Anbau des europäischen Hauses: der atlantische Seitenflügel mit seinen prächtigen Terrassen, Balustraden und Kiosken, strahlender als jede Krone des abendländischen Hauptgebäudes.

Auf einem moderneren Gemälde daneben ist ein „Historical Monument of the American Republic" von Erastus Salisbury Field (1805–1900) mit zehn mächtigen Türmen wie die letzte Steigerung einer mittelalterlichen Darstellung des Himmlischen Jerusalem errichtet worden. Man weiß gar nicht, wohin schauen vor lauter Türmen. „Du wirst lachen", lesen wir in einer Vitrine in einem Brief des Schriftstellers Leo Perutz, den er aus seinem Exil in Palästina einem anderen exilierten Freund nach Argentinien geschrieben hat, „aber diese Pilgerväter waren tatsächlich Zionisten auf der Wanderschaft nach dem neuen Jerusalem."

Bald danach ist New York am Hudson auch das Jerusalem des Exils des europäischen Judentums. Denn „mit der Entdeckung Amerikas", sagt vor zweihundert Jahren der Gaon von Wilna in Litauen an der Baltischen See, „ist die Zeit des Exils an ein Ende gekommen." In der Neuen Welt, die im Jahr der Ausweisung der Juden aus Spanien entdeckt worden ist, lebt bald die Hälfte aller aus Europa vertriebenen Juden.

PARLAMENT DER HEILIGEN

*Oliver Cromwell,
Miniatur von Samuel Cooper,
ca. 1650*

London im Jahr 1640. – In England kommt ein neuer Moses an die Macht, der am Ende wie ein Diktator regiert, und die kritischen Geister des Abendlands pilgern zu der Insel, als habe sie sich in Heiliges Land verwandelt, mit einer Demokratie von Gottes Gnaden.

Aber nicht aus New York, sondern aus der Elisha-Street in Jerusalem schickt mir mein Freund Hannes Stein, als ich mit dem letzten Kapitel gerade fertig bin, ein Fax nach München mit der Skizze für einen ganzen eigenen Schlüssel-Raum, den ich unbedingt in meinen Turm der Zeiträume vermauern soll, weil in diesem Monumentalbau unserer Geschichte „auf keinen Fall das englische Zimmer vergessen" werden darf, wie er schreibt.

Hier kommt deshalb ganz allein Hannes zu Wort, wo er schreibt: „Bis auf den heutigen Tag verstellt der Mythos der Französischen Revolution den Blick auf eine andere, die wirkliche Umwälzung hin zur Demokratie. Das ist die puritanische Revolution in England. Der Terminus ‚Puritaner' ist allerdings zur Schmähvokabel degeneriert; so abfällig schmeckt sonst vielleicht nur noch das Wort ‚Pharisäer'. Wie jene gelten sie als fromme Heuchler, obendrein stehen sie im Ruch, verklemmt zu sein und ihren Mitmenschen keinen Genuss zu gönnen. Im England des siebzehnten Jahrhunderts war das anders.

Nach dem Beginn der Reformation in Deutschland bildeten in England die puritanischen Kritiker der herrschenden Kirche insgesamt einen buntscheckigen Haufen: Da gab es Hippies wie die Ranters, die ihre Gottesdienste als Orgien gestalteten. Es gab Apokalyptiker wie die Fifth Monarchy Men, die das Ende der Geschichte herbeisehnten. Es gab Kommunisten wie die Wiedertäufer, die mit Terror das Himmelreich auf die

Erde zwingen wollten. Es gab Anarchisten wie die Quäker, die Gebete anderer Gläubiger durch prophetisches ‚Zungenreden' störten. Es gab Demokraten wie die Levellers, die von der Beseitigung der feudalen Standesunterschiede träumten. Es gab Baptisten. Es gab Brownisten. Es gab Hunderte von Sekten und Grüppchen. Zusammengehalten wurden sie nur durch eine gemeinsame Abneigung: Die Kontrolle durch Bischöfe, Prälaten oder Priester war ihnen allen gleichermaßen verhasst. Und viele Puritaner standen außerdem der Monarchie feindselig gegenüber. Der Grund war ihr skeptisches Menschenbild (das sie übrigens mit ihren katholischen Gegnern wie auch den Juden gemeinsam hatten): Die Puritaner hielten die Menschen für abgrundtief sündhaft, sodass kein einzelnes Exemplar das Recht habe, andere zu beherrschen.

Zu dieser Zeit schwang Charles I. das Szepter über England. König Charles war mit einer katholischen Frau verheiratet – und schon dies bedeutete ein ernsthaftes Problem: In welcher Religion würde der Thronfolger erzogen werden? Würde es ein katholisches Rollback auf der protestantischen Insel geben? Hinzu kam, dass Charles I. einen gewissen William Laud zum Erzbischof von Canterbury ernannt hatte. Laud war ein Reaktionär, der seine geistliche Herrschaft auf die weltliche Sphäre auszudehnen wünschte und die Alleinregierung des Königs sichern wollte. Einen solchen Affront konnte sich das Parlament, in dem mehrheitlich Puritaner saßen, nicht gefallen lassen. Es warb eine Armee, um sich gegen Charles I. und Erzbischof Laud zu verteidigen. Ein Bürgerkrieg hatte begonnen, der alles in allem neun Jahre dauern sollte.

Für Marxisten gibt es danach keine Fragen mehr: Hier erhob sich – sonnenklar! – eine junge, aufstrebende Bourgeoisie gegen das alte, verkommene Feudalsystem. Aber der Hintergrund dieser Revolution war nicht ökonomisch; er war biblisch. Nie zuvor und nie nachher hat es in Europa eine Nation gegeben, die so judäochristlich dachte wie England im siebzehnten Jahrhundert. In jeder Kneipe und Kirche wurde über die richtige Auslegung der Schrift debattiert. In den Häusern der Armen hingen Stofftapeten, die mit biblischen Szenen bemalt waren. Populäre Balladendichter und Flugblattschreiber benutzten das Alte Testament als Rohmaterial, sie deuteten mit seiner Hilfe die aktuelle Politik. Bibeltexte wurden an Türpfosten geschrieben und dienten als Wandzeitungen. Zudem erfüllte die Bibel dieselbe Funktion wie in späteren Jahrhunderten die Schundliteratur.

Der Historiker Christopher Hill merkt an, dass es keinen Roman gab, ‚der es mit aufregenden Erzählungen wie der von Noah und der Arche, Joseph und seinen Brüdern, Jonas und dem Walfisch, Samson und den Philistern, David und Goliath aufnehmen konnte'. Und die puritanischen Revolutionäre identifizierten sich voll und ganz mit den Juden. Sie waren überzeugt, dass Gott mit England einen Bund geschlossen habe; dass sie das neue Gottesvolk seien. Unter den Gebildeten gehörte es zum guten Ton, Hebräisch zu sprechen, manche kannten sich auch ein wenig im Talmud aus. Auf den Flaggen der Parlamentsarmee war der Löwe von Juda zu sehen. Der verhasste Monarch wurde mit Pharao gleichgesetzt oder man verglich Charles I. mit den gottlosen Königen Israels, von denen es in der Bibel nur so wimmelt: mit Ahab, Menasse, Jerobeam. Die Puritaner lasen fast nur noch das Alte Testament, christliche Texte blieben am Rand ihres Interesses. So wurde das demokratische Erbe der Propheten fruchtbar gemacht. Ein Prediger versprach den Soldaten der Revolution: ‚Ihr zieht jetzt aus Ägypten aus und ins Gelobte Land ein.'

Ägypten stand schon bald als Metapher für das, was man aus tiefstem Herzen ablehnte – die anglikanische Bischofskirche und den Absolutismus. Kurz nach Ausbruch des Bürgerkrieges zerfiel die puritanische Bewegung in zwei Hauptströmungen. Auf der einen Seite standen die Presbyterianer: Wenn es nach ihrem Willen ging, sollte ein Zentralkomitee von Ältesten die gültige christliche Lehre für alle Engländer und Schotten festlegen. Die politischen Fantasien der Presbyterianer liefen also auf eine Theokratie hinaus. Auf der anderen Seite standen die Independents. Sie waren gegen jede Art von Staatskirche und meinten, jede Gemeinde von Christenmenschen solle für sich selbst entscheiden, was auf der Grundlage der Heiligen Schrift richtig sei.

Unterdessen hatte sich ein Parlamentarier einen Namen gemacht, der als Generalleutnant eine unbesiegbare Reiterarmee kommandierte. Oliver Cromwell hieß dieser Abgeordnete und er führte so Krieg wie nach ihm Trotzki und David ben Gurion: Cromwell konzentrierte seine Kräfte jeweils an einer Stelle, fügte dem Feind verheerende Schläge zu und hielt sich mit seinen Soldaten immer in Bewegung.

Das Parlament erteilte diesem brillanten Kommandeur den Auftrag, eine neue Streitmacht auf die Beine zu stellen. Sie wurde New Model Army genannt und unterschied sich grundsätzlich von den hastig zusammengetrommelten Heeren, wie sie damals in Europa üblich waren. Hier kämpften keine gröhlenden Landsknechte, sondern disziplinierte Soldaten; keine Söldner, sondern Staatsbürger in Uniform. Sie wurden regelmäßig bezahlt, sangen Hymnen vor der Schlacht und schonten entgegen allen Gebräuchen die Zivilbevölkerung – leider mit der Ausnahme ihrer barbarisch-kolonialistischen Irlandexpedition. Cromwell nahm in die New Model Army jeden auf, der mit Waffen umzugehen verstand: Levellers, Baptisten, Antinomisten, Seekers, Ranters, sogar die radikalen Wiedertäufer.

Schon bald zitterte das Parlament, das von Presbyterianern beherrscht wurde, vor einem Sieg seiner eigenen Armee. Dazu sei angemerkt, dass das englische Parlament damals keine Volksvertretung im eigentlichen Sinne war: Abgeordneter konnte nur werden, wer über Vermögen verfügte oder zu den höheren Ständen gehörte. Wenn es eine Kraft gab, die verdient, demokratisch genannt zu werden, so war es Cromwells Streitmacht.

Hinter dem Rücken der New Model Army nahm das Parlament Verhandlungen mit dem Todfeind von gestern auf: Es hofierte Charles I. Dies führte zu einem zweiten, kleineren, einem Bürgerkrieg im Bürgerkrieg. Er endete damit, dass die Armee die Presbyterianer und Royalisten aus dem Parlament hinauswarf, das House of Lords abschaffte und dem König den

Prozess wegen Hochverrats machte. Am 30. Januar 1649 wurde Charles I. mit dem Handbeil hingerichtet. Schon oft in der Geschichte hatten Monarchen aufgrund von Palastintrigen ihr Leben lassen müssen. Hier aber geschah es zum ersten Mal, dass ein König im Namen der Volkssouveränität den Kopf verlor.

Auch den Königsmord rechtfertigten die Puritaner mit der Bibel. Sie argumentierten so: Hatte nicht Jehu, der Prophet, den gottlosen Joram mit einem Pfeil getötet? Dabei war dieser sein rechtmäßiger König gewesen. Mithin gab es ein Recht, das mehr wog als der Gehorsam: Gott billigte den Tyrannenmord. Der Mann aber, der die New Model Army vom Sieg zum Triumph geleitet hatte, derselbe, dessen Unterschrift gut lesbar auf dem Todesurteil für Charles I. prangte – Oliver Cromwell wurde von seinen Anhängern als ein Moses begrüßt, der das Volk aus der Finsternis in die Freiheit führte. Das von den Offizieren eingesetzte ‚Parlament der Heiligen' beschloss soziale Reformen, die ihrer Zeit weit voraus waren. Die Strafgesetze sollten humanisiert werden. Die Todesstrafe, die bisher für Bagatelldelikte gegolten hatte, wurde nur noch in Fällen von Mord und Verrat verhängt. Später bemühte sich eine Junta puritanischer Offiziere, mit dem Instrument of Government eine geschriebene Verfassung zu schaffen. Diese sah erstmals in der Geschichte so etwas wie Gewaltenteilung vor.

Gegen Ende seines Lebens litt Cromwell unter einem Blasenstein und der einzige Arzt in London, der ihm helfen konnte, ein James Moleyns, war ein überzeugter Royalist. Nach erfolgreicher Operation weigerte er sich, Geld anzunehmen: Er habe, sagte Moleyns, den Lord Protector ‚nicht aus Liebe' kuriert, sondern weil es seine Pflicht war. Immerhin bat der Arzt aber um einen Drink. Man füllte ihm das Glas – und er brachte prompt einen Toast auf den toten König Charles aus. Cromwell weigerte sich, diese Provokation zu ahnden. Er sagte: ‚Lasst den Mann gehen, er ist verrückt, aber er hat mir wohlgetan und ich will ihm nicht schaden.' Am nächsten Tag ließ Cromwell dem wackeren Moleyns tausend Pfund vorbeibringen und bat ihn, die Summe im Namen von König Charles zu akzeptieren.

Nach Cromwell schrieb die Bill of Rights für alle Zeit den Vorrang des Parlaments vor den gekrönten Staatsoberhäuptern fest. So kam es, dass England im achtzehnten Jahrhundert zum aufreizenden Vorbild wurde. Die europäischen Intellektuellen pilgerten nach London, als sei es Jerusalem. Etwas Neues war in der Welt: die Demokratie von Gottes Gnaden. Oliver Cromwell regierte schließlich diktatorisch. Auf seinem Sarkophag aber ließ er noch einmal seinen Wahlspruch anbringen: ‚Christ, not Man, is King!'"

Hier endet der Beitrag Hannes Steins im Roman unseres Turmbaus der Geschichte des Abendlands. Doch es ist nicht London, sondern Lissabon, wo Gottes Herrschaftsanspruch über Europa an einem schönen Herbstmorgen unter Trümmern begraben wird und wo das Dach der römisch-katholischen Kirche insgesamt einzustürzen droht, wie es vielen Zeitgenossen erscheint.

WELTUNTERGANG

*Ruine der Kirche des Karmeliter-Konvents
in Lissabon, ohne Dach seit 1755*

Lissabon, 1. November 1755. – Nicht der Dreißigjährige Krieg des 17. Jahrhunderts, sondern 540 Sekunden eines Seebebens stürzen im 18. Jahrhundert das Abendland in eine bis dahin unbekannte Sinnkrise, in der Voltaire den Atheismus als neue Religion begründet.

Die Ruine der Karmelkirche in Lissabon könnte heute noch als Modell dafür dienen. Sie liegt oberhalb eines neugotischen turmhohen Aufzugs, der die Bürger der lusitanischen Metropole in zwei Minuten in einer Art Straßenbahn – doch in senkrechter Fahrtrichtung – von der Unter- in die Oberstadt hinaufbefördert. Dieses offene Gemäuer ohne Dach über dem „Elevador do Carmo" ist die letzte Narbe vom größten Erdbeben, das Europa bis dahin in der Erinnerung der Menschen erschüttert hatte. Die Erde zitterte damals für einige Sekunden bis hinauf zum Walchensee in Oberbayern.

Der Weltuntergang kam am 1. November 1755 um 9 Uhr 40 über Lissabon, an einem hellen und heiteren Herbsttag. Nach der Katastrophe wurde dieser einzige gotische Dom der Stadt nie wiederaufgebaut. Katzen streichen zwischen den Säulenreihen und unter den letzten stehen gebliebenen Bögen umher. Ein offener Himmel aus strahlendem Blau wölbt sich anstelle des Dachs über der Karmeliterkirche. Unter den übrig gebliebenen alten Skulpturen, unter denen ich mich ein wenig umschaue, bleibe ich vor einem kleinen Kruzifix wie angewurzelt stehen. Christus völlig nackt. Mehr noch, der Gekreuzigte zeigt sich hier mit seinen ausgebreitet angenagelten Armen und einer letzten Erregung. Was nach einer nie gesehenen Gotteslästerung aussieht, entspricht der konkreten Realität einer antiken römischen Kreuzigung tatsächlich aber wohl mehr als jede andere Darstellung. Schockierend ist eher, dass gerade diese Darstellung in dem zerstörten Gotteshaus das große Erdbeben von Lissabon und dessen Zerstörungen überlebt hat.

Es war am Fest Allerheiligen und alle Kirchen überfüllt, als die Erde hier zu zittern und zu beben begann, erst leicht, wie ein Frösteln, dann unter konvulsivischen Zuckungen der Erdkruste und schließlich mit fürchterlichen Schlägen und Stößen des Erdinneren. Zusammenbrechende Säulen schlugen die letzten Töne der Kirchenlieder aus den Orgeln, berstende Glocken läuteten unser Katastrophenzeitalter ein. Die Erde spaltete sich mit höllischen Geräuschen in meterbreite Schluchten und Klüfte. An diesem Herbsttag brach die Dämmerung der Neuzeit an.

Nach neun Minuten war Lissabon ein Ruinenfeld. Tausende Männer und Frauen, Kinder und Greise hatte das Beben auf der Stelle erschlagen. Sie waren die Glücklichsten. Denn die erste Verheerung war nur der Anfang vom Ende dieses Juwels unter den Städten der Alten Welt. Der Tejo war zurückgewichen, sein Bett übersät mit Schiffswracks. Doch Minuten später kam das „Strohmeer" als Tsunami zurück, trat brüllend über die Ufer und zertrümmerte die zerbrochene Metropole mit haushohen Sturzwellen. Es folgte ein Staubsturm, undurchdringlich, der weitere Tausende erstickte, und über die Hügel jagte eine Feuersbrunst, die sich auch eine Woche später nicht satt gefressen hatte. Am Ende hatte das Beben um die 100.000 Todesopfer gefordert. 190 Jahre später starben beim Abwurf der ersten Atombombe „Little Boy" über Hiroshima schätzungsweise 70.000 Menschen.

Nur 45 Jahre vor dem Beben, im Jahr 1710, hatte Gottfried Wilhelm Leibniz in Hannover sein Buch „Von der Güte Gottes, der Freiheit der Menschen und dem Ursprung des Übels" veröffentlicht, in dem er Gott selbst für jedes Unheil zu rechtfertigen versuchte, das sich menschlichem Begreifen zu entziehen scheint. Es war der philosophische Versuch einer „Theodizee", einer Rechtfertigung Gottes. Doch Lissabon rauchte noch, als Voltaire in Paris schon sein „Poème sur le désastre de Lisbonne" zu dichten begann, in dem es heißt: „Wer sagt da, angesichts der Opfer ohne Zahl, Gott habe sich gerächt?! ... Die Kinder an der Mutterbrust, erschlagen und verblutet, was haben sie getan, was haben sie verbrochen? Besaß etwa Lissabon, das nicht mehr ist, mehr Laster als London, als Paris, die beide fröhlich im Vergnügen schwelgten?"

Bis dahin hatte sich Europas Kultur rund 1.500 Jahre lang um den komplexen Glauben der Christenheit entwickelt, dessen Kern bezeugt, dass Jesus von Nazareth um das Jahr 30 in Jerusalem am Kreuz starb und durchbohrt wurde, aber nach drei Tagen als Sieger über den Tod aus dem Grab hervorgegangen sei mit Leib und Seele und mit geheilten Wunden. Das war unglaublich und von Anfang an unfassbar aufreizend, aber blieb das Dogma und *raison d'etre* unserer Zivilisation, die sich ihre längste Zeit wesentlich ausstreckte auf das himmlische Jerusalem. „Tod, wo ist dein Sieg?", schrieb Paulus wenige Jahrzehnte nach Christi Kreuzigung den ersten Christen in Korinth: „Tod, wo ist dein Stachel?" Es war das Leitmotiv der Christenheit. Der Tod war in dieser Welt nicht mehr das letzte Sinnlose. Christus hatte den Tod überwunden. Brüche hatte es in diesem Glauben natürlich immer wieder gegeben. Doch nicht Europas Dreißigjähriger Krieg des 17. Jahrhunderts, sondern nur 540 Sekunden des 18. Jahrhunderts haben diesen Glauben mit diesem Erd- und Seebeben schließlich in eine ultimative Krise gerufen. Seit den Tagen Hiobs waren Fragen nach dem „Warum" des Leids der Menschen nicht neu. Doch die Wut, mit der Voltaire nun mit seinem spontanen Gedicht auf das Erdbeben von Lissabon in dieser Debatte die führende Stimme ergriff, ließ fast nur noch Hohn auf den alten Glauben der Christen zu. Voltaire stellte keine Fragen mehr. Er dekretierte, Gott könne dergleichen nicht zulassen. Und überhaupt könne es Gott, ein ewiges Jenseits und ähnlichen Unsinn überhaupt nicht geben. Keiner habe doch je etwas von ihnen gesehen und aus dem Jenseits sei auch noch keiner zurückgekommen. „Noch Fragen?", rief er gleichsam den Christen zu. Und angesichts der fast schon abstrakten Zahl der Opfer gelang es niemandem, den Freigeist mit Vollmacht daran zu erinnern, dass Gott den Tod seines eigenen Sohnes, des unschuldigsten aller Menschen, doch zugelassen habe, um den Tod selbst zu überwinden.

Alles Unsinn für Voltaire: Gott gab es nicht. Seine Parole *Écrasez l'infâme!* („Löscht die Verruchte aus!") wurde zum Schlachtruf des Stammvaters der „Toleranten" gegen die katholische Kirche, mit denen er am Schluss all seine Briefe unterzeichnete. Für die meisten Philosophen überwölbt seit Lissabon nur noch die Kälte des Kosmos unsere Häuser. Jedes Überschreiten unserer üblichen Erfahrungswelt, das heißt alle „Transzendenz", geriet seit diesen Tagen in Generalverdacht. Voltaire war der meistgelesene Schriftsteller seiner Zeit. Und durch das Erdbeben von Lissabon wurde er vollends zum Atheisten. Ein neues Zeitalter hatte begonnen und seine Gedanken verbreiteten sich von Paris aus fast pandemisch in Europa, nach Genf, Amsterdam, London, Sankt Petersburg, Wien oder Potsdam.

EINE SATIRE DES ALTEN FRITZ

*Marmorkolonnade im Rehgarten von Sansoussi in Potsdam,
Aquarell von Johann Friedrich Nagel 1792*

Potsdam, Dezember 1770. – Fünfzehn Jahre nach der Tragödie von Lissabon attestiert der Monarch der neuen preußischen Supermacht der römischen Kirche das Ende, in einer devoten Huldigung an den französischen Freund.

Im Rehgarten des Schlosses Ohnesorg (Sansoussi) entwirft der Preußenkönig Friedrich II. gerade in einem lauschigen Winkel eine Satire über das „Himmlische Jerusalem", auf Französisch natürlich. „La Jérusalem Céleste" ist seinem Freund Voltaire gewidmet. Dem neuen Kapitel der Geistesgeschichte Europas, das Voltaire aufgeschlagen hat, will der geistreiche König noch ein Aperçu auf knapp vier Blatt anfügen.

Gerade sei dem Philosophenkönig ein Geist erschienen, erfahren wir da, und „als meine Verzückung wich, erblickte ich eine große Stadt. Die war, wie mir schien, mit Menschen bevölkert, die der Drachensaat des Kadmos entsprossen waren; denn sie verfolgten sich alle. Und ich fragte nach dem Namen der Stadt. Und sie antworteten mir, getauft ist sie Zion, aber eigentlich heißt sie *l'infâme*, die *Verruchte*. Und der Stoff, daraus sie gebaut war, glich mitnichten dem, daraus wir unsere Städte errichten. Und ich fragte den Geist: ‚Was ist das?' Und der Irrwisch antwortete: ‚Die Grundmauern bestehen aus Hirngespinsten, der Mörtel ist aus Wundern gemischt, diese Quadersteine stammen aus dem Steinbruch des Fegefeuers und jene glänzenderen aus den Ablässen.' Ich, der ich nichts von diesem Kauderwelsch verstand, betrachtete den Bau der Stadt. Sie war befestigt, wie es im Altertum Brauch war, etwa so, wie man Babel darstellt. Ringsum liefen starke und hohe Mauern mit vorspringenden Türmen, die hießen: Turm der Dummheit, Turm der Vorurteile, Turm des Aberglaubens. Turm des Fanatismus und schließlich Turm des Teufels. Der sollte der größte sein."

Doch dank der Göttin der Vernunft soll diese Stadt nicht mehr länger über andere herrschen. Unter der Feder des Königs sehen wir nun ein Volk nach dem anderen in einem apokalyptischen Endkampf gegen die dunkle Zwingburg rennen und ihr eine Vorstadt nach der anderen abnehmen. Alle große Ketzerbewegungen des Mittelalters formieren sich nacheinander zum Sturm auf die Mauern Zions – die Waldenser, die Wicliffisten, die Taboriten, die Utraquitisten, die Sozinianer. Doch die Verruchte mag und mag nicht fallen. Erst den letzten und jüngsten Sturmtruppen der Enzyklopädisten gelingen schließlich die entscheidenden Schläge, unter Führung des unsterblichen Helden „François-Marie Arouet de Voltaire" – hätte er noch mehr Namen, er würde sie alle unsterblich machen.

Das war das Ende der Verruchten, wenn auch noch nicht ganz und gar. Doch „zur Verteidigung der Stadt blieben nur noch alte, abgelebte Weiblein und der ärgste Pöbel zurück. Die Türme der Dummheit und des Teufels standen zwar noch, aber die gelockerten Steine fielen allenthalben herab." Voila! So weit der Alte Fritz.

Er hat die Folter abgeschafft und spielte eigenhändig Querflöte in seinen Schlössern. Und Dr. Joseph-Ignace Guillotin, ein Logenbruder seines guten Freunds Voltaire, stellte 19 Jahre später das erste humane und semimechanische Fallbeil der Geschichte vor, das Köpfe quasi schmerzfrei vom Körper trennen konnte, in einem Tempo, bei dem kein alter Henker je hätte mithalten können. Es war eine Revolution des Enthauptungswesens. „Die Guillotine ist eine Maschine", wusste ihr freigeistiger Erfinder, „die den Kopf im Handumdrehen entfernt und das Opfer nichts anderes spüren lässt als ein Gefühl erfrischender Kühle." Das angenehme Gefühl sollte bald Zehntausenden Bürgern der neuen Republik im Minutentakt zuteilwerden. Nur wer Dr. Guillotin von dem angenehmen Empfinden berichtet hat, werden wir nie erfahren. Louis Capet wird es ihm nicht mehr verraten haben, wie der pummelige Enkel des Sonnenkönigs am Ende hieß, des vor ihm mächtigsten König des Abendlands in Versailles, der bald zum prominentesten Begünstigten der wohltätigen Erfindung Dr. Guillotins wurde.

KÖNIG KOPFLOS

*Kupferstich der Hinrichtung König Ludwigs XVI.
auf dem Platz der Revolution in Paris am 21. Januar 1793
von Georg Heinrich Sieveking, 1793*

Paris, 21. Januar 1793. – Die fortschrittlichste Hinrichtungsmaschine der Welt trennt Frankreich von der von Gott gefügten Herkunft seiner Herrscher und macht in der „ersten Tochter der Kirche" Platz für einen neuen „Kult der Vernunft".

Volksfeststimmung auf dem Platz der Revolution. Es ist der 21. Januar 1793. Enormes Gedränge um die besten Plätze auf der ehemals königlichen Paradebühne in der Hauptstadt. Wein in Strömen, ein Bombengeschäft für zahllose Budenbesitzer. Nur das Podest für das neue Fallbeil an der Stelle des Reiterstandbilds vom Vater des Königs ist von Revolutionsgarden mit aufgepflanztem Bajonett hermetisch von der Masse abgeriegelt. Das Volk unter Waffen. Es ist – nach Charles I. von England – nicht der erste Königskopf, der in Europa fällt. Und doch ist hier alles anders. Der Akt der Enthauptung ist tatsächlich Sache eines Wimpernzuckens mehr als eines Augenblicks. Als Charles-Henri Sanson, der Scharfrichter von Paris, den abgehackten Kopf des letzten gesalbten Königs der Franzosen aus dem Korb holt und an den Haaren in die Höhe hält, gibt es für die Menge kein Halten mehr. „Vive la Nation!", schreien Tausende Kehlen gleichzeitig und Männer und Frauen stürmen wie von Sinnen an der Garde vorbei auf das Podest, um ihre Finger in das frische Blut zu tunken und sich bizarre Zeichen in ihre Gesichter und sonst wohin zu malen. Was obszön wirkt, hat auch eine tief magische Note. Sind nicht auch diese letzten Blutspuren Träger des alten Königsheils, das von Salbung zu Salbung mit dem heiligen Öl, dem „Sacre", aus der Stadt des heiligen Remigius, von König zu König auf alle Generationen der Capetinger übergegangen ist?

Das Volk ist jedenfalls außer sich. La Nation! Es ist nicht die Staatsform der Demokratie, sondern das Volk selbst, das sich hier vergöttert. Die Nation ist die neue Göttin Europas, die sich hier unterhalb des Schafotts eingefunden hat, als wolle sie sich von dem noch warmen Blut des Königs und seinem schließlich immer anmaßender gewordenen Anspruch des Gottesgnadentums der „allerchristlichsten Könige" der „ersten Tochter der Kirche" in Gallien nähren. Noch im Jahr der Hinrichtung des letzten Königs werden Revolutionäre in Frankreich das Christentum abschaffen und durch einen „Kult der Vernunft" ersetzen, zusammen mit einer neuen Zeitrechnung. Jeder Obskurantismus und Fanatismus aber soll endgültig der Vergangenheit angehören.

„Die verdammten Pfarrer sind schuld an der Revolution!", hatte es ab ihrem Beginn 1789 am Hof von Versailles noch geheißen. Doch das stimmte nur teilweise. Denn tatsächlich hatte keiner die Revolution so vorangetrieben wie die absoluten, völlig losgelösten Monarchen selbst. Sie waren es gewesen, die die alte feudale Gesellschaftsordnung längst zerstört und die vornehmsten Fürsten Frankreichs zu Pisspottträgern am Hof erniedrigt hatten. Die älteste Nationalkirche des Westens seit Chlodwig hatte spätestens der Großvater Ludwig XVI. in eine belanglose Hauskapelle umgewandelt. An seinem Hof hatten Höflingstheologen die Könige Galliens schließlich als „Monstranz des Willens Gottes" verklärt. Frankreichs Herrscher wähnten sich noch Könige allein von Gottes Gnaden, als in England schon seit hundert Jahren die erste Demokratie von Gottes Gnaden arbeitete. Sie waren selbstherrlich bis zum Blödsinn geworden. Sie hatten alles vergessen: das Volk, den Adel, die ganze Geschichte seit der ersten Salbung Sauls im fernen Palästina. Sie waren völlig geschichtsvergessen geworden.

Und in eben diesem Moment fegen nun ironischerweise in Frankreich nicht etwa kämpferische Christen, sondern ausgerechnet die neuen Freigeister und Philosophen diese Herrschaft mit dem in Vergessenheit geratenen Ruf aus der Wüste nach „Freiheit, Gleichheit und Brüderlichkeit" hinweg – der noch aus der Zeit stammt, als die Israeliten vor der Sklaverei der Götter und Pharaonen Ägyptens geflohen waren. Wie in England war es also auch hier das alte Dynamit der Bibel, das gegen die Hauskapelle der französischen Könige explodierte. Atheisten, so schien es, hatten das verwaiste Erbe der Neuen Stadt angetreten – und besetzten seitdem endgültig den Begriff der Aufklärung, für die am Anfang der Geschichte die Propheten Israels einmal ihr Leben aufs Spiel gesetzt hatten.

Wohlfahrtsausschuss, „Comité de salut public", hieß ab 1793 jenes Terrorregime, unter dem die meisten Köpfe rollten. Die Vormunde der ersten Fürsorge- und Wohltätigkeitsdiktatur schufen auch schon die ersten und groteskesten Wortverdrehungen der Neuzeit.

DIE SELBSTKRÖNUNG NAPOLEONS

„Salbung Napoleons I. und Krönung der Kaiserin Josephine".
Detail des Monumentalgemäldes von Jacques-Louis David
von 1807 im Louvre, Paris

Paris, 25. Februar 1803. – Ein Imperator aus Korsika kassiert das Zeitalter der Jakobiner und überwältigt mit dem Elan ihrer Revolutionstruppen fast alle Nationen des Abendlands und den „Apostolischen" Kaiser in Wien wie in einem Husarenritt.

Napoleon Bonaparte steht hochaufgerichtet im Altarraum der alten Kathedrale Unserer Lieben Frau von Paris, wie der „Tempel der Vernunft und der Freiheit" jetzt wieder heißt, in den Revolutionäre elf Jahre zuvor das gotische Gotteshaus umbenannt hatten. Es ist der 2. Dezember 1804. Fünf Jahre zuvor hat er am „18. Brumaire" des neuen Revolutionskalenders – das heißt am 9. November 1799 – das revolutionäre „Direktorium" in einem Handstreich gestürzt und verkündet: „Wir haben den Roman der Revolution beendet!" Der alte Kalender wird danach wieder eingeführt. Es war die Begründung des bürgerlichen Zeitalters. Es war der Beginn der Moderne: An dem Tag setzte unser Kalender wieder ein. Wie das Messer durch die Butter glitten seitdem die revolutionären Volksarmeen Frankreichs unter dem korsischen Eroberer durch den Kontinent und liquidierten das feudale Europa. Keiner schien ihn aufhalten zu können.

Nun aber hat der „erste Konsul" sich in der Kathedrale von Paris gerade eine neue Krone und dann den Lorbeer der römischen Imperatoren eigenhändig ins Haar gedrückt. Jetzt ist er „Napoleon I., Kaiser der Franzosen". Und gleich darauf krönt er – und wieder nicht der Papst oder ein Bischof – seine Frau Joséphine, die er dafür in der Nacht zuvor noch rasch kirchlich geheiratet hatte. Elf Jahre vor dieser Selbstkrönung Napoleons hatte – genau hier! am 10. November 1793 – eine gewisse Mademoiselle Maillard, Soubrette der Pariser Oper, als „Göttin der Vernunft" inmitten eines entfesselten Mobs in einem „Fest der Freiheit" halbnackt um den Altar von Notre-Dame getanzt. Jetzt sieht es aus, als hätte dieser Spuk hier nie stattgefunden.

Die Fürsten Europas und die Bischöfe und Kardinäle sehen in allem Pomp, den das vorrevolutionäre Europa zu bieten hatte, dem neuen Spektakel zu. Mitten unter ihnen ist das Kreuz wieder aufgerichtet. Doch Papst Pius VII. hat der korsische Emporkömmling bewusst als untätigen Zuschauer in dieser Propagandainszenierung hinter sich gesetzt. Der Papst durfte die beiden danach nur noch segnen und rufen: „Vivat in aeternum semper Augustus! – Es lebe auf ewig der Kaiser für immer", wie es schon am Weihnachtstag des Jahres 800 in Rom geheißen hatte, als Papst Leo III. den Karolingerkönig Karl im Petersdom zum ersten Kaiser des neuen und katholischen Römischen Reiches gekrönt hatte. Es ist Höhepunkt der schwindelerregenden Karriere Napoleons. Doch er will noch höher hinaus.

Denn es gibt ja immer noch einen Kaiser in Europa. Das ist die Apostolische Majestät Franz II. in Wien, der uns auf einem seiner letzten Porträts ein wenig wie Andy Warhol in seinen letzten Lebensjahren anschaut, so blond, so allein, so melancholisch, so modern, allerdings in perlenbesetzten Pantoffeln, in priesterlichen Gewändern, mit der Adlerstola, einem schweren Rauchmantel, in der Rechten ein Szepter, in der Linken den kreuzgeschmückten Weltenapfel und auf dem Kopf die Krone Ottos des Großen, die nach dem Modell des himmlischen Jerusalem gestaltet war: der letzte Kaiser des Heiligen Reiches.

Als Napoleon auch noch nach dieser Krone greift, lässt Franz II. im Alten Rathaus von Regensburg von Vertretern des Reichstages dieses Reich in einem letzten Gesetz de facto auflösen, im sogenannten „Hauptschluss der Reichsdeputation" vom 25. Februar 1803, den der Kaiser am 23. April 1803 in Wien ratifiziert. Noch drei Jahre zögert Kaiser Franz, die römische Kaiserkrone auch offiziell niederzulegen. Er will einen Schwebezustand aufrechterhalten, damit es wenigstens auf dem Papier noch eine legitime Gegenmacht zum Revolutionskaisertum Napoleons gibt.

Doch da fällt ihm sein Reichkanzler in den Rücken: der nach Regensburg versetzte Erzbischof von Mainz, Karl Theodor von

Dalberg. Dalberg hat den französischen Kardinal Joseph Fesch zum Koadjutor und damit zu seinem Nachfolger ernannt, gegen Recht und Gesetz und ohne Zustimmung des Papstes. Kardinal Fesch spricht kein Wort Deutsch – und ist der Onkel Napoleons. Dalberg will mit dieser Ernennung die deutschen Bistümer vor der Knute des neuen Imperators schützen. Doch damit wäre ein Verwandter Napoleons Erzkanzler des Reiches geworden: eine Horrorvorstellung für den Kaiser in Wien, der sich 1804 sicherheitshalber schon die österreichische Kaiserkrone aufs Haupt gesetzt hat. Um die Reichsidee Karls des Großen nicht an den französischen Kaiser auszuliefern, legt er die Krone am 06. August 1806 offiziell nieder. Die Reichskleinodien behält er zur Sicherheit in Wien. Es ist das endgültige Ende des Römischen Reiches, das einmal als Neue Stadt entworfen worden war.

Nur ein einziges Menschenopfer ist bei diesem Untergang zu beklagen. Das ist der Buchhändler Palm aus Nürnberg, der wegen seiner Schrift „Deutschland in seiner tiefsten Erniedrigung" von Franzosen erschossen wird. Was Europa wesentlich ausmacht, das war in diesem Reich am längsten verkörpert gewesen, das da an ein Ende kam. Bis zum Schluss war es kein Staat im heutigen Sinn geworden. Kein Haus war europäischer, internationaler als dieser Bau in der Mitte des Kontinents, in dem damals vor allem nur noch die Deutschen wohnten – die sich da aber dessen inzwischen nur noch schämten. Auch sie wollten jetzt einen Staat haben wie alle anderen Völker. Eine Klinge so scharf wir der Degen Napoleons! Sie wollten jetzt endlich heraus aus dem Haus, in dem sie ihre gesamte Geschichte erlebt hatten.

Sie wurden geschichtslos, als dieses Haus zusammenfiel, aber merkten es nicht, weil sie nur noch sehen konnten, dass dieses Heilige Reich zum Gespött der Welt und zum Spielball der Feldherren geworden war. Dieses kleinstaatliche Monstrum mit seinen kuriosen universalen Ansprüchen! Dieser Rest des Mittelalters und der alten Römer! Nein, danke, sie hatten genug von der „Apostolischen Majestät", der die Zähne fehlten. Den österreichischen Restbau dieses Gebäudeteils werden die Nationalisten Ungarns, Böhmens, Kroatiens, Slawoniens und Mährens noch hundert Jahre lang als „Völkergefängnis" beschimpfen. An seinem Ende hatte das Römische Reich keinen mehr, der es verteidigen wollte, und keinen, der es betrauerte. Der trügerische Glanz des Napoleonischen Großreiches beleuchtete fahl seinen Untergang. Es war eine flüchtige Schimäre, die sich von Madrid bis Moskau spannte. Es ist ein Trümmerfeld, für das auf dem Wiener Kongress ein gewisser Friedrich Gentz erstmals das Wort vom „europäischen Haus" prägen wird, um das historische Vakuum notdürftig neu zu umkleiden, das der Korse hinterlassen hat.

Danach sehen wir bayerische Soldaten, die aus alten Codices einen trockenen Pfad durch ein Sumpfgebiet von einem Kloster zum nächsten anlegen. Das ist die deutsche Kulturrevolution – nach dem letzten Beschluss, den das Heilige Reich noch gefällt hat! Als Entschädigung für die Schäden durch die Revolutionsheere der Franzosen geht hier alles Kirchengut an die Fürsten, Städte und Könige über. Fuderweise werden in diesem strengen Winter 1803 die Schätze unserer Geschichte an Bauern als Brennmaterial verkauft. Das Beispiel dieser Revolution macht im folgenden Jahrhundert in ganz Europa Schule, danach in der ganzen Welt, diese Totalrasur jeglicher Tradition, dieses Abbrennen aller Speicher der Geschichtserkenntnis zurück auf Null.

SPIEGELBILDER IM SPIEGELSAAL

Unterzeichnung des Versailler Vertrags am 28. Juni 1919 im Spiegelsaal des königlichen Schlosses von Versailles vor Paris, von William Orpen

Versailles in den Jahren 1871 und 1919. – *Napoleons Revolutionstruppen haben das Virus des Nationalismus zu allen Nationen des Abendlands verschleppt, das bald danach Vernichtungskriege erleben wird, wie die Welt sie noch nie gesehen hat.*

Der Saal ist an allen Wänden mit Spiegeln und Kristall verkleidet. Er ist voll preußischer Offiziere, Säbel, wohin der Blick geht, blankpoliertes Leder, Oberste, Generäle und Adjutanten, Sporenklirren über spiegelblankem Parkett. In der Mitte erhöht der preußische König, auch er in Uniform, Hochrufe um ihn herum, militärischer Jubel. Am Fenster schauen einige Franzosen nach draußen, blass. Kein neues heiliges, sondern ein deutsches Kaiserreich ist hier gerade gegründet worden. Mit dem Absatz auf dem Nacken ihrer Todfeinde haben die Deutschen hier – bei Paris, tief im Feindesland – in einer Inszenierung des Reichskanzlers Otto von Bismarck ihren ersten Nationalstaat in Europa aus der Feuertaufe des Krieges von 1870/71 gehoben: das zweite deutsche Reich in permanenter Konkurrenz zum englischen und französischen Nationalstaat, die schon Jahrhunderte zuvor entstanden sind.

Unser Blick schweift hinaus auf die großen Gärten Europas: auf das Elsass, auf Lothringen, die Ardennen, die ewig weiten Täler der Champagne, die alte Picardie. Es sind die Gärten, in denen sich der christliche Geist in den Kathedralen einmal so prächtig hoch wie nirgendwo sonst mehr in Europa emporgeschwungen hat, in Straßburg, Reims, in den Merowinger- und Karolingerstädten Soissons und Laon, der Capetingerstadt Noyon oder in Amiens an der Somme mit der größten fertiggestellten Kathedrale Frankreichs, bis hinüber zum Möwengekreisch über den Deichen von Valery sur Somme. Nun werden die Türme dieser alten Kathedralen Beobachtungsposten am

Rand des Abgrunds, in dem sich für unser Jahrhundert erstmals die Schlünde der Hölle öffnen.

Die Krönungskathedrale der französischen Könige in Reims wird im Ersten Weltkrieg so zusammengeschossen, dass ihr das kochende Blei des Dachs die alten Wasserspeier verstopft. Die Äcker und Felder werden zu Gärten des Todes hinter Schlachtfeldern, auf denen die Blüte Europas zur Schlachtbank geführt wird – auf den höchsten Opferaltären, die den neuen Göttern der Nationen je aufgeschichtet worden sind. Die Gegend wird übersät mit Heldengräbern. In den Hügeln vor Verdun und den Sümpfen der Somme hinter Amiens fallen zwei Millionen junger Männer der drei oder vier zivilisiertesten Nationen der Welt in einem einzigen Sommer und Herbst, Franzosen, Deutsche, Engländer, in der blutigsten Schlacht der Menschheitsgeschichte: Menschen der gleichen Kultur, derselben Christen- und Judenheit, deren Kühnheit einmal die Welt in Staunen gesetzt hatte, mit Feldpriestern und Rabbinern der gleichen Glaubensüberzeugungen auf beiden Seiten der Front. Etwa vierzig Millionen Granaten gehen auf dem Schlachtfeld von Verdun nieder. Nie zuvor hat sich ein Erdteil so zerfleischt.

Bei Compiègne – in der Nähe von Beauvais, wo Jeanne d'Arc gefangen genommen wurde – sehen wir Gruppen von Generälen in der Mitte des Gartens in verschiedenen Uniformen um einen Eisenbahnwagen stehen – und dahinter, in einer zweiten Spiegelung, noch einmal das Gleiche: mit einem lachenden tanzenden Mann in der Mitte, mit Adolf Hitler, den die anderen in erstarrtem Staunen ansehen.

Bei Beaumont schreibt aber jetzt noch ein anderer Gefreiter als der Meldegänger Adolf Hitler, Edouard Bougard, einen Brief. „Unser Regiment", lesen wir da, „das vorgestern drei deutsche Angriffe abgewehrt hat, muss die ganze folgende Nacht und den ganzen Vormittag ein so heftiges Artilleriefeuer über sich ergehen lassen, dass um die Schützengräben alles in die Luft fliegt. Der Rauch der Explosionen ist dicht wie Nebel. Die Verwundeten sterben ohne jede Hilfe. Keiner von den Meldegängern, die zum Befehlsstand geschickt werden, kehrt zurück.

Die Patronen gehen aus, wir nehmen die der Toten. Um acht Uhr abends schlägt ein Granatvolltreffer in den Schützengraben und lässt Verwundete und Leichen zurück. An meinem Mantel klebt Gehirnmasse, ich bin voll vom Blut der Kameraden. In das Gedröhn der Granaten mischen sich die Klagen der Sterbenden. Schneefall setzt ein, es ist sehr kalt. Wir bauen uns eine Deckung aus Leichen."

Inzwischen ist Beaumont ein lichtes Wäldchen. Eine Amsel singt im Gebüsch. Kleine erhöhte Grasnarben und Buckel im Waldboden zeigen, wo einmal Häuser waren. Die Deutschen hatten es erobert und gewonnen wie so viele Dörfer und Schlachten und wieder verloren wie den ganzen Krieg, der schließlich auch wieder zwischen den Spiegelwänden des großen Kristallsaals von Versailles endete, doch nun mit kalt schauenden Franzosen, in Paradeuniformen und leichenblassen Deutschen in Zivil, die hier ein dickes Papier unterzeichnen, in dem sie nun – keine fünfzig Jahre nach ihrer Reichsgründung – das Eingeständnis die Alleinschuld am Ausbruch des großen europäischen Bürgerkriegs unterzeichnen. Die Vertragsbedingungen sind so unhaltbar, dass selbst dem französischen Marschall Foch die düstere Ahnung kommt: „Das ist kein Friede, das ist nur ein Waffenstillstand für zwanzig Jahre."

„Vergebung und immerwährendes Vergessen" hieß im Jahr 1648 noch die Kernformel des Friedens, mit der damals der Dreißigjährige Krieg endlich beendet werden konnte. Wie sonst hätte sich das Feuer des Hasses austreten lassen? Von jener Formel ist in diesem Raum keine Rede mehr. Jetzt aber spannt sich vom Jahr 1914 bis zum Jahr 1945 wieder der Bogen eines europäischen Bürgerkriegs von etwa dreißig Jahren, aus dessen dunkelstem Raum uns das leise Klingen von Cognac-Schwenkern entgegenkommt.

ZWEI EMPFÄNGE IN EINER VILLA AM STADTRAND

Haus der Wannseekonferenz am Wannsee im Südwesten Berlins (Copyright Haus der Wannseekonferenz)

Wannsee, Berlin, August 1918 und Januar 1942. – Dem Nationalismus folgt der überaus wissenschaftlich begründete Rassismus. Aus diesem Blickwinkel sehen wir in der Hauptstadt von Europas erster Kulturnation der „Endlösung der Judenfrage" entgegen.

Der dunkelste Raum ist eine neue Villa, die auch der Residenz eines Botschafters alle Ehre machen würde. Schrecken des Krieges hat sie nie gesehen. Das Haus wurde in den ersten Kriegsjahren erbaut. Frischer Kies knirscht auf der Kutscherauffahrt. Vierunddreißig Fenster zieren über drei Etagen die ausladende Vorderfront, vier korinthische Säulen stützen den vorspringenden Portikus. Ein gepflegter neuer Park säumt den Weg von der Straße hin zum Hauptportal, das sich gleichsam vor der Straße hinter herrlichem Baumbestand versteckt. Hinter dem Haus glitzert Wasser durch einen zarten Birkenvorhang in der Sonne, mit Segelbooten wie mit Wimpeln zum Sonntag geschmückt.

Ein Dienstmädchen mit weißer Haube hat die Tür geöffnet. Der Duft von echtem Bohnenkaffee durchzieht das Treppenhaus. Die Gäste schauen noch die große gerahmte Fotografie des Kaisers neben der Chinavase im Flur an, als der Hausherr schon auf dem oberen Absatz erscheint, ein Hüne mit riesigem Schnurrbart, tadellosem Schneider und einem Casino-Gesicht. Es ist ein volles Haus heute Abend. Von links und rechts sind die Nachbarn der Einladung des eigenwilligen Hausherrn zu einem patriotischen Herrenabend gefolgt. Ernst Marlier, der Hausherr, hat einen zwielichtigen Ruf, seit bekannt wurde, dass der Industrielle mit gepanschten Präparaten ein Vermögen gemacht hat. Und dennoch: Rudolf Bitter ist erschienen, der Präsident der preußischen Seehandlung, Arthur Tuchmann, der Industrielle, Ferdinand Springer und Karl Langenscheidt, die

Verleger, Oscar Begas und Hugo Vogel, die Künstler – und vor allem Max Liebermann, der heute sein neuestes Gemälde präsentiert: „Der Garten des Künstlers in Wannsee", das gerade so aussieht wie der Vorgarten auch dieser Villa: die sonnendurchfluteten Birken zum Ufer hin, die Boote an den Stegen, das frische schattige Grün des Ufers.

An der Front in Frankreich hat der Anfang vom Ende des zweiten deutschen Reiches angefangen, es ist der Sommer 1918. Doch dieses Bild könnte nicht friedlicher sein und auch nicht dieser gepflegte Herrenabend. Bis spät in die Nacht geht das denkwürdige Beisammensein, bald werden Zigarren gereicht und Cognac aus den französischen Eroberungen, bald wird der Rauch so dicht, dass die Flügeltüren zur Terrasse hin geöffnet werden müssen, über die das Gespräch zum Garten hin weitergeführt wird: über die revolutionären Zustände in Russland, die Siegeszuversicht von der Front und vor allem und immer wieder die Rettung Deutschlands in dieser dramatischen Zeit. Einige der jüdischen Mitbürger unter den Gästen, die in der langen Geschichte Europas keine Christen geworden waren, hatten das Deutsche Reich inzwischen mit den entzweiten Christen und den alten und neuen Heiden mitten in Europa zur führenden Kulturmacht aufsteigen lassen, nach der Meinung von vielen von ihnen zu einer Leuchte der Welt. Hier hatte es nie eine Dreyfus-Affäre gegeben wie in Frankreich und seit dem Mittelalter keine Pogrome mehr. Wo ließ es sich als Jude besser leben als im Land der Dichter und Denker? Welches Land war verteidigungswerter?

Doch vierundzwanzig Jahre später sehen wir hinter den eleganten Vorhängen der hohen Flügeltüren schon wieder einige Männer in der Villa versammelt, nun in eleganten schwarzen Uniformen – und auch sie wieder mit Cognacschwenkern in der Hand und ähnlich geröteten Gesichtern und Zigaretten und Zigarren in ihren Fingern. Ihre angeregten Gespräche und Stimmen sind bis auf die Terrasse hinaus zu vernehmen. Es ist Winter geworden und wohl schon wieder ein kleines Fest, zu dem der junge, gepflegte – und offensichtlich hochzufriedene – Offi-

zier in ihrer Mitte zwölf Größen des Reiches für diesen Januartag hierhin eingeladen hat: zu einer „Besprechung mit anschließendem Frühstück", wie es auf den Einladungskarten stand.
Es hatte Probleme bei gewissen Aktionen im Osten gegeben, die große Aufgabe war mit der hergebrachten Technik nicht mehr zu bewältigen, auch die nötige Geheimhaltung war auf traditionelle Weise nicht mehr zu gewährleisten. Die Koordinierung der zentralen Planung in Berlin und der lokalen Organisationen führte immer wieder zu grotesken Kollisionen. Neue Lösungen und Richtlinien mussten also gefunden werden, ja, eine ganz und gar neue und große Endlösung. Es gehe immerhin um die geeignete Behandlung von über elf Millionen „weltanschaulicher Gegner" aus allen Ländern Europas, den „Rassegenossen" der „Drahtzieher des Bolschewismus und der Vernichtung der Religion".
Anderthalb Stunden hatte die Konferenz nur gedauert, um alle wichtigen Fragen zu klären, vor allem durch den eloquenten und gut vorbereiteten Vortrag des Sturmbannführers der SS. Sachliche Einwände hat es so gut wie nicht gegeben. Es gab eigentlich keinen Tagesordnungspunkt, der nicht einvernehmlich geklärt werden konnte. Nein, es war kein dramatisches Ringen. Gerade wird im Nebenzimmer schon das Protokoll angefertigt. Der SS-Sturmbannführer Heydrich, der den Cognac und die Tabakwaren für alle von den Ordonanzen hat hereinbringen lassen, ist gerade 37 Jahre alt. Es ist ein Höhepunkt seiner Karriere. Jetzt, mit dem freudig geröteten und erleichterten Gesicht, sieht man ihm kaum noch an, wie gnadenlos ehrgeizig er ist. Da sein Vorgesetzter, der Reichsführer der SS, ihm aller Voraussicht nach auch in zehn Jahren noch als Vorgesetzter erhalten bleiben würde, hat er sich mit dem Schachzug dieser Konferenz auf seine eigene Initiative hin einen Lieblingsgedanken des Chefs seines Chefs zu eigen gemacht, als selbst ernannter Generalbevollmächtigter. Ja, mit diesem Schachzug darf er wirklich damit rechnen, seinen Karrierestau endgültig und für den Rest seiner Tage erfolgreich verflüssigt zu haben. Dieser Hilfsdienst wird gewiss nicht übersehen werden. „Un-

sere Ehre heißt Treue!", heißt der Wahlspruch der SS. Jetzt lässt er darum in einem letzten Toast auf den Treuesten der Treuen noch einmal Cognac für alle nachschenken, zum feinen Klingeln der Kristallschwenker gegeneinander.

Das Klingeln wird lauter, metallischer, der Zigarrenrauch verzieht sich. Die Nachmittagssonne lässt den Staub über dem Boden tanzen. Alles flimmert golden, nicht nur die hübschen Tische, sondern am meisten das Parkett, wie geschmolzenes Glas: als goldener Boden! Seltsames Naturschauspiel. Plötzlich durchziehen feine Haarrisse um uns diesen Grund, dann klaffen die Spalte zu einer herabstürzenden Falltür auf. Plötzlich wanken die Mauern, der Boden gibt nach, das Dach stürzt ein, wir rutschen, stürzen, schlagen mit den Knien auf, schlagen mit dem Kopf an, Staub rieselt in unsere Haare und Hemden, in den Nacken, in einem Trümmerregen kommen wir eine Etage tiefer auf allen vieren an, rutschen noch eine Etage tiefer, blutig an Hals und Händen.

GLAUBEN UND SCHÖNHEIT – SCHOCK UND SCHÖPFUNG

Lichtdom um das Zeppelinfeld in Nürnberg zum Reichsparteitag 1938, zu dem alle nationalsozialistischen Führer der Stadt in sogenannten „Rollbefehlen" namentlich zusammengerufen wurden

Berlin, 8. Mai 1945. – Das Experiment ist am Ende, als wir uns noch einmal die Quellen der Faszination des III. Reiches des Friedens und der Lilien anschauen, in den schönsten Kathedralen des Lichts, die das Abendland je gesehen hat.

Eine Welturaufführung! Der Raum sieht wie ein großes Theater aus. Oder ist es ein Bunker? Tiefe Nacht um uns herum. Zwei Lämpchen glimmen am Ende des Raums über verhüllten Türen. Eine knarrende Apparatur kommt dazwischen in Gang, ein schadhafter Automatismus lässt ruckartig eine Leinwand hinter einem Vorhang vor uns erscheinen, wir hören ein Knarren und Knarzen in Lautsprecherboxen, dann das Ächzen alter Projektoren, die wie von Geisterhand anspringen. Licht schießt aus einem Scheinwerfer durch zwei Lichtkanäle nach vorn auf eine Leinwand, ein Ruck und ein Ruckeln, dann werden die Bilder allmählich mit dem Ton synchron. Doch in welche Vorstellung, in welchen Film sind wir hier hineingeraten?

Es muss so etwas wie ein Zusammenschnitt von Wochenschauen sein. Gotische Lettern zittern über die Leinwand: DAS DRITTE REICH. Ein wehender Fahnenwald mit Hakenkreuzen erscheint, Tausende und Abertausende von Menschen strecken zuerst im Freien und dann in riesigen Hallen ihre Hand in der alten römischen Segensgebärde zum Himmel, ein endloser Chor von „Heil"-Rufen ertönt aus dem Off, wie nach der Liturgie der Offenbarung des Johannes, wo es heißt: „Und siehe, eine große Schar, welche niemand zählen konnte, aus allen Heiden und Völkern und Sprachen, vor dem Stuhl stehen und dem Lamm ... schrien mit großer Stimme und sprachen: Heil sei dem, der auf dem Stuhl sitzt, unserm Gott, und dem Lamm!" Doch dann beginnt diese Heilsgeschichte nicht mit einem Lamm.

Der Führer kommt! Der sanfte Führer. Er hat sogar das rituelle Schächten der Lämmer verboten, weil es ihm zu grausam war.

Ein Dom aus Licht rahmt ihn ein. Gerade reißt er die Arme in die Höhe und schreit ein Gebet zum Himmel: „Herr, Herr, wir lassen nicht von dir! Nun segne unseren Kampf und unser deutsches Vaterland!" Ein Meister der Begeisterung. Licht strömt durch die Fenster in das helle Zimmer, in dem der Führer vor Besuchern aus der ganzen Welt seinen Tee einnimmt, elegante Vorhänge wölben sich leicht im Wind. Es gibt keinen Tisch in dem lichten Raum, den nicht eine Vase mit frischen Blumen schmückt. Schlichte Buchskränze an den Wänden schmeicheln den Augen. Es ist so luftig wie hell. Alles scheint befreit von dem abgestandenen Muff und Rauch überladener Bürgerkammern. Ja, hier lässt sich frei atmen, hier möchte man die eigenen Kinder großwerden sehen. Dann fährt die Kamera durch die Städte und über das Land. Die Menschen weinen nur noch vor Freude, doch wenn der Führer kommt, lachen sie allesamt. Ihre Häuser gleichen Juwelen. Gerechtigkeit herrscht in den Höfen, die Bauern sind befreit worden, die Räuber entmachtet. Mit dem Führer besuchen wir die Redaktion der Illustrierten „Glauben und Schönheit". Mit ihm dürfen wir in ein paar der letzten Ausgaben des Heftes blättern. Schon das Lesen der Titel ist eine Lust: „Schock und Schöpfung", „Kämpfen und Glauben", „Heim und Zelt" oder „Rein bleiben und reif werden!" Und weiter, genial einsichtig: „Kraft durch Freude!" (Wodurch denn sonst?!), „Gemeinnutz vor Eigennutz!"

Dichter und Künstler müssen in der Schriftleitung sitzen. Unter dem Führer ist das himmlische Jerusalem als ein himmlisches München, Hamburg und Berlin Wirklichkeit geworden: als eine, wirklich, in allem überlegene Lebensart, als ein göttliches Reich der Kultur und Form. Nun sehen wir ihn von Nahem, jetzt in Farbe. Er hat die blauesten Augen der Welt, blauer als die von Hans Albers, und ein so weiches, freundliches, zugewandtes Gesicht. Sein Lächeln ist umwerfend. Wir möchten ihm nah und immer näher sein. Der Mann strahlt überwältigende Güte aus. SIEG DES GLAUBENS heißt ein Meisterwerk der Propaganda aus der Hand Leni Riefenstahls, TRIUMPH DES WILLENS ein anderer Film, über die es weltweit Preise regnet. Ist er vielleicht auch der Messias, der zurückgekehrte Heiland? Oder womöglich der Antichrist, der nach Joachim von Fiore das Dritte Reich ankündigen soll? Schwer zu sagen. Plötzlich zeigt die Kamera ihn in einem Hinterzimmer, wo er einem entsetzten alten Mann eröffnet: „Nichts wird mich abhalten, das Christentum mit Stumpf und Stiel, mit allen Wurzeln und Fasern auszurotten. Nichts! Ob Altes oder Neues Testament, das ist doch alles derselbe jüdische Schwindel. Der Film ist abgespielt."

Der Mann hat zwei Gesichter, auf einem Hals, er ist auch ein Meister der Vermischung und Verwischung. „Nationalismus" und „Sozialismus", „rechts" und „links", „oben" und „unten", „Himmel" und „Hölle", für seine begeisterten Anhänger ist in ihm alles eins geworden. Am 9. November 1935 sehen wir ihn vor der Loggia der Feldherrnhalle in München, wie er die 1923 gefallenen „Märtyrer" seines ersten gescheiterten Staatsstreichs zu „Aposteln" erklärt, bevor die Reichswehr ihre Särge unter Trommelwirbeln an lodernden Pylonen vorbei „zur ewigen Wache" auf den Königsplatz bringt. Die Stimme geht durch Mark und Bein: „Ihr seid auferstanden im Dritten Reich!" Der Hintergrund ist fast ausgefüllt von großen roten Fahnen, die turmhoch bis herab auf den Boden hängen. Ästhetischer wird kaum noch eine neue Lehre in Farbe und Szene gesetzt werden. Die Fahne hat der Führer persönlich entworfen, wie er stolz erzählt, als ästhetischen Geniestreich: „Nach unzähligen Versuchen hatte ich eine endgültige Form niedergelegt; eine Fahne aus rotem Grundtuch mit einer weißen Scheibe und in deren Mitte ein schwarzes Hakenkreuz." – „Mein Wille ist euer Glaube!" steht jetzt in dem neuen Evangelium der Deutschen. Und nicht mehr die Wahrheit macht hier frei, sondern die „Arbeit" – natürlich am Aufbau der schönen neuen Welt. Das entnehmen wir einer Aufschrift über dem schönen Gittertor zu einer adretten sauberen Arbeitersiedlung dahinter. Gemeinschaft zählt mehr als je zuvor, vor allem als „Volk".

Plötzlich stürzt die Kamera in dunkle Gassen hinein, in denen braungewandete SA-Trupps aus vollem Hals neue Lieder einüben, nach der Melodie des Wandervogel-Liedes: „Vom Barette schwankt die Feder": „Mag der Christ auch Palästina weihen Herz und Hand, wir sind frei vom Berge Sina, deutsch ist unser heil'ges Land. Juden raus, Papst hinaus, aus dem deutschen Vaterhaus!" In München sehen wir einen Maler in einer Kantine der Reichsbahn von der Leiter steigen und feixend sein neuestes Werk bewundern, eine Schrift an der Wand: „Wann wird der Menschheit Heil geschaffen? / Wann wird die Welt zum Licht geführt? / Wenn mit dem Darm des letzten Pfaffen / Der letzte Jud erdrosselt wird." Heil und Licht! Plötzlich wird es grellhell, mitten in einer herabstürzenden Nacht, Stichflammen schlagen vor uns aus einem byzantinisch anmutenden Jugendstil-Gebäude, Glas splittert, dunkle Schatten mit langen Stangen schlagen ein Fenster nach dem anderen in einer herrlichen Einkaufsstraße ein, aber keine Polizeisirene ertönt, kein Feuerwehrkommando entrollt seine Schläuche.

Dann sehen wir den SS-Sturmbannführer Heydrich wieder, hier noch etwas jünger, beim Diktat in seinem Büro: „An Synagogen wurden 191 in Brand gesteckt", sagt er und zündet sich eine neue Cigarette an, „weitere 76 vollständig demoliert. Ferner wurden elf Gemeindehäuser, Friedhofskapellen und dergleichen in Brand gesetzt und drei weitere vollständig zerstört. Festgenommen wurden rund 20.000 Juden, ferner sieben Arier und drei Ausländer. An Todesfällen wurden 36, an Schwerverletzten ebenfalls 36 gemeldet. Die Getöteten bzw. die Verletzten sind Juden." Er weiß noch nicht genau Bescheid. Die letzten Tage gab es einigen Kommunikationswirrwarr. Tatsächlich wurden weit über tausend Synagogen, Gemeinde- und Bethäuser in jener Nacht zerstört. Es war eine einzige Nacht, in der alle Synagogen aus den Silhouetten der deutschen Städte und Dörfer verschwanden, eine Zeitenwende, eine kulturelle Wasserscheide: die Nacht vom 9. auf den 10. November 1938.

Dann geht der große Krieg von 1914 weiter, schlimmer als je zuvor, als Inferno aus der Mitte Europas her. Doch auch im

Frieden zwei Jahre zuvor hatte der Führer schon gedroht, den Eltern ihre Söhne zu nehmen. „Das ist die Stimme des Höllenwolfes!", hatte der Privatgelehrte Theodor Haecker damals seinem Tagebuch anvertraut, in hilflosem Aufbegehren. Am Ende aber gibt Winston Churchill in England die Parole aus, bis zur bedingungslosen Kapitulation dieses Feindes weiterzukämpfen. „Wappnet euch und seid tapfere Männer und seid bereit zum Streit: denn es ist besser, im Kampfe umzukommen, als den Frevel anzusehen, der unserem Volk und unseren Altären angetan wird", zitiert der englische Premier im letzten großen Kampf um Europa noch einmal die alte Bibel gegen das neue Evangelium der Nazis.

Tote in allen Uniformen der Erde liegen am Ende übereinander. Dahinter beschwört eine Stimme die Soldaten, „wie in einen Gottesdienst" in den Endkampf zu ziehen. Es ist die Stimme des „Doktors" Joseph Goebbels. Was danach folgt, ist kein gigantisches déjà vu, sondern ein Verbrechen, wie es die alte Welt noch nie gesehen hat. In Großaufnahmen erscheinen Gesichter, die sich vor Schmerzen die Zungen zerbeißen. Ungeheure Brandopferaltäre brennen Tag und Nacht hinter Birkenwäldern im Osten Europas in einem Kranz um das Reich. Der Rauch aus den Kaminen steigt höher als ein Atompilz zum Himmel, bleibt stehen. Das Volk von Gottes erster Liebe wird güterzugweise auf diese Altäre gezerrt, zu einem Mutter- und Brudermord, wie ihn kein Auge je zuvor gesehen hat. In Weimar schlägt Feuer aus dem schönen Buchenwald oberhalb der Stadt Goethes zum Himmel, wo der Dichter das „Nachtlied des Wandrers" verfasst hat: „Der du von dem Himmel bist, / Alles Leid und Schmerzen stillest, / Den, der doppelt elend ist, / Doppelt mit Erquickung füllest ..."

Am 31. Dezember 1944 ergreift Goebbels im Senderaum eines Berliner Bunkers noch ein letztes Mal das Mikrofon „in dem Bedürfnis, am Ende dieses Jahres zum deutschen Volk über den Führer zu sprechen. Wenn die Welt wirklich wüsste, was er ihr zu sagen und zu geben hat und wie tief seine Liebe über sein ganzes Volk hinaus der Menschheit gehört, dann würde sie in dieser Stunde noch Abschied nehmen von ihren falschen Göttern und ihm ihre Huldigungen darbringen. Er ist der größte unter den Persönlichkeiten. Der Mann, der sich zum Ziel gesetzt hat, sein Volk zu erlösen. Er ist die Wahrheit selbst." Der Lichtdom wandelt sich in eine Batterie Flakscheinwerfer zurück, deren lange Finger den Nachthimmel nach bombenschweren Fliegern abtasten. Feuer regnet vom Himmel. Die Mitte Europas verglüht. Die gotischen Städte brennen. Die ottonischen Reichsdome stehen in Flammen. Das glühend kochende Blei und Kupfer der Dächer schießt wieder durch die Dämonenmäuler der Wasserspeier und erstarrt in der Luft. Russische und amerikanische Panzer rollen ins Bild, im grässlichsten Heimatfilm unseres Jahrhunderts sehen wir Gebirge aus Schuhen, Berge aus Brillen, Goldzähnen und Haaren, Schluchten zwischen Kleidermauern und Landschaften aus Asche. Dreißig Jahre hat es seit den ersten Schüssen von Sarajevo gedauert, bis Deutschland in der Mitte Europas am Boden liegt. Das europäische Haus ist eine Ruine mit ausgeglühten, gesprengten Gaskammern in seinen Kellerräumen geworden. Nur Trümmer scheinen übrig geblieben von der himmlischen Stadt, an der im Abendland so lange gebaut worden war wie nirgendwo sonst.

TRAUM EINES RAUMS

*Die Annakirche im Zentrum des Dorfes Schaag,
heute Nettetal, Foto: Dieter Schulze*

Schaag am Niederrhein, um 1958. – Ein Kind schaut seinem jungen Vater zu, der zwei Weltkriege überlebt hat und den Jungen vor seinem Tod gerade noch durch das Hauptportal des Abendlands begleiten kann in einem kleinen Dorf am Niederrhein.

Millionen von Flüchtlingen irren in diesen Tagen durch Europa, Displaced Persons, Entlassene aus den Lagern – „Häftlinge", wie sie da noch genannt werden –, getarnte Verbrecher, entlassene Kriegsgefangene, mein Vater mitten dazwischen. Im Sommer 1947 kommt er aus einem amerikanischen Kriegsgefangenenlager bei Bensheim an der schönen Bergstraße zu meiner Mutter nach Schaag zurück, in ein kleines Dorf an der deutsch-holländischen Grenze.

Im März 1948 werde ich geboren, im Mai 1948 kommt am östlichen Mittelmeer in einer revolutionären Renaissance der Staat Israel nach mehr als achtzehnhundert Jahren in die Welt zurück, „als das wahre Herz Europas", wie der tschechische Dichter Milan Kundera später sagen wird, „aber als ein Herz, das heute außerhalb des Körpers schlägt" – mitten in der islamischen Welt, als ein neues Pulverfass des blauen Planeten.

Acht Jahre später spiele ich mit meinen Freunden am liebsten Krieg in dem Gebüsch, das hinter unserem Haus beginnt, mit alten Stahlhelmen und Gasmasken, die wir in zusammenfallenden Schützengräben finden, die den niedrigen Wald an seinen Rändern durchziehen, oder in gesprengten Bunkern oder Minenkratern. Nichts wäre aufregender gewesen, als einmal ein richtiges Skelett zu finden, aber da ist nichts mehr, trotz unserer eifrigen Suche. Es ist eine herrliche Jugend: der himmlische Friede nach dem großen Krieg.

In dieser Zeit nimmt mich mein Vater erstmals als kleinen Jungen an seiner Hand ins Abendland mit und in den verzweigten Komplex des Europäischen Hauses: durch das Hauptportal der Annakirche in der Mitte unseres Dorfes. Unsere Wohnung ist klein und die Kirche groß. Das Dorf aber ist meine ganze Welt, mit Wäldern und Feldern, soweit das Auge reicht vom Gipfel einer alten Eiche am nahen Waldrand, und dazwischen wie Segel auf ruhiger See die Kirchtürme der nächsten und übernächsten Dörfer, kurz vor der holländischen Grenze, auf die eine Eisenbahnlinie zuläuft. Hier sehe ich meinen Vater vor mir, wie er Sonntags morgens in seinem langen Mantel neben mir in einem großen Raum mit hohen Fenstern an einer Säule lehnt, ein schweigsam gewordener Friseur, ein kleines ledergebundenes Buch in der Hand, und von Weihrauchschwaden so umhüllt, als würde er drei Zigarren auf einmal rauchen. Die Kirche ist dicht gedrängt voll. Hier liegt die neue Stadt ganz und gar nicht in Ruinen, sondern ist ein himmlischer Festsaal. Über dem Beichtstuhl ein Bild der heiligen Maria Magdalena mit langen Haaren, vorne rechts ein Seitenaltar des heiligen Hubertus mit einem Hirsch, der ein leuchtendes Kreuz im Geweih trägt, am Hauptaltar und in den Fenstern alle Apostel. Zwölf schlanke Säulenbündel tragen den Raum. Die Bodenkacheln finde ich viele Jahre später im flämischen Gent in dem berühmten Altarbild von der Hochzeit des Lammes der Brüder van Eyck wieder. Ich höre lateinischen Gesang. Licht bricht von rechts oben in scharfen Strahlen durch den kräuselnden Rauch.

Kurz danach habe ich erstmals einen beglückenden Traum, der von da an noch oft wiederkehren wird. Wie ich in diesem Haus aus einer kleinen Kammer durch eine Luke unter der Decke herauskrieche und in einen größeren Raum hinunterklettere, in dessen Mitte eine Art Schatz aufgestellt ist. Ich komme nicht mehr genau darauf, was es ist – eine Krone? Ein kostbares Modell? Ein achteckiges steinernes Gefäß? Ich weiß es nicht mehr, es wird so vage in der verblassenden Erinnerung; und daneben ein anderer Raum, mit einem noch wichtigeren, noch größeren Schatz: mit dem Schlüssel zum Geheimnis dieses ganzen Gebäudes, in den es mich immerzu hineinzieht und den ich doch nie zu sehen bekomme, mit der Gewissheit, gleich, gleich werde ich ihn betreten und anschauen dürfen, bevor ich dann immerzu wach werde. Oder er überfällt mich am helllichten Tag in fremden Städten als Ahnung der allernächsten Nähe dieses letzten Zimmers. Gerade jetzt spüre ich es wieder ganz deutlich, als wäre er so nah wie das nächste Kapitel dieses Buches.

Meinen Lebtag lang lässt mich die Sehnsucht und Suche nach diesem Raum nicht mehr los. Den heiligen Gral hätte ich nie heftiger suchen und ersehnen können. Ich gehe zur Volksschule, ich gehe ins Progymnasium, da stirbt mein Vater, ich schwänze die Schule und unser Pfarrer kommt am Allerheiligentag 1961 zu uns ins Haus und fragt meine Mutter, ob er mich haben darf, meine Mutter sagt Ja und schon gehe ich nach Aachen, in ein bischöfliches Internat, wo ich Karl den Großen kennenlerne und seinen Dom, nach den Maßen der Apokalypse, und Herbert Woopen, einen jungen Lehrer und Priester, den ich verehre, wie man als Schüler nur einen Lehrer verehren kann.

Ja, ich bin ihm bald verfallen, so sehr, dass ich mich nach der Schule gleichsam gewaltsam von ihm lösen muss. Es dauert fast zwei Jahrzehnte, bis er sich nach einem letzten unverschämten Brief und einer verschämten kurzen Entschuldigung von mir wieder meldet, zuerst mit einer kleinen Postkarte. Er sei krank gewesen, schreibt er. Und dann, dass er einen Bildband über den Aachener Dom fotografiert habe, von dessen kostbarer Heinrichskanzel er schon als junger Mann das Exultet des Ambrosius gesungen habe – und wo ich an manchen Sonntagen ministrieren durfte. Ja, antworte ich umgehend, er solle mir doch bitte den Band einmal schicken, ich arbeite mittlerweile bei der Zeitung und vielleicht könne ich ja etwas darüberschreiben. Vier Tage später steckt der Band in meinem Briefkasten.

Ich blättere ihn durch, vor und zurück, durch viele Winkel, die ich von meiner Schulzeit her auswendig kenne, und bin plötzlich elektrisiert, auf der vorletzten Seite, der Seite 122. Da hat mein alter Lehrer das berühmte Lotharkreuz faszinierend neu in den Blick genommen, ein edelsteinübersätes Schmuckstück des Aachener Domschatzes. Das Kreuz ist eine Kuriosität, erfahre ich dazu in dem Begleittext, dessen bronzene Vorderseite eine der frühesten Eingravierungen des toten Jesus am Kreuz enthält: mit einem seitwärts zur Brust herabgesunkenen Kopf, gerade im Moment seines Todes, noch ohne Seitenwunde durch die Lanze eines römischen Offiziers, während ihm eine Hand von oben her einen immergrünen Lorbeerkranz auf das gesenkte Haupt herunterreicht, Symbol der Unverweslichkeit, des Sieges und des Lebens, auf denen die frühen Christen noch ihre Toten betteten. „Das ist der König der Juden", sagt eine Inschrift über dem Haupt. Die Zeichnung ist insgesamt so schlicht, dass Besucher des Aachener Domes oft denken, das Kreuz werde verkehrt herum gehalten, wenn es an feierlichen Gottesdiensten noch heute mit dieser Seite jene feierlichen Prozessionen anführt, mit denen an Hochfesten die Gottesdienste des Domes beginnen.

Denn die Rückseite ist über und über mit Edelsteinen besetzt. Die Kreuzesmitte ist mit einer antiken Camée geschmückt, die den römischen Kaiser Augustus zeigt. Das ist allerdings nicht der Grund, dass man sie die „Kaiserseite" nennt. So heißt sie vielmehr deswegen, weil auf diese Rückseite die Könige zu blicken hatten, wenn sie nach ihrer Krönung hinter diesem Kreuz in den Dom einzogen. Den frisch gesalbten Königen des neuen Römischen Reiches in der Mitte Europas wurde nach ihrer Salbung und Krönung immer als Erstes dieses himmlische Zion als eine goldene Stadt auf dem Fundament eines Kreuzes vor Augen gehalten. Diese Seite war ihr Programm. Es war das Programm des Abendlandes. Es war wie ein später Erkenntnissprung des Geschichtsunterrichts, den ich viele Jahre zuvor bei meinem Lehrer genossen hatte. Da ich mittlerweile als Journalist arbeitete, machte ich mich sofort an eine Rezension. „Das Mittelalter fing mit einem Neubau an", hieß es da, „in Aachen, wo Karl der Große seine Kirche nach Maßgabe der Apokalypse planen und bauen ließ, bis hin zu dem ottonisch-kaiserlichen Lotharkreuz, auf dessen Rückseite die Fassungen der Edelsteine zu Straßen, Gärten und Häusern einer goldenen Architektur der ewigen ‚Stadt auf dem Berg' geordnet sind."

STRASSEN UND GASSEN DES ABENDLANDS

*Mauerwerk des Aachener Doms aus dem Jahr 796
aus Ziegeln der römischen Garnisonsstadt und
verschiedenen Steinen des Karolingerreiches*

Aachen im Jahr 1984. – Hauptstadt der Erinnerung, wo das Straßennetz, die Dreiecksgestalt der Plätze und natürlich der Dom von der radikalen Orientierung erzählen, die Karl der Große dem Abendland vor zwölfhundert Jahren aufgeprägt hat.

Hundert rote Lampen glühen plötzlich durch den Wolkenbruch vor mir auf. Hundert Meter weiter steht der Verkehr, die Scheiben beschlagen. Der Verkehrsfunk meldet Staus auf folgenden Autobahnen: vier Kilometer bei Düren, sieben Kilometer bei Hagen, fünf Kilometer ... Ich schalte das Radio ab. Nordrhein-Westfalen hat mehr Einwohner als die gesamte Deutsche Demokratische Republik und das dichteste Autobahnnetz Europas; ein wahres Spinnennetz von Schnellstraßen ist in den letzten zwei Jahrzehnten über das fette grüne Land geworfen worden. Allein es hilft nicht. Denn in Nordrhein-Westfalen sind auch mehr Autos angemeldet als in ganz Afrika. Hier gibt es keine Verkehrsdurchsagen mehr, die den Namen noch verdienen, sondern nur noch regelmäßige Staudurchsagen, länger als alle Nachrichten.

Egal. Endlich bin ich wieder einmal auf dem Weg nach Aachen, in meine alte Heimat und unsere erste Hauptstadt – die ich mir gern von Herbert Woopen zeigen lassen möchte, dessen Inspirationen ich schon seit Jahrzehnten folge. Als Aachen Regierungssitz wurde, teilten wir uns diesen Sitz noch mit halb Europa und 21 weiteren Hauptstädten, die der fränkische Historiker Einhard damals für das neue Karolingerreich aufzählte. Knapp 400 Jahre später nannte Barbarossa aber schon nur noch Aachen „caput et sedes regni Theutoniae": Haupt und Sitz des Deutschen Reiches. Weder die strategische Lage und erst recht keine Hauptstadtideologie, sondern allein der feine Duft nach faulen Eiern hatte damals die Karolinger hierhergelockt. Das heißt, die heißen Quellen und heilenden Wasser, die diesen Geruch verströmten und noch heute in Aachen verströmen und eine Labsal für die Gelenke sind. Diese Jungbrunnen haben Aachen einmal zu einem Gelenk im Gerippe Europas gemacht.

In der Früh liegt ein silberner Schleier über der Stadt. Der Atem der Quellen, denk ich mir. Der Hauch der Liebenden. Der Schweiß der Schlafenden. Aus den offenen Fenstern verbindet sich der Dunst zu einem leichten Laken, das sich federleicht um den Dom und das Rathaus über alle Häuser legt. Gestern Abend hat sich Herbert am Telefon nicht gemeldet. Auf den Hügeln am Stadtrand beginnen die Vögel den Tag mit ihrem Geschrei.

Da hinten habe ich vor einem Vierteljahrhundert täglich auf das Leben gewartet, auf das mich Herbert damals so neugierig machte. Er war schon damals ein Amateur im Wortsinn, wie ich später keinen mehr in irgendeiner anderen Stadt getroffen habe: ein Liebhaber des Lebens, der Musik, der Berge, des Doms und der alten Städte Europas. Die Farben Venedigs hat er mir alle in Aachen gezeigt. Die ersten Magnolien habe ich unter seinem Fenster knospen gesehen. Seit damals ist Aachen meine Hauptstadt der Erinnerung.

Auf dem ehemaligen Promenadenplatz schneide ich mir an einem scherbenscharfen Denkmal aus Glas in den Finger, das ich noch nie zuvor gesehen habe. Es ist ein aufgeschichteter Davidstern, flaschengrün, blitzspitz, ein großer Kristall aus Splittern als Andenken an jene Nacht, als hier die Fensterscheiben klirrten und Brandstifter durch ganz Deutschland zogen: vom 9. zum 10. November 1938. Eine Rauchsäule stand am nächsten Morgen über diesem Platz. Fünf Jahre später stand die ganze Stadt in Flammen, der Himmel voller Flammenblitze. „Jüdische Terrorangriffe britischer Mordbrenner", ließen sie von 1943 bis 44 fast keine Nacht zur Ruhe kommen, wie der „Westdeutsche Beobachter" damals zu berichten wusste. Von den Spreng- und Phosphorbomben der „Schergen Churchills" wurde Straße für Straße skelettiert; die Feuerstürme fegten Welle um Welle die Häuser von den Straßen wie Laub von den Bäumen. Noch zwanzig Jahre später fand Herbert von diesen Nächten keinen

Schlaf, wie er mir erzählte. Aachen wurde umgepflügt wie ein Acker, zuerst von den Engländern aus der Luft, dann von den Amerikanern zu Land. Die Stadt war schon ein einziges Haus ohne Dach, als sie schließlich im Herbst 1944 zur HKL erklärt wurde: zur Hauptkampflinie. Danach war sie so zerstört, dass die Alliierten sie zunächst an anderer Stelle ganz neu aufbauen wollten. Zwei Wochen, nachdem die Deutschen im Osten den Warschauer Aufstand niedergeschlagen hatten, standen am 19. Oktober 1944 im Westen amerikanische GIs im Aachener Dom. Keine deutsche Stadt schloss früher Frieden. Aachen war die erste befreite Stadt des Dritten Reichs.

Sechsundsiebzig Prozent waren zerstört, also fast alles, bis auf den Dom, den eine Freiwilligenwache aus Kindern gerettet hatte – und bis auf das Straßennetz, das sich überall zählebiger als jedes Gebäude der Vernichtung widersetzt. So verwahrt seitdem vor allem der Dom und dieses Straßennetz den Geist des Ortes: der römischen Siedlung, der karolingischen Pfalz, der gotischen Stadt vor der Feuersbrunst von 1656, der barocken Bäderstadt vor 1944. Die Straßen, Plätze und Wege sind die Gehirnwindungen der Stadt.

Am Michaelsberg blühen die Kastanien. Da oben hinter der Kirche hat Herbert mir damals in seiner kleinen vollgestopften Mansarde die ganze Welt erschlossen. Jetzt ist er nicht da. Die Tür ist verschlossen. „Bei offiziellen Anlässen müssen die Engel im Himmel immer Bach spielen", sagte er, als ich ihn das letzte Mal da oben sah. „Sobald sie aber wieder unter sich sind", fuhr er danach fort, „spielen sie augenblicklich wieder Mozart." Dann setzte er sich an den Flügel und spielte Chopins „Nocturnes".

Da wohnte ich schon in der Oppenhoffallee in einem Zimmer, das mir kafkaesk vorkam, ohne dass ich auch nur eine Zeile Kafka kannte und wo mir jetzt alle Namen an der Klingel unbekannt sind. Die Sonne spiegelt sich in meinem Fenster. Ich kneife die Augen zusammen. „Wirst du auch einmal über mich schreiben?", höre ich hinter dem Fenster die schwer parfümierte Nachbarin dem Neunzehnjährigen noch einmal an jenem Abend ins Ohr flüstern, der damit begonnen hatte, dass er sich bei ihr ein Radiergummi leihen kam und der damit aufhörte, dass er ihr verriet, er sei ein Dichter. Hat sich da oben nicht gerade ein Gesicht hinter der Gardine bewegt? Jetzt gehe und sehe ich, dass endlos lange Wege von damals in Wirklichkeit nur Minuten brauchen. Nun ist Aachen so klein geworden, das einmal so groß war. Die Straßen, die Häuser. Jetzt ist ganz Aachen plötzlich so klein, wie es die eigenen Zimmer zuhause nach jeder langen Reise immer sind. Und jetzt nehme ich das beständige Auf und Ab der Stadt auch erstmals richtig wahr, die letzten Wellentäler der Nordeifel und Ardennen, die sich in den Straßen Aachens übereinanderfalten, die Berge und Täler, die man in der Jugend nicht spürt.

Auch die Steine Aachens habe ich deshalb erst viel später gesehen, das Straßenpflaster, die Plätze. Die dreieckigen Plätze im Zentrum zum Beispiel, die bis heute sogar im Stadtplan festhalten, dass die „Orientierung" ganz Europas hier einmal grundgelegt wurde, als Karl diese Kirche und Pfalzanlage erstmals streng nach Osten ausrichten ließ, quer zu dem alten römischen Straßennetz, in einem einzigartigen Akt zivilisatorischer Urgewalt. Kaum ein Haus Europas birgt mehr Informationen als dieser Dom über das, was wir waren, bis wir wurden, was wir sind: Abbild des himmlischen Jerusalem, wie es die Franken verstanden, und Urbild aller späteren Kathedralen des Abendlands. Das Gemäuer ist eine Parabel auf das farbige Urgestein Europas: auf die römischen Ziegel antiker Ruinen, auf die Felsblöcke aus der Eifel, aus den Ardennen und von den Ufern der Maas, auf den silbernen Blaustein, auf Grauwacke und Tuff, aus uralten, neu gebrochenen und von überall her gesammelten Steinen und Spolien, aus denen hier vor zwölfhundert Jahren die Pfalzkapelle als Keimzelle des Abendlands errichtet wurde. Damals, an jenem Anfang, als das Bronzeportal dieser Kammer noch wie Gold glänzte, das bis jetzt noch den Klang von Glocken hat.

Warum ist Herbert nur nicht hier?! Ich möchte mir so gern mit ihm die juwelenübersäte Stadt auf dem Kreuz noch einmal anschauen, die er in dieser Schatzkammer entdeckt hat. Auch dass diese Kammer der ersten Liebe schon so bald um das Zimmer der verlorenen Unschuld der Deutschen erweitert wurde, hat er mir ja erzählt – als er vom Karlsschrein sprach, diesem Haus in einem Haus, das den ersten Versuch der Selbstvergöttlichung der Herrscher in Deutschland so großartig festhält.

Es war Barbarossa, der die Gebeine des ersten Karolingers in diesen goldenen Sarg umbetten ließ, an dessen Außenwänden damals erstmals Könige auf den Plätzen der Apostel sitzen. Diesen Schrein hatte er als eine Art neuer Bundeslade der Deutschen zimmern lassen. Die riesige Chorhalle wurde später als äußerer Mantel dieses Reliquienschreines errichtet, als Imitation der Pariser Sainte Chapelle und wieder als eine Stadt aus Lapislazuli, Topas und Rubinen: als gläserner Schrein für dieses Haus aus Gold, das jetzt allerdings keinen Heiligen, sondern einen Kaiser barg. Jetzt stehe ich wieder allein auf der Empore vor dem „Erzsitz des deutschen Reiches" aus altem Marmor. Das Sonnenlicht aus dem Oktogon vermischt sich mit dem Blau der Halle zu einem komplizierten Leuchten in dieser Grabeskirche. In den letzten Jahrhunderten haben der Wind und die Stürme das gefaltete Barockdach über dem Oktogon verdreht wie eine Turbine in einem Generator.

Kaum ein Ort in Deutschland hat so viel Jugend, so viele offene Cafés, voll besetzt, offene Restaurants. Im Zentrum kann man nicht weit gehen, ohne nicht irgendwo einen Brunnen plätschern zu hören. Bis zwei Uhr hören in der Nacht unter meinem Fenster die Fußschritte und das Absatzgeklapper nicht auf. In Aachen zeigt Europa eins seiner jüngsten Gesichter, obwohl die Alten hier nicht wegwollen und viele Gäste bleiben möchten. Doch jetzt ist Aachen nicht nur jünger, sondern auch älter als zu meiner Zeit. Die Idee der Fußgängerzone ist hier dem mittelalterlichen Straßennetz ideal entgegengekommen. Die Stadt ist im Kern identischer mit sich selbst geworden. Auch reicher, geschmückter, schöner vielleicht als je zuvor.

Nur die Kinonamen sind gleich geblieben, die großen herrlichen Kinonamen. Nirgendwo wirken sie so groß wie in der

Provinz, nirgendwann wirkten sie größer als in den Fünfziger-, Sechzigerjahren: das „Eden", das „Elysee", der „Gloria-Palast". Im dem verwinkelten Café van den Daele sitzt man zu Tisch wie in einem van Delft-Gemälde. Ich schaue jeden Tag einmal kurz hinein, ob ich nicht doch noch Herbert an seinem alten Fensterplatz wiedertreffe. Dann gebe ich es auf, ich muss mir die Stadt dieses letzte Mal allein ansehen.

Ach, Aachen. Mit deinem holländischen Gesicht, deinem flämischen Lächeln! Deine Kneipen trinkt kein Pferd leer, deine Brunnen versiegen, dein Blaustein verwittert nicht, die Schritte auf deinem Pflaster wollen nicht aufhören zu klappern, doch all deine Bäder, all deine Apotheken, was können sie wirklich heilen? Mein Freund Herbert ist in deinen Mauern gestorben, als ich auf seine Antwort auf eine letzte dringende Frage wartete. Er war einen Tag vor Weihnachten geboren und starb einen Tag nach Weihnachten. Er starb im Sitzen, ist mir heute erzählt worden, so blitzschnell, dass er am nächsten Morgen noch auf dem Bett saß, das Fenster weit offen.

PFÖRTNER DER GOLDENEN STADT

*Tambour der Rundkirche Stefano Rotondo aus dem
5. Jahrhundert auf dem Celiohügel in Rom*

Rom im Jahr 1994. – Wiedersehn mit dem Edelstein eines Gebäudes auf dem Monte Celio, wo das kosmische Jerusalem im Herzen eines ungarischen Pförtners die Jahrhunderte auf dem Weg zum Paradies überdauert hat.

An dem Tag, als ich Bruder Ritz das letzte Mal sehe, wohnt er auf der anderen Straßenseite der Via della Pilotta in Rom, wo ich ihn zum ersten Mal aufgesucht und besucht habe. Jetzt wohnt er auch nicht mehr in der Parterre, im Innenhof, sondern ich muss alle Treppen des hohen Hauses hinauf, bis ich ihn endlich in der Krankenstation der Jesuiten im obersten Stockwerk wiederfinde, wo er gerade allein an seinem Tisch am Fenster sitzt und von einer Krankenschwester gefüttert wird. „Bruder Ritz!", rufe ich. Er reagiert nicht. „Bruder Ritz!", rufe ich noch einmal, fasse ihn am Arm und sehe ihm in die Augen. Er lächelt kurz, als hätte er meine Stimme von ferne erkannt, dann hat er auch das wieder vergessen. Wie schmal er geworden ist!

Plötzlich ist er wieder da! Jener Tag vor vielen Jahren, an dem mir Sándor Ritz selbst die Tür öffnet als Pförtner des „Pontificio Istituto Biblico", als ich einem Modell des Abendlands als Reporter nachforsche. Bei Sándor Ritz aus Ungarn könne ich das neue Jerusalem ganz unversehrt wiederfinden, war mir gesagt worden – nicht in den Folianten der Professoren, die er hütet, sondern in der Brust dieses Pförtners. Seine Augen blitzen.

Das Institut ist ein großes Haus in den Rost- und Ockerfarben Roms. Ein weißer Marmorbrunnen erfüllt die Stille mit seiner plätschernden Musik, Palmen und ein Lorbeerbaum fächeln dem Besucher Kühlung zu. Vom Innenhof aus führt ein ebener Eingang direkt in die offene Wohnung des Fraters. Und beim ersten Schritt über die Schwelle seiner Kammer steht man unter dem offenen Modell eines säulengetragenen Rundbaus, der sich aus der Höhe dieser Wäschekammer wie vom Himmel herab auf jeden Besucher senkt.

Das Modell scheint zu schweben. Ritz muss es in vielen Stunden gebastelt haben. Der Raum darunter duftet nach Weihrauch. Es glitzert und funkelt nur so aus diesem Palast. Der Raum ist völlig im Ebenmaß. Welch eine Vorstellung: ein Gebäude im Gleichgewicht! Engel bewachen die Tore, Sterne glänzen über den vier Flügeln. Die Innendecke des mittleren Turmes ist mit Goldfolie verspannt. Für die Deckenbekleidung des mittleren Ringes hat Bruder Ritz eine kostbare Abendrobe zerschnitten. Er lächelt: „Das hat keiner, das hat die frühe Christenheit selbst gebaut", sagt er, „hier hat sie sich erklärt. Gott war ihr Architekt."

Doch was soll das sein? „Das ist die Kirche Santo Stefano Rotondo. Sie liegt da draußen, hinter dem Colosseum, auf dem Celiohügel, nur leider schon lange nicht mehr im Originalzustand." Jetzt besucht er seit Langem nur noch selten die Ruine, von der er da spricht. „Die Kirche ist hier", sagt er und zeigt auf seine Stirn: „Ich liebe sie wie mein Herz."

Mittlerweile fährt er auch nur noch ungern Auto und steuert doch immer noch wie ein Schlafwandler durch den römischen Verkehr, als er mich hinausfährt, um mir die Ruine noch einmal persönlich vorzustellen. Fünf Minuten später parken wir den Wagen in einer breiten Hofeinfahrt. Ein großes Tor liegt verschlossen vor uns. Ritz klingelt bei einer Nonne, die uns durch den Fernsehraum ihres Schwesternheims in das alte Heiligtum hineinlässt.

Wie eine riesige Scheune hebt sich der Bau hinter dem Hospiz in die Höhe. Es ist schmutzig, dumpf und ungelüftet in dem Dämmerlicht, das uns in dem Winkel umfängt, den wir zuerst betreten. Hölzernes Grillenzirpen dringt durch Löcher in den Wänden und durch zerbrochene Fenster in die Stille. Nackte Glühbirnen baumeln von der Decke. Durch die Mitte fällt Licht in einen kreisrunden steinernen Hain. Es sind zweiundzwanzig Säulen im Kreis versammelt, genauso viele, wie das hebräische Alphabet Buchstaben zählt. Die römischen Kapitelle auf den Säulen, mit denen sie die Mauer darüber tragen, gleichen verstaubten Torarollen.

Der Raum ändert sich bei jedem Schritt, bei jedem Licht. Das Licht ändert sich jede Minute. Mit jeder Bewegung bewegt sich auch die Größe des Raums, bewegen sich all seine Maße und Verhältnisse. Die Außenwand ist rhythmisch gegliedert durch die Säulen, die in ihr versammelt sind. Im Rhythmus von fünf-vier-fünf unterbricht jeweils ein viereckiger Träger die runde Reihe der schlanken Kolumnen. Das sind die Ecksteine. Ein leerer Tabernakel mit abgerissenen Flügeln schimmert golden aus der Dämmerung einer großen Nische. Ein neuer Holzboden ist verlegt worden, auch er zum Teil schon fingerdick verstaubt. Baumaterial liegt herum, dazwischen ein Schubkarren, eine tote Fledermaus. Aus diesem riesigem Raum führt ein kleines Tor unmittelbar in den Garten hinaus. Die Schwestern haben uns ihren Schlüssel dafür geliehen: Es ist ihr Gewürz- und Gemüsegarten.

Stimmen hallen aus einem Fenster von ihrem Mittagstisch herunter; ein kleiner Hof liegt vor der Tür. Der Obstgarten biegt sich gleichmäßig um den Bau herum. Bruder Ritz hat ihn vor vielen Jahren gerettet, damals als Gärtner. Denn auch der Garten war lange Zeit fast vollkommen verwildert. So entdeckte er damals, dass alle Zufälligkeiten dieses Hauses keine Zufälle waren, dass diese Kirche nicht von ungefähr den gleichen Durchmesser hat wie die Grabeskirche in Jerusalem – sondern dass sie so exakt, wie es nur möglich ist, mit den Vorgaben und Maßen übereinstimmt, mit denen das „Neue Jerusalem" in dem vorletzten Kapitel der Offenbarung des Johannes beschrieben wird: „Die ganze Schönheit: eine millimetergenaue Umsetzung der entsprechenden Schriftkapitel in Stein."

Die hohe Wand ist fast fensterlos. Rechts folgt in immer gleichem Abstand eine zerfallene Mauer durch das Gras. Das ist die alte Außenmauer der Kirche. Zur Linken erkennt man den inneren Säulenring hier außen nur an den Kapitellen und Bögen wieder, die oben aus dem Mauerwerk hervorragen. Hier und da ist die Mauer leicht in Längsrichtung geborsten, als wollten die Säulen hervortreten. Manche Säulen liegen schon wieder frei.

Es ist alles so schlicht, ohne Zierat. „Es ist ein Haus aus der Zeit, als Ost und West noch nicht voneinander geschieden waren", sagt Bruder Ritz. „Das kann man an jedem Ziegel dieser Ruine ablesen. Sie schreien aus den Mauern, zusammen mit dem Gebälk! Sehen Sie sich das Prachtstück an! Ich habe schon lange keinen Respekt mehr vor dem Pantheon. Das Pantheon ist ein Berg. Das Pantheon ist reine Masse. Sechs Meter dicke Mauern kann auch ein Bäckermeister aufeinanderschichten. Diese Mauer aber ist knapp einen Meter dick und ruht nur auf Säulen. Das ist Technik, das ist wahre Kunst! Dieser Turm ist federleicht."

Wir gehen durch den Garten zurück ins Haus. Der innere Turm ist genauso hoch, wie er breit ist. Auch der mittlere Säulengang ist so breit, wie er hoch ist. Gleiches muss für die verfallenen Sektoren des äußeren Ringes gegolten haben, in denen heute der Gemüsegarten angelegt ist. Nichts ist irgendwo monumental. Der große Raum ist ganz klein, er ist hoch und niedrig, schlank und weit und breit. Steht man vor dem letzten Flügelarm, öffnet er sich ins Gewaltige, ein paar Schritte rückwärts – und er verkleinert sich auf das Ausmaß einer Tür. Ein schweifender Blick über die Ecksteine zeigt, dass niemals wieder ein Oktogon so elegant einem Kreis einverleibt wurde. Das Achteck geht auf in Geborgenheit.

Wie hell es auch jetzt noch in ihm ist! Der Lichteinfall war genial gelöst. Alle Gestirne gaben im Lauf ihrer Wendekreise ihr Leuchten über die vierundzwanzig Fenster im Mittelturm an diese Wohnung ab. Breite, Höhe und Abstand dieser Fenster betragen jeweils ein genaues Zehntel des Durchmessers der Gesamtkirche. Kein Maß ist zufällig. Alle vierundzwanzig Stunden des Tages schenkten die Sonne, der Mond und die Sterne ihr Licht über das Zentrum an diesen Raum: Auch die Kreuzarme hatten jeweils neun Fenster, doch vor allem leuchtete dieser Ort von innen her.

In einem blendend hellen Lichtstrahl aus der Höhe verwandelt sich plötzlich die Halle. Ist es Tag oder Nacht? Der Feuerschein ungezählter Öllämpchen flackert, die Alabasterfenster glitzern. Der Raum ist voll mit Menschen in Festgewändern. Schwere Vorhänge schimmern aus dem Schatten der Tore hervor. Mosaike funkeln von den Wänden herunter, kristallgrün die Decke, wie Meerwasser; aus der Mitte glänzt es golden. Perlen und Edelsteine schmücken die Haare der Frauen. Chöre singen im kreuzförmigen Dialog aus den Seitenflügeln. Wie die Wellen des Ozeans antwortet die Menge. Ein Mann ruft etwas mit lauter Stimme. Vorsänger nehmen den Ruf in wechselndem Rhythmus auf. Irgendwo plärrt ein Kind. In dem Wogen des Gesangs ist ein vielfach wiederholtes „Halleluja" zu verstehen, aber mit fremdem Akzent. Welches Fest wird hier gefeiert? Ist das die Himmelfahrt? Was ist das für ein Glück?

„Ja, ist Glück", sagt Ritz mit seinem schönen ungarischen Akzent. Vom Glück der Erde erzähle dieser Raum: von einer Erlösung aller Verhältnisse, die sich von einem neuen Himmel auf eine neue Erde herabsenkt. Wann waren die Christen je mehr davon überzeugt, dass Gott nun in ihrer Mitte Wohnung nehmen würde, inmitten seines Volkes? Dass er nach dem Albtraum aller Verfolgungen nun endlich all ihre Tränen abwischen werde und der Tod, die Trauer, die Klage und jede Quälerei ein Ende habe? Dass er sie nun endlich ins Recht setzen würde – dass alles, was früher war, nun endgültig vorbei sei? Das seien jedenfalls die Worte, nach denen dieses Haus erbaut worden ist. Nach der Offenbarung des Johannes.

„Nie mussten ihnen diese Worte wahrer vorkommen als nach der Wende unter Konstantin!" In diesem Glück haben Menschen diesen Bau errichtet, dessen Architekten kein Mensch mehr kennt. „In der Callixtus-Katakombe können wir an der Decke einer Kammer schon exakt den Grundriss dieser Kirche in einem Fresko aus dem 2. oder 3. Jahrhundert bewundern: in der Mitte mit dem guten Hirten."

Von allen Kirchen Roms unterscheidet sich Santo Stefano durch die Lage: auf der Südseite des Monte Celio, des höchsten

Hügels von Rom, über ehemaligen Zisternen. Auf diese Weise entsprach die Position der Kirche exakt der Lage der „Stadt auf dem Berge, des neuen Israel", wie sie der Prophet Ezechiel sechshundert Jahre vor Johannes schon beschrieben hatte: „und er setzte mich auf einen sehr hohen Berg, auf dem war in südlicher Richtung etwas wie eine Stadt erbaut."

Ihr Grundriss ist ein architektonischer Heilsplan. In der Anordnung ihrer Ecksteine sind Quadrate, Oktogone, Kreuze, sind alle Figuren der Geometrie umfangen, mit Kreis und Kreuz und Stern als Einheit mit dem gleichen Mittelpunkt. Es gibt keinen Zwischenraum zwischen den Figuren; sie sind vereinigt und verschmolzen.

„Die Stadt war viereckig angelegt", heißt es in der Schau des Johannes: „Der Engel maß die Stadt mit dem Maßstab. Sie war ebenso lang wie breit und hoch: zwölftausend Stadien." Das sind zweitausenddreihundertundvier Kilometer. Ein Würfel mit dieser Kantenlänge, „erbaut aus reinem Gold, durchsichtig wie Glas", das war klar: Das geht nicht, das ist menschenunmöglich. Dieses Maß hieß also: Eine solche Stadt war nie zu vollenden, sie wird nie zu vollenden sein.

Alle anderen Maße, Vorgaben und Materialangaben dieses Textes hießen aber: Der Bau dieser Stadt ließ sich beginnen; man konnte damit anfangen. In dieser Spannung müssen sich damals die Menschen genau hier darangemacht haben, das Unmögliche zu ermöglichen. „Fahren Sie nach Florenz!", sagt Ritz, „fahren Sie ins Baptisterium von San Giovanni, da werden Sie die gleiche Stadt, aber am Himmel erleben: in der Apsis hoch oben in der Kuppel. Die Mosaike stammen aus dem dreizehnten Jahrhundert. Und da, über dem Thron des Richters, sehen Sie: Das ist kein Heiligenschein, auch kein Kreuznimbus. Denn Jesus braucht doch kein Kreuz in seinem Heiligenschein, damit man ihn besser erkennt. Nein, die Gloriole Christi da oben sei der alte Entwurf von Santo Stefano, diese Gloriole sei der Grundriss der neuen Stadt auf dem Berg. Fahren Sie nach New York, durch den Central Park, dahinter finden Sie auf einem Hügel über dem Hudson River ein Museum mit einem Flabellum aus dem Mittelalter, einer kreisrunden Vortragetafel vor Prozessionen, die exakt den gleichen Grundriss in Gold und Geschmeide aufzeigt wie Santo Stefano. Es gibt unzählige solcher Gloriolen."

Leise hallt Bruder Ritz Stimme nach, als ich jetzt noch einmal und ohne ihn nach San Stefano Rotondo fahre. Das Tor ist verschlossen, als ich ankomme. Ich umkreise das Areal, immer der alten Mauer entlang, und sehe dahinter im Süden schließlich unsere Lieblingspinie wieder – und uns noch einmal, wie wir damals zum Abschied unter ihrer Krone lagern. Der Tambour der mächtigen Rotunde ragt erhaben vor uns in den Himmel. Schmucklos, nur rund und gelassen, völlig zeitlos. Im Unterschied zur Auferstehungskirche in Jerusalem, die in ihren An-, Um- und Zubauten fast verschwindet, liegt Santo Stefano immer noch so frei wie ein verworfener Eckstein unserer Geschichte in diesem Garten.

„Was wollen Sie immer mit Europa?", fragte Ritz damals, „das da ist Europa: Das ist seine Seele. Europa gibt es gar nicht, Europa ist wahrscheinlich nur ein Hilfsbegriff. Europa ist hilflos. Europa braucht selber Hilfe. Es ist diese alte Kirche, die die ganze Kultur unseres Erdteils einmal hervorgebracht hat. Die katholische Kirche hat das Abendland von Grund auf geprägt und Europa hat danach wahrhaftig die ganze heutige Welt gestaltet – im Guten wie im Bösen. Die Kirche aus Juden und Heiden hat Europa ihr unverwechselbares Gesicht gegeben. Sie war die große Schule Europas. Das macht Europa so verschieden von Asien, von der Welt des Islam, von Afrika. Europa ist durch gemeinsame Feste – und nicht durch eine gemeinsame Wirtschaft oder Politik – geeinigt worden. Die Architektur der Kathedrale ist die Struktur Europas – darum ist sie auch so zerbrechlich. Und darum ist Europa so schön. Die Kirche ist die Seele Europas – von der jeder sehen kann, wie gespalten sie ist. Und wie krank."

Der Schleier des Vergessens steht dem Hügel gut. Es ist schön hier am Abend und still. Nur die Grillen zirpen jetzt wieder in dem Gemäuer, über das eben der Mond in den Himmel gestiegen ist, über die vergessene Mitte Europas, hoch über unser bang klopfendes vergessenes Herz – vor dem sich Bruder Ritz nun noch einmal für uns ereifert, wie nur er es kann. Denn er hat einen Traum, den er gerne als Vermächtnis weiterreichen würde, aber wem? Sandór Ritz träumte am liebsten davon, dass er es noch erleben könnte; er sah sie schon wieder vollständig vor sich: Santo Stefano als Heimstatt aller zerstreuten Christen, als Zeichen für die Welt.

„Nach Auschwitz sind die Juden ihrer Treue zum Judentum geweiht, hat Emmanuel Levinas gesagt", sagte er auch noch an diesem Abend, „sie können seitdem nicht mehr anders. Wozu sind dann aber die Christen nach dem Holocaust ‚geweiht'? Muss es da nicht eine heilige Entsprechung geben: ein heiliges Erinnern? Die Juden können seitdem nicht mehr anders, als ihrer Herkunft bis zum Ende der Tage ins Gesicht zu schauen. Das Vergessen ist mörderisch. Ganze Landstriche wurden durch das Vergessen entzivilisiert. Große Länder wurden zur Wüste. Eine grässliche Leere tut sich überall auf, wo das alte lateinische Abendland überwunden werden sollte. Die Kirche der Apostel – und nicht Europa! – muss sich deshalb noch einmal fragen lassen, wer und was sie heute ist. Die neue Stadt war ihr ureigenster Traum. Sie hätte ihn nie aus der Hand geben dürfen. Als sie ihn aufgab, kam er unter die Räuber!" Er schwieg erschöpft.

„Sehen Sie", setzte er dann noch ein letztes Mal an, „jetzt ist die Kirche so schön wie ein verwitterter alter Grabstein geworden. Und sie ist ja auch ein Grab! Aber sie ist auch immer noch das Grab von Heiligen, die an dieser Stadt mitgemauert haben. Unser Kalender ist, ohne dass wir es überhaupt noch merken und wissen, immer noch voll mit den Festen und all den Gedenktagen der Heiligen und Apostel, die für diese Geschichte ihr Leben eingesetzt haben. Dafür, dass die Welt heilig wird: gerecht, frei und heil, wie eine zerbrochene Schale wieder heil werden kann. Noch immer erinnern fast alle Namen Europas an diese Geschichte: Peter, Paul, Andreas, Lukas, Johannes, Markus, Ulrich, Maria, Elisabet, die schönsten Frauennamen. Es gibt keinen Tag des Jahres, an dem wir nicht einen Heiligen dieser Geschichte feiern. Sie beherrschen den Kalender vom ersten bis zum letzten Tag. Doch wir gehen über diese Tage weg wie über Pflastersteine und merken nicht mehr, dass sie Ziegel bezeichnen, aus denen die Neue Stadt errichtet werden sollte. Wir spüren es nicht mehr in den Füßen. Selbst Dörfer, Städte und sogar ganze Landstriche tragen ihre Namen. Ihre Leben lieferten wie Brennholz den Stoff für einen Kosmos voller Bilder der Kunst Europas. Sie haben durch die Jahrhunderte das Netz zuerst geknüpft, das wir heute Europa nennen. Sie allein haben am Himmlischen Jerusalem gebaut!"

Ja, die Heiligen. Jetzt wird Bruder Ritz wohl endlich selber mitten unter ihnen wohnen, während die Rundkirche Santo Stefano in Rom immer weiter noch vor sich hinschlummert, um als erhabener Erinnerungsstein bis zum Ende der Tage leise das Lied dieses vergessenen, belächelten Pförtners zu singen.

STAAT OHNE NAMEN

*Tholos im Heiligtum der Athena Pronaia in Delphi.
Foto: Thomas Wydra, mit freundlicher Genehmigung*

Delphi, August 1997. – Am Parnassgebirge, dessen berauschende Quellen und Dämpfe wohl einmal den Traum vom Idealstaat beflügelt haben müssen, unter einer Diktatur der Schlauberger, als Erziehungsanstalt seiner Bürger.

Der riesige Balkon scheint von Götterhänden gefügt und schiebt sich weit aus einer großen Felswand hervor. Das Tal in der Tiefe scheint vollkommen mit Olivenbäumen bedeckt. Schlanke Zypressen und schmale Rauchfahnen schrauben sich durch die Windstille aus den Wäldern in den Morgenhimmel hoch. Wie ein verzweigter grüner Strom strömt das Tal durch die Berge auf eine Bucht in der Ferne zu. Tauben flattern im Morgenlicht auf Kapitellresten im Gebüsch nieder, Ameisen ziehen über ihre Prozessionsstraße schon seit Jahrtausenden Balken und Hölzer für ihre Tempelstadt durch den Staub. Was ist das für ein Duft in der Luft? Thymian? Ja, und was noch? Salbei, feuchte Gräser, Bitterkräuter. Honig? Ja, es muss Honig sein; diese Bergnische duftet nach Honig.

So war es wohl auch, als noch Mengen von Ratsuchenden über die steilen Serpentinen empor nach Delphi hinaufkletterten. Dieser Balkon war selbst für rüstige Männer immer nur schwierig zu erreichen. Und er war von Anfang an unschwer als Sitz der Götter zu identifizieren. Denn wer immer an diese Wesen glaubte, musste annehmen, dass sie hier oben hausten und wohnten. Der Winkel ist eine Verdichtung an landschaftlichem Drama. Es konnte nur ein Sitz der Weissagung werden. An diesen Felsen mussten die Nester der Priester anwachsen wie Schwalbennester an einen alten Kuhstall.

Ein Erdbeben der Frühzeit, gewaltiger als alles, was wir kennen, hat die Berge von oben bis unten entzweigerissen, als klaffend sich öffnende Erde: Die Kastalia-Quelle entspringt in dieser Schlucht. Hier haben sich die Seherinnen gereinigt. Das ist der Sitz Apollons. Da drüben hat Apoll seine Eber gejagt. Die Umgebung dieses Ortes ist so roh, zerbrechlich und bleibend jung im Erdzeitalter, dass die Götter immer wieder deutlich zu vernehmen waren: im Donnern und Beben und Dröhnen der Erde oder eben im Murmeln und Wispern der Quellen und Haine. „Chasma" hieß die Erdspalte, der Delphi seine Entstehung als Heiligtum verdankt, und „Pneuma" – Geist – die berauschenden Dämpfe mit ekstatischer Wirkung, die ihr entstiegen.

Da unten in der Schlucht hat der Gott Pan sein Wesen und Unwesen mit den Menschen getrieben und sein Lieblingsspiel der Sinnverwirrung: die „Furcht, die keinen Grund hat", die er mit seiner Flöte zu beschwören wusste. Die Panik, den panischen Schrecken, hier hat er sie erzeugt, in diesen Wäldern. Vögel zwitschern. Jetzt murmeln auch schon wieder Stimmen zwischen den Ruinen, eine angenehm frische Brise weht durch das Tal vom Golf von Korinth herauf. Die Kreise, in die dieses Heiligtum in die antike Welt hineinstrahlte, waren riesengroß. Selbst aus der Stadt Marseille wurden Weihegeschenke hierher und hinaufgeschleppt, die Delphi alle zusammen zu einem märchenhaft reichen Schatzhaus machten. Um die Götter günstig zu stimmen, wurde der Ort zu einer Schatzschatulle. Wie eine Weltausstellung war damals Delphi mit Pavillons voller Weihegaben einzelner Länder und Städte bestückt. Tempelchen reiht sich an Tempel unter dem Theater entlang der Prozessionsstraßen – kosmische Batterien, Ladegeräte, Netzgeräte, Akkus und dergleichen Spielzeug mehr. Steine voller Armaturenknöpfe, aus einem ersten frühgeschichtlichen Industriezeitalter.

Die Farben der Steine und Säulen spiegeln das Rosa der Berge. Violette Schlieren ziehen sich durch den Marmor. Jede Akanthusblüte ist eigens gemeißelt, frei von Hand, ohne jede Schablone, in wunderbarem Ebenmaß. Davor läuft eine lange Mauer aus Zyklopensteinen ineinander verschachtelt wie eine aufgeschnittene vergrößerte Zellstruktur, Jahrhunderte vor Christi Geburt errichtet. Die architektonische Pracht ist ohnegleichen.

Und weder aus Rom, Konstantinopel noch Jerusalem hat sich je Ähnliches aus der Frühzeit freilegen lassen.

Die Kraft nämlich, mit der die Griechen damals solche Wunderwerke in Marmor und Gold ausführten, hatte Israel in jenen Jahrhunderten darauf verwandt, über die Generationen ein Buch der Bücher zu verfassen, das von Anfang an nur von Gott und den Menschen spricht, dauerhafter als all diese Tempel, wo in einem undurchdringlichen Gespinst von Legenden, Spinnereien und mythologischen Getratsch und Geschwätz immerzu den Göttern, Halbgöttern, Drittelgöttern, Geistern, Erynnen oder Sirenen gehuldigt wurde.

In diesen Tempeln beteten die Griechen den Geist der Schönheit an, während Israel die Schönheit des Geistes entdeckte. Wenn wir genau hinhören, können wir jetzt noch das freche Lachen aus den ersten Zeilen der Bibel heraushören, wo wir lesen, dass Gott am vierten Tag die Lichter am Himmel schuf, um die Tage, die Jahre und Festzeiten nach ihnen zu bestimmen: die Sonne, den Mond, dazu alle Sterne – alle Gestirne, die rings um sie herum als die höchsten Götter der Sklavenhalter verehrt wurden. „Eure Götter sind Irrlichter", hieß das, „sie sind nur Lampen, Wecker und Kalendersteine am Himmel! Der Himmel aber und die Erde gehören unserem Gott!"

Aber auch die klügsten Griechen hatten in jener Zeit schon geahnt, dass sich mit den Göttern nicht alles so verhielt, wie es seit Generationen an die Kinder weitererzählt wurde. Ihre Philosophen opferten diesen alten Idolen zwar noch etwas Weihrauch, freilich ohne länger an sie zu glauben. Vielleicht hatten seefahrende Phönizier von der Küste Kanaans unter ihnen ja schon das Gerücht von einem ganz anderen Gott verbreitet. Und vielleicht hatte ja auch schon der gelehrte Plato in Athen von jener Stadt auf dem Berg der Propheten gehört, als er seine Idee vom namenlosen Idealstaat entwickelte, der später zur gefährlichsten Konkurrentin der heiligen Stadt mit dem Namen um die Herzen der Menschen werden sollte: der Staat als Diktatur der Klügsten und Erziehungsanstalt seiner Bürger.

Insgesamt wurde dieser Balkon jedenfalls von einem Erdbeben des Geistes und einem Erdrutsch der Geschichte unter sich begraben. „Sagt es dem Herrscher", beschied Pythia, die oberste Seherin Delphis, in ihrer letzten Weissagung den Abgesandten Kaiser Julian Apostatas, des sogenannten „Abtrünnigen", weil er nach Kaiser Konstantin das Rad der Geschichte noch einmal ins Heidentum zurückwenden wollte, „sagt dem Herrscher, verstummt ist das murmelnde Wasser." Das Wasser war natürlich nicht verstummt, bis heute lässt sich hier oben seinem Murmeln lauschen, doch diese Sprache wurde nicht mehr verstanden. Und geblieben sind natürlich auch all jene Tugenden, die das mörderische Gesindel der Götter so perfekt verkörperten: ihre Intrigen, ihre Lust an Lüge, Betrug und Hinterlist, an Verrat, Verleumdung und Vergewaltigungen – ihre immer gleichen Hinterfotzigkeiten. Geblieben ist die Zwietracht, die Heidenangst, das falsche Spiel, der heilige Schwindel, das ganze tragische Theater – und die bleibende Versuchung bis in unsere Tage hinein, die Menschen mit einer Diktatur selbst ernannter Schlauberger zu beglücken.

AFRIKA AN DER SEINE

Migranten in Paris

Paris, Oktober 1991. – Im Zielhafen einer neuen Völkerwanderung, unter Chinesen, Arabern, Berbern und Schwarzafrikanern, in einer Rückkehr der Geschichte mit Babylon und Bagdad und Nebukadnezzar, Harun al Raschid und Saladin.

Unter dem Fenster übt ein junger Mann Schattenboxen im Hof. Sind die Chinesen über Nacht sogar schon bis zum Montmartre vorgedrungen? Über den Dächern taucht der Eiffelturm in der Ferne aus dem Frühnebel auf, daneben die Hochhauskolonie, wo wir gestern Abend gegessen haben. Gestern, das war im „drôle de guerre", bevor die amerikanischen Bomber über Bagdad erschienen. Brigitte und Markus wohnen schon Jahre hier. Markus ist mein Neffe. „Geburtsort: Kuwait" steht in seinem deutschem Pass. Sein Vater, mein ältester Bruder Karl, war damals vor Deutschland und seiner Geschichte in die Wüste geflohen und hatte Arabisch gelernt. Kurz vor der Geburt seines ältesten Sohnes Markus habe ich zum ersten Mal von dem Scheichtum am Golf gehört, kurz nachdem die Engländer es in die Unabhängigkeit entließen. Seine ersten Lehrer waren Flüchtlinge von der Westbank, vor denen er auf der Grundschule noch täglich die palästinensische Flagge zu grüßen hatte. In den Bergen vor Beirut habe ich ihn 1975 erstmals als Kind gesehen. Damals spielte er auf der Veranda, wo wir die Flammenblitze explodierender Häuser unten in der Stadt verfolgten.

Dort hat er die Pubertät durchlitten, später in Deutschland sein Abitur gemacht. Jetzt lebt er schon seit gut sechs Jahren in Paris. Markus ist ein junger Europäer, der nirgends und ein bisschen auf der ganzen Welt zuhause ist. Das Hochhausviertel an der Place d'Italie, wo er jetzt wohnt, wimmelt von Chinesen. Schon 1954, nach dem Ende des französischen Indochina-Krieges, kamen einige Zehntausend Vietnamesen dorthin. Später sind viele Asiaten dazugekommen, die nur Asiaten auseinanderhalten können, aber vor allem eben Chinesen aus allen Provinzen und Inseln: aus dieser unvorstellbaren Masse von einer Milliarde Menschen, die sich nur schwerlich in einem Land allein halten lassen.

„In das 13. Arrondissement kommen sie aber wahrscheinlich, weil sie hier nicht zu sterben brauchen", sagte Markus. Seine Frau Brigitte hat einen Vetter, dessen Onkel den Bürgermeister gut kennt und von ihm hat sie es verlässlich erfahren. Aber wie? Sie sterben nicht? „Wie ich es sage", lächelte Markus und putzte weiter mit dem Ende seines Schlipses die Brillengläser, „sie sterben einfach nicht, es gibt keine Beerdigungen, keine Sterbeurkunden, keine Registereintragungen, vor allem keine Leichen. Vielleicht verschwinden sie ihrer Papiere wegen, aber auch das weiß keiner. Die Katasterbeamten reden kein Chinesisch. Nur die Statistiken sind eindeutig: In diesem Viertel stirbt keiner, zumindest kein Chinese. Weiß der Himmel, wo und wie die Alten hier enden." Markus lachte und setzte seine Brille wieder auf: „Jeder weiß, dass die Chinesen tausend Mittel kennen, um jedes Fleisch zart zu kriegen." Es wurde ein wenig gespenstisch – das helle Fleisch auf dem Teller! – die lächelnde Bedienung.

Die Köche und Kellner des Restaurants standen versammelt an der Tür zur Küche und nickten uns aufmunternd zu. Ohne Alten! Ich ließ die Stäbchen sinken. Ein einzelner Goldfisch sperrte mir gegenüber in einem Aquarium seinen Mund weit auf. „Goldfische bringen Glück, glaubt man in China", sagte Brigitte. Vielleicht ist es so. Für Paris sind die Menschen aus dem Reich der Mitte, tot oder lebendig, jedenfalls kein Unglück.

Paris ist in diesen Tagen aus anderen Gründen nervös. Stündlich berichten alle Nachrichten über den Krieg des Westens gegen die Araber. Und Paris ist in manchen Vierteln schon eine arabische Stadt. Kleine Fronten zwischen dem Occident und dem Orient gibt es hier schon seit Jahrzehnten. Brigitte ist eine Algerien-Französin. Sieben Jahre war sie alt, als ihre Familie aus Constantine in Algerien vertrieben wurde. Auch sie ist eine Heimatvertriebene. Ihre Familie hat dort alles zurücklassen müssen, was sie als ihr Eigenes wähnten. Afrika!

Denn Paris schickte schon im Jahr 1830 ein Expeditionsheer nach Algerien, weil der Statthalter von Algier dem französischen Konsul mit einer Fliegenklatsche ins Gesicht geschlagen hatte. Danach blieb Frankreich bis 1962 dort, 132 Jahre lang. Nicht so lange wie Deutsche in Schlesien, aber eben auch genug, dass alle Franzosen, die dort lebten, das herrliche Mittelmeerland als ihre rechtmäßige Heimat empfanden. Als der Unabhängigkeitskrieg schon in allen Dörfern tobte, wurde deshalb 1956 in Paris der Generalgouverneur für Algerien durch einen Minister ersetzt. Der Sahara-Staat, gut viermal so groß wie Frankreich, war also, wie aller Welt damit bedeutet werden sollte, keine Kolonie mehr, sondern ein integraler Bestandteil des französischen Mutterlandes.

Viele Algerier aber konnten und wollten das damals so gar nicht mehr sehen, koste es, was es wolle: In sieben Jahren kostete ihr Freiheitskrieg über einer Million Menschen das Leben. Die französische Armee machte mehr als achttausend Dörfer dem Erdboden gleich, schlachtete über die Hälfte aller Viehherden ab und versengte das Land mit Napalmbomben, in denen große Teile des Waldes verbrannten, der jahrtausendlang den Vormarsch der Wüste an die fruchtbare Küste aufgehalten hatte. Eine weitere Million Menschen verlor damit das Dach über dem Kopf, drei weitere Millionen wurden aus ihren Dörfern vertrieben, eine andere Million kam ins Gefängnis oder flüchtete in die Nachbarländer. Der Krieg löste eine Wanderbewegung aus, wie Nordafrika sie seit den Tagen der Völkerwanderung nicht mehr erlebt hatte. Schließlich wurde aber auch die eine Million Algerien-Franzosen unter furchtbaren Wehen aus dem Land vertrieben.

Doch als sich die letzten französischen Kolonisten mit der Fremdenlegion im Sommer 1962 aus Algier und Oran nach Marseille einschifften, folgte ihnen auch schon eine erste riesige Welle von Arabern und Berbern auf dem Fuß. Denn vor und im Krieg hatte Paris gegen Brot und guten Sold ja auch eine ungezählte Menge der einheimischen Bevölkerung zu Kollaborateuren und Komplizen erzogen, die unter französischem Befehl kaum weniger grausam als die französischen Herren gegen ihre Brüder und Schwestern und Vettern und Cousinen in der Unabhängigkeitsbewegung gekämpft hatten.

Heere von Arbeitsimmigranten folgten ihnen in den Sechzigerjahren aus Nordafrika nach Frankreich. Und inzwischen haben diese Generationen von Fremden schon längst eine neue Generation Araber und Berber in Frankreich selbst in die Welt gesetzt, die dort selbstverständlich auch sterben wollen, und zwar nicht zu früh.

Bis weit nach Mitternacht war mir nach dem Abend beim Chinesen auf allen TV-Kanälen die arabische Welt ins Zimmer geschwappt, unmittelbar, ohne irgendeinen Übersetzer, auch wenn gerade das Französische in Algerien verboten werden soll, wo die Sprache der ehemaligen Herren immer noch besser verstanden wird als das Hocharabische. Ich sah Araber akzentfrei französisch in den Cafés Orans und Algier auf die fetten Kuwaitis schimpfen und moderate Despoten, denen die aufgepeitschten Völker laufen gehen. Hin zu Saddam, dem „Ritter" und neuen Führer, der Hoffnung der Völker!

Als Saladin verjagt er die Zionisten und Kreuzfahrer aus Palästina und der Wüste, über allen heiligen Stätten wird er das gereinigte Banner des Propheten wieder entrollen. Als Harun al Raschid errichtet er das Kalifat von Bagdad bis Casablanca neu. Als Nebukadnezzar streut er wieder Salz über die Ruinen Jerusalems. Er wird die Hände ans Kreuz schlagen, die sich gegen ihn erheben. Hier kommt der Rächer der Gedemütigten: der große Furcht- und Schamlose. Am Golf spielt er ganz allein Schach mit dem großen Satan aus Washington. Heute erhebt das große Babylon wieder sein Haupt!

Glasklares Winterlicht flimmert am nächsten Morgen über den Boulevards, aber das eigentliche Leben spielt sich in den Medien ab. Brigitte arbeitet in der Werbung, in der Marktanalyse. „Weißt du", sagt sie, als sie den Wagen zum Montmartre steuert, „wir haben herausgefunden, dass sich die Jugend Europas schon gar nicht mehr nach Nationen unterscheiden lässt, sondern nur noch nach ihrem Alter. Auf den verschiedenen Altersstufen aber wollen sie längst alle das Gleiche, natürlich vor allem den gleichen Wohlstand: Sie wollen die gleichen Sachen tragen, die gleiche Musik hören, die gleichen Filme sehen. Der Jugendliche, das ist heute der sogenannte ‚Euro-Consumer'. Die Menschen werden gleicher, die Städte werden gleicher." Was sie trennt, werden aber noch auf einige Zeit die verschiedenen Geschichten bleiben, denen sie entstammen.

An der Straßenecke verkündet eine hypermoderne Anzeigentafel in augenschmeichelndem Grün das neue Kinoprogramm, wie auf einem Flughafen, prrrrrrrrrrrk, dann die Wettervorhersage, prrrrrrrrrrrrrkk, dann: „Das Sozialbüro will 10 Krankenschwestern einstellen." Prrrrrrrrrk. Prrrrrrrrrrrrk. Ein Berber in langer Dschellhaba mustert das Schauspiel mit offenem Mund.

Dass Barbès ein Filetstück in Paris ist, kann man nicht sagen. Barbès ist das Araberviertel von Paris: eine Kasbah im Herzen Frankreichs. In der Rue de la Goutte d'Or, der Goldtropfenstraße, bekleckert mir ein Vogel mit einem kleinen Goutte de Mêrde den Hut. Der Mann im Türrahmen gegenüber lacht: „Das bringt Glück!"

Ahmed ist der Patron des düsteren Cafés und lädt uns zu einem Tee ein. Die heiße Minze dampft in der Kälte. Hinter der Theke schaut König Hassan II. von einem alten Plakat herunter, in offenem Hemd, mit einem Goldkettchen am Handgelenk wie einer der vielen schönen Männer Nordafrikas. „Die arabische Nation" verteile sich wie verschiedene Familien über das Viertel, erfahren wir bei Ahmed: Die Tunesier, die Marokkaner, die Algerier, Mauretanier, auch die Senegalesen, die ganze französischsprechende ferne Welt sei hier. „Es ist alles sehr friedlich, sehr harmonisch." Keine Fremde? „Fremde? Ich hab' für die französische Flagge gekämpft", sagt Ahmed.

Bettler aus Marrakesch hocken draußen vor den geparkten Autos am Bordstein. Eine arabische Frauenstimme dringt so schrill aus einem Hinterhof, dass die Scheiben klirren. Hallen voller Tüll und Taft säumen die Straße links und rechts, es ist ein glitzernder Textilbasar. In einer nächsten Straße reihen sich Koffer an Koffer in der Auslage. Wir schlendern am „Hammam El Baraka" vorbei, dem „Dampfbad der Barmherzigkeit". Stöbern in den vollgepfropften Läden zwischen Hennah und Datteln nach neuen weichen Lederpantoffeln. Der Besitzer blickt stoisch zu uns herüber und lauscht den bellenden Lautsprechern eines Kassettenrecorders. Ein Prediger hat ihn in Bann geschlagen. Im Regal stehen Videos neben Kichererbsen-Konserven in Reih und Glied. Diese Kassetten sind der Brennstoff der 2. Islamischen Revolution: „Allahs elektronisches Schwert", weiß Markus.

In tiefen Schluchten durchschneiden die Geleise des Gare du Nord das Viertel, fünfhundert Meter weiter die Schienenstränge des Gare de L'Est. Zwei riesige Häfen, mit den flankierenden Häuserwänden als Kaimauern. Ströme von und nach Köln, Berlin, Warschau, Moskau, Mailand und Istanbul donnern in der Dämmerung unter Eisenbrücken vor und zurück in die Stadt, darüber die ratternde Stadtbahn. Hinter der dunklen St. Bernhards-Kirche strömen Fromme zum Abendgebet in eine türkisgestrichene Garagenmoschee. Eintritt für Ungläubige verboten. Nicht weit dahinter reihen sich die Schneiderläden freundlicher Senegalesen hintereinander die Straße entlang, die nie schlafen zu gehen scheinen. Oft ist es von außen so dunkel, dass man kaum etwas hinter den Fenstern sieht, weniger als Kerzenlicht, und fast gar nicht die zehn, zwölf oder vierzehn pechschwarzen Schwarzarbeiter, die sich dort auf sechs Quadratmetern zur Arbeit drängen.

Ich löse an der Metrostation der Place Stalingrad ein Ticket zurück zum Hotel. Hinter mir springt ein baumlanger Schwarzer elegant über die Schranke, Kopfhörer auf, die Ohren voller Musik, frei wie ein Vogel. Jallah, Habibi! Der Billetverkäufer in seiner dreifach gesicherten Glaszelle zuckt mit der Schulter und schiebt unbewegt die Fahrkarte mit dem Wechselgeld durch den Schlitz. Durch das Glas kann ich nicht verstehen, was er sagt. Von irgendwoher wehen Akkordeonklänge durch die gekachelten Gänge. Eine alte Bettlerin steht hinter dem nächsten

Treppenabsatz in der Ecke, grau, strähnig, und schminkt sich die Lippen knallrot. Geranienfarben. Schnell gleitet ihr Spiegel in die zerlumpte Tasche zurück, damit keiner sie bei ihrer Garderobe erwischt. Da ist es also doch noch, das alte Paris! Diese verschämten Französinnen!

Die Metro donnert als Hochbahn über den Boulevard de la Chapelle. Hinter dem Gare du Nord kreuzen wir über den Eisenbahn-Geleisen tief unter uns einen Zug, der jetzt schon verschneit ist. Wo mag er herkommen? Aus Warschau? Moskau? Es ist jedenfalls ein Zug aus der Zukunft, wie unsere Bahn. Männer und Frauen aller Rassen, Hautfarben und Nationen hängen gedankenverloren an den Haltegriffen des Abteils. Eine Vorhut des neuen Europa, die Nachhut des Abendlands. Ahnen sie, dass bald ein Riss durch unser Leben gehen wird, von dem jetzt noch keiner etwas weiß?

Vorbei die Zeit, als wir den Orient als eine Art mittelalterliches Disneyland missverstehen durften. Vorbei die Zeit der Zeitlupe! Wer will heute noch nach Algerien, in den Jemen? Welcher rechtschaffene Agnostiker mag sich schon als räudiger Christenhund beschimpfen lassen? Jetzt bauen die Botschaften Europas in vielen Ländern ihre Mauern drei Meter hoch. Doch nun sind die malerischen Hütten unserer alten Reiseziele längst selbst in die Hauptstädte des Westens vorgerückt. Jetzt stehen die Knechte aller Herren Länder bei uns am Hauptbahnhof, und zwar nicht nur zu Besuch.

Afrika ist an den Rhein vorgerückt, eigentlich schon damals, als Algerien zu einem Teil Frankreichs werden sollte. Marseille wird zu Algier. Die Ränder der Dritten und Zweiten stürzen in die Zentren der Ersten Welt. Heere von Hungermarschierern tauchen in der Ferne auf, deren Kundschafter schon heute Nacht durch unsere U-Bahnstationen und Vorgärten streifen. Jetzt mischen sie sich noch unter unsere Obdachlosen, mit aufgeschlagenen Nasen und ihrem Hab und Gut in Plastiktüten. Aber hinter ihnen können wahre Massen der Verdammten dieser Erde ihrerseits eine schöne Ferienreise nach Europa kaum abwarten, fast immer jung, hungrig, stark und ohne Arbeit: aus allen vier Himmelsrichtungen, nicht zu Fuß und zu Pferd wie die Vandalen und Goten oder auf Schiffen wie die Normannen und Sarazenen, sondern mit Autos, Zügen und Jumbojets.

An der Metrostation Barbès ist es still geworden. Ein junger Kabyle taucht hinter einem Baum auf, freudetrunken, und fragt in gebrochenem Französisch nach einer Adresse, die ich nicht kenne. Er ist viel zu leicht angezogen, in offenem Hemd. Heute Nacht ist er Vater geworden und findet jetzt das Hospital nicht mehr wieder, in dem seine Frau mit dem Neugeborenen liegt, mit dem jüngsten Pariser. Ich gratuliere ihm. Er verschwindet an der Leuchttafel der Mairie vorbei die Straße hinunter, jetzt fängt er an zu singen. Jetzt tänzelt er und stößt die Fäuste in die Luft. „Die letzte Metro geht um 00 Uhr 45," verkündet neben ihm die grüne Lichterschrift. „DER BÜRGERMEISTER WÜNSCHT IHNEN EINE GUTE NACHT. BONNE NUIT! BONNE NUIrrrrrrrrrrrrrrrrrrrrrrrrrrkk!"

Ich schlendere den Weg zur Seine herab, nehme die Brücke zur Ile de la Cité und komme gerade in der Sainte Chapelle an, als die Sonne aufgeht, in der alten Hofkapelle der französischen Könige, die nun schon seit so langer Zeit ein Museum ist.

SPEICHER DER VISIONEN

Glasfenster der Basilika Sainte Chapelle Königs Ludwig IX.
von 1248 auf der Île de la Cité in Paris

Paris, Île de la Cité, Oktober 1991. – Die Mutter aller Kapellen, die König Ludwig IX. im Jahr 1248 als Schatztruhe für die Dornenkrone Christi errichten ließ, ist ein gotischer Speicherchip der Geschichte der Sehnsucht des Abendlands.

Kein Mensch ist so früh in dem hohen Raum, der den ersten Besucher mit einem Schauspiel der Farbenfreude umfängt, in einer Art Rundum-Lichtspielhaus, in einer tanzenden Symphonie aus flimmerndem Licht. Das einschiffige große Glashaus hebt vom Boden ab. Der Raum schwebt. Die Mauer aus Jaspis, die Wände aus flüssigem reinem Gold, die leuchtenden Fenster mit edlen Steinen aller Art geschmückt; Jaspis, Saphir, Chalzedon, Smaragd, Sardonyx, Sardion, Chrysolith, Beryll, Topas, Chrysopras, Hyazinth, Amethyst und mit zwölf Perlen. Zwölf Apostelfiguren tragen die schlanken Pfeiler, zwischen denen die hohen und weiten Glaswände dieses Glashauses wie dünnes Pergament gespannt sind, auf denen die Geschichte der Neuen Stadt im Himmlischen Jerusalem noch einmal erzählt wird. Hier haben die Christen die Schönheit des Geistes der Juden offenbar mit dem Geist der Schönheit der Griechen zu einer Einheit verschmolzen. „Schönheit ist Geist", dichtet 50 Jahre nach dem Bau dieser Heiligen Kapelle Dante Alighieri in Italien über seine große Liebe Beatrice Portinari, die am 8. Juni 1290 in Florenz von einer Pandemie dahingerafft wird. Dieses Gotteshaus hat hier auf Erden bis heute alle überlebt, den heiligen König, den König der Dichter und seine Muse, in heiliger Erinnerung. Das Haus ist ein Weltwunder. Die Fenster scheinen wie die Quelle jenes Lichtes, das sie doch nur von draußen verwandelt ins Innere weitergeben: als glühende Farbe. Auch der Boden schimmert in diesem Licht aus reinem Gold, wie aus klarem Glas.

Alle Museen sind Kinder der Aufklärung und der Französischen Revolution, der nahe Louvre, die Münchener Pinakothek, das British Museum, die Sankt Petersburger Hermitage, der Prado in Madrid. Doch diese Halle ist auf besondere Weise ein Geschöpf der Revolution geworden. Entworfen wurde dieser Dom von einem heiligen König. Doch die alten heiligen Reliquien, für die Ludwig der Heilige (1214–1270) diesen leuchtenden Schrein der Sainte Chapelle in Paris errichten ließ, wurden längst verstreut, die Goldtruhe der Dornenkrone eingeschmolzen, für dessen Herstellung Ludwig noch 100.000 Pfund Gold ausgegeben hat. Doch im Jahr 1793 wurde auch dieses Haus – wie alle vornehmen Gotteshäuser Frankreichs – zu einem „Tempel der Vernunft" erklärt.

Dennoch musste danach kein einziges Bild in dieses Museum geschleppt werden; hier waren sie schon alle da. In zwei Stunden wird den Besucherströmen aus aller Welt wieder Einlass gewährt. Nur jetzt, wenn es ruht, und im Aufflammen dieses Morgenlichts ist das Haus wieder ganz und gar die ehrwürdigste Kronkapelle Frankreichs, ein unvergleichlich einzigartiges Gotteshaus, das nur einmal mehr als Abbild des himmlischen Jerusalem errichtet worden ist. Nun glüht in der Ostwand das gigantische Rosenfenster auf; draußen muss eine vorbeiziehende Wolke die Sonne wie einen geöffneten Vorhang freigegeben haben.

Die Sprache der Kathedralfenster sei „eine Art himmlisches Chaldäisch", das seit Langem nur noch wenige Experten zu lesen verstünden, habe ich in einem meiner Reisebücher gelesen. Ja, wie auf Megachips hat sich auch in diesen Bilderbögen der Geist der verschiedenen Mittelalter kondensiert – und es braucht fast immer ein Fernglas und einen Führer, um die alten farbigen Texte auch nur in Bruchstücken entziffern zu können.

Hier sieht man aber schon mit dem bloßen Auge, dass die zentrale Fensterrose in diesem Haus nicht zentral die Vision der himmlischen Stadt erzählt, sondern vor allem die vorangehenden Kapitel der Geheimen Offenbarung des Johannes: das Jüngste Gericht. In der Mitte der thronende Christus, ein zweischneidiges Schwert im Mund, mit flammenden Augen und einem Gesicht wie der Sonne. Achtundsiebzig Zungen züngeln um diese Mitte herum und erzählen in kleinen Feldern in farbigen Episoden das Drama der ersten zwanzig Kapitel dieses letzten Buches nach: die Öffnung der sieben Siegel, das Tönen der Trompeten, die apokalyptischen Reiter, die stürzenden Sterne, die Anbetung des Ungeheuers, der Krieg gegen die Heiligen. Nur ganz links am Rand ist hier dann auch noch, fast unerkennbar, in einer Vignette das Gemäuer des neuen Jerusalem selbst zu sehen, darüber das thronende Lamm, das die Stadt beherrscht. Wir sehen, es ist ein Bild aus dem Herbst des Mittelalters, Ersatz für eine frühere erste Rose. Jerusalem war schon lange gefallen. Hier ist es, als sei Europas Christenheit damit und damals auch der Traum von der Errichtung einer Neuen Stadt auf dieser Erde entglitten. Allerdings nur der Christenheit, denn dem europäischen Abendland konnte er nicht mehr entgleiten.

Wie hätte die alte Sehnsucht hier jemals wieder erlöschen können, nachdem sie über Jahrhunderte erweckt worden war? Nur hier war die Vision von einem Reich der Freiheit und Gerechtigkeit – in einem Leben vor dem Tod – ja so lange genährt worden. Diese Vorstellung hat keine Entsprechung in den verschiedenen Glaubensüberzeugungen anderer Erdteile, etwa Chinas, Indiens oder Altamerikas. Selbst die endgültige Verweltlichung Europas konnte diesem Traum deshalb nichts anhaben, eher im Gegenteil, wenn auch mit einer Einschränkung.

Denn nach dem Fall Jerusalems, so scheint es, war unsere alte Sehnsucht nach der Neuen Stadt merkwürdig ortlos geworden, u-topisch, wie die Griechen sagen. Während in der Kirche schließlich nur noch die Schwärmer das Neue Jerusalem weiterpredigten, wucherten danach die neu-messianischen Utopien auf dem reichlich gedüngten Boden Europas an allen Hecken und Zäunen weiter, für die wir heute in ungelüftete Bibliotheken hinabsteigen müssen und unsere Finger an den Buchrücken vorbeigleiten lassen: weil heute kein Mensch mehr die Zeit hat, all dies noch einmal zu lesen.

Bitte sehr: die „Utopia" des Thomas Morus, den „Sonnenstaat" Campanellas, Bacons „Neu-Atlantis". Wir streifen die Bände der französischen Enzyklopädisten, die Werke von Marx, Engels und Lenin, und blasen immer wieder von Neuem den Staub von den Folianten, in die sich der schöne Entwurf einer gerechten Gesellschaft verirrt hatte. Folgendes ist all diesen Ersatzvisionen fast immer gemein. Sie stammen alle nicht von Herrschern und Potentaten, sondern weiterhin von Theologen oder deren weltlichen Nachfolgern ab, von Schriftstellen, Publizisten, Afterpublizisten oder Journalisten. Karl Marx ist Journalist, der noch einmal – als ein einziger Mensch! – die Welt verändert wie keiner mehr neben ihm. Doch nach dem Verlust der christlichen Unschuld und dem Scheitern aller bisherigen Hoffnungen malen sich diese versprengten Visionäre zum Heil der Welt nun meist einen immer gewaltigeren – natürlich guten! – Staat aus, allmächtig wie Gott oder eben ganz als schlichte Diktatur ... der Guten, natürlich.

In diesen Büchern hat der namenlose, abstrakte Idealstaat Platos jedenfalls endgültig über die goldene Stadt Gottes unter den Menschen gesiegt. Bis 1989 beherrschen all diese Bücher die Hälfte Europas, dazu die Hälfte der Erde. Erst seitdem brechen diese theoriegrauen Gebäude als Kartenhäuser zusammen. Kein Götze hat jemals so viele Opfer verschlungen, Abermillionen haben diese Wahngebilde nicht sättigen können. Was Papier nicht alles vermag!

Jetzt schlagen wir das rostige Gewebe zur Seite und nehmen in dem leeren Raum dahinter Platz. Ist es ein Café?

PYRAMIDE IM DRITTEN ROM

Auf dem Roten Platz in Moskau.
Das Lenin-Mausoleum vor der Kremlmauer

Moskau, Juni 1994. – Schon Byzanz hatte sich Ägypten einverleibt, danach hat Ägypten Byzanz verschlungen, danach Russland, danach die Sowjetunion. Im Innern der russischen Matruschka-Puppe werden wir darum auch morgen noch Pharaonen begegnen.

Europa hat schon viele Trennungen erlebt und überwunden. Doch keine Grenze hat den Erdteil jemals so radikal zerschnitten wie jener Vorhang aus Irrsinn und Eisen in der Mitte unseres Hauses und quer durch das Abendland, an den wir uns in unserem Jahrhundert in nur vierzig Jahren vollständig gewöhnt hatten. Und nun versuchen wir schon seit Jahren zu verstehen, dass es diesen Vorhang nicht mehr gibt, dass der Kalte Krieg vorbei sein soll. Ich kann es immer noch kaum glauben, als ich mich in Moskau in einem Café niederlasse oder zumindest in so etwas Ähnlichem, im weltberühmten Kaufhaus Gum, wo es immer noch fast nichts zu kaufen gibt: ein karges Devisencafé mit saftigen Preisen und großen Fenstern hinunter auf einen Platz, den gegenüber die Schwalbenschwanzzinnen einer barocken Mauer begrenzen. Davor eine dunkle Tannengalerie. Es ist ein grauer Tag zwischen den Zeiten vor dem Roten Platz, zwischen Bürgerkriegen und Pulverrauch am Rand des Imperiums und einem drohenden Putsch im Zentrum.

Die politische Eiszeit geht gerade in einer Klimakatastrophe zu Ende, wo allenthalben wieder unversehrt aus dem Boden sprießt, was wir durch den Krieg und Nachkrieg verbrannt oder verloschen glaubten. Es gärt und schwelt und brennt und brenzelt überall. Von den zerbrochenen Pforten des Paradieses her, das in diesem Imperium errichtet werden sollte, erhebt sich ein Sturmwind und pfeift über die Glut. Das Reich zerfällt, Sterne stürzen vom Himmel. Trümmer allenthalben. Berge von Schutt bedecken das Territorium, vergiftete Meere und Flüsse, verstrahltes Erdreich, verlassene Städte, aufgegebene Straßen, zerstörte Menschen, Seen aus Tränen. Doch da vorne, da drüben auf dem Platz, im Innern der kleinen roten Stufenpyramide, wird immer noch die Leiche des Reichsgründers bewacht und verehrt wie vor fünfzig Jahren. Die Wache paradiert im Stechschritt vor dem Mausoleum, es regnet und doch wischt ein altes Mütterchen die Stufen, wie andere Mütterchen in griechischen Bergkapellen vor den Ikonen Öl nachgießen. Wir sind mit Valeri hier, einem phänomenalen Dolmetscher und ganz wunderbaren Exemplar jener neuen Gattung Mensch, die die ruhmreiche Sowjetunion vor allem hervorgebracht hat: den Homo Sovjeticus.

Vorhin haben wir uns gemeinsam Lenin angeschaut, den berühmtesten Untoten dieses Jahrhunderts. Wladimir Illitsch, oder Syphillitsch, wie die Moskauer Lenin jetzt kurz und bündig nennen, hatte Valeri davor noch nie gesehen. Er habe ihn nie interessiert, sagt er. Aber als wir im Keller vor ihm standen, zitterte er vorhin vor dem offenen Sarkophag wie Espenlaub, wo ich fassungslos auf den totschicken Schlips des Gründers starrte: schwarz mit weißen Punkten. Der Rest: die Fingernägel, die Haare, der Bart und Schnauzer, unglaublich. Lenin – jeder kann es sehen! – ist gar nicht tot; er ruht nur. Das ist keine Mumie. Er ruht nur. Seine Rechte hat er dezent zur Faust geballt, die Linke locker offen. Hier konnte sich das Volk jederzeit von seiner Unsterblichkeit überzeugen. Und hier gibt Lenin jetzt immer noch einem ganzen Institut mit zahllosen Mitarbeitern zuverlässig Lohn und Brot, die alle darauf achten, dass er nicht ranzig wird oder, Gott bewahre, schimmelt, schon vier Jahrzehnte lang. Ihr Direktor, der greise Dr. Sergej Debow, ist weltberühmt für seine Kunst. Er muss ein wahrer Dr. Seltsam sein, dem es in dieser Gruft gelungen ist, die Zeit wahrhaftig anzuhalten. In diesem Raum hatte unter seiner Regie das Ende der Geschichte viele, viele Jahre lang eine Dauervorstellung: der Anfang der Ewigkeit. Tod, wo ist dein Schrecken?!

„Meine Großeltern waren ungläubig. Nur an die Regierung glaubten sie wie an Gott", sagt Valeri jetzt, immer noch ganz blass. Dann aber redet er wieder über das konstruktivistische Kunststück des Mausoleums, auf das er sichtlich stolz ist. Im Regen liegt auch dieses Grabmal wie die Relaisstation eines fremden Sterns auf dem Platz, fast wie die Ruinen von Delphi. Und erst von hier aus sieht man klar, aus welcher Ferne es wirklich stammt: Es ist eine Pyramide, eindeutig, und Lenin ein neuer Pharao.

Zweieinhalb Jahrtausende und gute viertausend Kilometer vom alten Ägypten entfernt, ist also hier, im Osten Europas, am Ende des 2. Jahrtausends noch einmal das wahre Ägypten auferstanden. Bis in unsere Tage lebten die roten Sonnengötter fort. Die holzschnittartige Propaganda des Kommunismus mit der aufgehenden Sonne war ein uralter Hut. Der neue Menschheitstraum war nur die letzte Mumienschale einer im Kern uralten Matruschka-Puppe. Schon Byzanz hatte sich Ägypten einverleibt, danach hat Ägypten Byzanz verschlungen, danach Russland, danach die Sowjetunion, Schale um Schale. Was war natürlicher, als dass in diesem Reich Kritik an den Wohltaten der göttlichen Sonne selbstverständlich ein Verbrechen war?

Der Regen klatscht gegen die Scheiben, für einen Sommertag ist es scheußlich ungemütlich. Zwei fröstelnde Natalies gehen unter dem Fenster im Windschatten auf und ab. Die Wache Nr. 1 marschiert wieder mit Paradeschritten regungslos durch die Dusche. Der Kreml hinter ihnen war schon immer das Zentrum des gläubigen Russland.

Vor dem Kreml dahinter zitterte schon immer das russische Volk, vor ihm graute der ganzen Welt. Zuerst war der Kreml, dann kam alles andere dazu. Das hatte Lenin instinktiv erkannt. Lenin brauchte das Dritte Rom. Das zaristische St. Petersburg, die Hauptstadt der russischen Aufklärung, konnte da überhaupt nicht mithalten. In seinem Reich bot sich Moskau wie kein Ort sonst als Hauptstadt für den neuen Glauben der Atheisten an.

Endlich hat der Regen aufgehört, endlich können wir wieder an die frische Luft. Denn wir wollen uns doch hier noch so viel ansehen. Es ist jetzt kaum noch ein Problem. Die vielen Kirchen des Kreml, die noch alle Museen sind, das Parteitagsgebäude, die Birken und Tannenwälder. Ansehen, bitteschön. Nicht anfassen! Ein ständiges Gezwitscher liegt über dem Hügel. Nicht die Spatzen, sondern die Trillerpfeifen der Polizisten liefern dieses unablässige Gezwitscher und Gezirpe: Tschipp, tschipp! Bitte auf den Weg zurück! Bitte den Fuß nicht vom Bürgersteig heruntersetzen! Tschipp, tschipp! Bitte über den Zebrastreifen, nicht über den leeren Platz, die leere Straße! Tschipp, tschipp! Es müssen immer noch tausend Augen sein, die einen hier ständig im Blick haben, von Hunderten von Polizisten und Milizionären, die nur herumstehen und aufpassen, in den Gärten, den Hauseingängen, unsichtbar und sichtbar, überall, wie von Gogol gezeichnet, elegant den Gummiknüppel schwingend und der tanzenden Trillerpfeife an der Schnur. Ihr Knüppel, das sieht man, ist immer noch der wahre Taktstock Russlands.

Die kleinen Schikanen sind also noch alle da, aber das Dämonische nicht mehr. Selbst die Wachen und Soldaten wissen schon nicht mehr so recht, warum sie einem den Weg versperren müssen. Warum? Warum? Dieses Wort hat hier kein Heimatrecht und hatte es wohl auch noch nie. Vor dem Alarm-Turm erzählt Valeri von einem Glockensignal, mit dem von diesem Turm aus einmal das Zeichen zu einer Palast-Revolution gegeben werden sollte. Danach wurde die Glocke des Turms heruntergeholt, dann wurde ihr, zweitens, die Zunge, das heißt, der Klöppel, herausgerissen, bevor sie auf einem Schlitten nach Sibirien geschafft und in die Verbannung geschickt wurde! Die Glocke, wohlgemerkt! Das geschah unter Katherina der Großen, der großen Aufklärerin, die noch wusste, welche Sprache ihr Volk ohne Übersetzung verstand.

Von der Brücke über die Moskwa schauen wir einem Milizionär unten auf der Uferstraße zu, der mit unerschütterlicher Ruhe die Genossen herbeipfeift. Augenblicklich bleibt jeder Angepfiffene auf sein Signal stehen, wie kurz und leise es auch sein mag. Er wagt kein Widerwort, wenn der Uniformierte ihn für nichts und wieder nichts ausplündert. Mitten in der Hauptstadt wird heute wieder Wegezoll kassiert. Das muss so sein, klärt Valeri mich verständnisvoll auf, weil die Miliz zu wenig verdient. Sonst wäre alles noch schlimmer. Noch schlimmer? Ja, denn Russland sei heute wirklich wieder ein Land im Ur- und Rohzustand – allerdings am Ende, nach einer langen und nicht vor einer Geschichte: ein großes Land „ohne Ordnung" darin, ein Land, das um Hilfe ruft, wie es am Anfang der russischen Geschichte in der Nestor-Chronik hieß. Denn was freie Wirtschaft ist, haben sie ja nicht in einem ordentlichen kapitalistischen Betrieb, und natürlich nicht von den Amerikanern, sondern siebzig Jahre lang vor allem aus den Lehrbüchern der Herren Marx, Engels und Lenin gelernt: als böseste Karikatur.

Danach sieht die Stadt jetzt aus: als Umsetzung der reinen Lehre von den schwärzesten Zuständen. Nirgendwo wurde eine Klassengesellschaft reiner verwirklicht. War es also vielleicht doch ein „Reich des Bösen", das dieses Land so heruntergewirtschaftet hat? Vor allem war es wohl ein mörderisches Reich der Träume, das merkwürdigste Imperium der Welt, und tatsächlich – neben der römischen Kirche – die letzte Umformung jenes Imperium Romanum, das Augustus zur Zeit der Geburt Christi einmal über den Trümmern der römischen Republik errichtet hat, vor zweitausend Jahren. Doch seit siebzig Jahren haben nun hier drei Generationen, Menschen ohne Zahl, nur noch für nichts und wieder nichts gelitten; nicht mehr für Gott oder das himmlische Jerusalem. Ganz ohne Aussicht auf irgendeine Entschädigung sind sie in dem größten Experiment der Menschheitsgeschichte geboren worden und gestorben. Der Kommunismus war wohl das reinste Erbe des 19. Jahrhunderts; das Erbe, das dieser Großversuch nun Russland und Europa für das nächste Jahrhundert hinterlässt, ist unermesslich.

Bei diesem Versuch konnte der Neue Mensch mit seinen Vettern und Cousinen nicht wirklich der alte bleiben. Siebzig Jahre sind eine lange Zeit – nachdem die Erschaffung des alten Adam ja einmal nur einen knappen Freitag lang gedauert hat. Im gesamten Osten sind die Menschen von Moskau aus für Jahrzehnte zu Sozialhilfeempfängern erniedrigt worden, nachdem die Staaten dort zu Götzen erhoben wurden.

Am Ende sind die Erben des byzantinischen Gottesvolkes, des klügsten und internationalsten Volks der Erde, schließlich Stalin, dem „Väterchen der Völker", in die Hände gefallen und von ihm genährt und erzogen worden. Seine Kinderchen kann und muss man nur lieben: diesen Menschen, wie er uns auf allen Straßen Moskaus entgegenkommt, duldsam wie eh und je, hochgebildet und bestens qualifiziert und fast immer mit beschnittener Wahrnehmung. Anders ist er nicht zu fassen. Fast immer kommt er uns auf einer Prothese aus Ideen und Idealen des letzten Jahrhunderts entgegengehumpelt – und oft mit einer mächtigen Fahne, schon früh am Morgen. Er kann denken, was er will; er ist es gewohnt, sich von der Wirklichkeit nicht korrigieren zu lassen. Nirgendwo als in der materialistischen Sowjetunion und unter ihren Kindern sind diese Menschen, mangels Masse, so sehr auf die Vertröstungen des aus dem Westen importierten Idealismus und der Spekulation angewiesen worden. Die Korruption unter ihnen ist auf allen Ebenen der Gesellschaft märchenhaft. Auf die westliche Freiheit, die ihnen durch den Zusammenbruch in die Hände gefallen ist, hat sie keine Geschichte vorbereitet.

Jetzt stehen wir in der Michaelskathedrale in der Mitte des Kreml, die so vollgestopft ist mit den hohen Zarensärgen, dass kaum noch Platz für die Lebenden dazwischen bleibt. Die Zahl derer, die in diesem Areal gewaltsam ihr Leben ließen, ist Legion. Von dem Italiener Aristotele Fioreventi, der Teile der Anlage entworfen hat, erzählt die Legende, dass er die zweite Frau Iwans III. verführte und dafür hier auch irgendwo eingemauert wurde. Auch Iwan IV., genannt der Schreckliche, liegt in der Michaelskathedrale. Andere Schreckliche liegen vor der Kremlmauer. Die toten Zaren liegen nämlich – bis auf Peter und Nikolaus – alle innerhalb des Kreml, die roten Zaren – bis auf Chruschtschow – alle außerhalb, vor der Mauer: auf dem roten Platz, dem ehemaligen Hinrichtungsplatz, in ungeweihter Erde, wie sie früher den Selbstmördern zuteilwurde. Alle Gräber haben hier draußen verblichene Plastiknelken auf ihren Marmorplatten liegen, nur Väterchen Stalin hat irgendein

Liebhaber noch eine echte Rose dazugelegt. Breschnew liegt zwischen Swerdlow, dem Zarenmörder, und Dscherjinski, dem Mörder der Genossen. Am 10. November 1982 ist Breschnew gestorben. Genau sieben Jahre hat es danach gedauert, bis der Gletscher, der mit seinem Tod ins Rutschen kam, die Berliner Mauer erreichte und unter sich begraben hat. Geheimnisvolle Mathematik.

TIEFER GRABEN

Die alte Stadt Ragusa in Dalmatien, das heutige Dubrovnik

Dubrovnik, Mai 1992. – In dem Zerfall Jugoslawiens lässt sich an der dalmatinischen Küste mit den Händen greifen, wie sich mitten in der Einigung Europas die uralte Kluft wieder öffnet, die den Osten vom Westen trennt.

Die Farben des Wassers: türkis, smaragd und kobaltblau, kristallklar. Die Luft warm und unter uns so etwas wie eine weiße steinerne Stadt in den Wellen: ein durch Mauern gefasster Edelstein. Ein Bouquet von Düften lagert über der Landschaft: Jasmin, Orange, Lavendel, Salbei. Der Rhododendron blüht. Und quer durch die Stadt so etwas wie ein weißer steinerner Flur. Der Edelstein heißt Dubrovnik und der Flur Stradun und es ist der vielleicht schönste Corso Europas, die Achse der steinernen Stadt. Es ist ein ehemaliger Meeresarm, der hier vorher einmal die alte befestigte Insel vom Festland trennte – bevor die lateinischen Seefahrer der westlichen Hälfte mit den slawischen Bauern des östlichen Stadtteils den tiefen Graben zwischen Westen und Osten an dieser Stelle einmal zugeschüttet haben.

Seit damals ist der marmorglatte Flur die Prachtstraße dieses einzigartigen Gemeinwesens. Millionen Füße haben die weißen Steinquadern so blankpoliert, dass sich am Nachmittag die Sonne und nachmittags wie vormittags die Stadt in ihnen spiegelt, wenn die Straße so voll ist wie ein überfüllter Bus von Menschen, die nichts tun, als sich ihrer Existenz zu erfreuen. An seinem Ende muss ich die Hand über die Augen halten, so flimmernd hell ist das Morgenlicht. Vielleicht war es hier noch nie so lieblich, so friedlich wie jetzt. Die Feigenbäume tragen Frucht, die Wedel der Palmenfarne wiegen sich im Atem des Mittelmeeres, bald werden die Knospen der Oleander in jeder Mauerritze aufbrechen. In diesen Tagen ist Dubrovnik das einsamste Traumziel; ganz für sich verwahrt die Stadt heute ihr Geheimnis.

Denn wer im Geschichtsatlas blättert, sieht sie von Anbeginn an immer an der Schnittstelle zwischen Ost und Westen liegen, doch immer ganz dem Westen zugewandt und zugehörig. Keine einzige reguläre Straße führt Jahrhunderte ins innere Festland, nur ein Pferde- und Eselspfad. Die Hauptstraße Ragusas, wie Dubrovnik damals heißt, ist die offene See. Unmittelbar hinter den Hügeln herrscht schon immer eine völlig andere Kultur und Geschichte: zuerst das orthodoxe Byzanz, dann die orthodoxen Serben und Bulgaren, dann die muslimischen Osmanen. Juden sind die einzigen Andersgläubigen, die innerhalb der Stadtmauern geduldet werden; Muslimen und orthodoxen Christen ist der Aufenthalt in der Stadt nach Sonnenuntergang verwehrt, weil sie immer schon als 5. Kolonne der Herren des Hinterlandes gefürchtet sind.

Denn während die Serben unter den Osmanen über Hunderte von Jahren dem Schlaf des Orients anheimfallen, bleibt der winzige Stadtstaat lateinisch und dynamisch wie kaum ein anderes Gemeinwesen des Abendlands. Die Verfassung der reichen Handelsrepublik aus dem Jahr 1272 bleibt bis ins letzte Jahrhundert vorbildlich. Die Stadt ist romanisch, gotisch, barock; sie verändert sich immer, wie sich der Westen ändert, oft als Erste: 1417 wird in ihr erstmals der Sklavenhandel als „verbrecherisch und widernatürlich" verboten. 1431 tritt einer ihrer Patrizier auf dem Konzil von Basel als der entschiedenste Vertreter einer Union zwischen der Ost- und Westkirche hervor, vergeblich. Es ist zu spät. 1808 kassiert Napoleon die Freiheit der Republik, wie man einer Blume den Kopf abreißt.

Dieser Geschichte verdankt Dubrovnik seinen Reichtum, inzwischen längst als Touristenmetropole. Die Segnungen des vierzigjährigen Sozialismus scheinen an ihren Mauern abgeperlt wie ein Frühjahrsregen. Und jetzt hat hier wieder die Touristensaison begonnen. Alle Hotels sind bis auf das letzte Bett belegt. Doch diesmal zahlen die Gäste nicht. Diesmal ist die Stadt mit Flüchtlingen vollgepfercht, seit Monaten schon. Auf den Bänken schlafen Kinder, den Daumen im Mund, daneben junge Mütter mit weißen Haaren, den Kopf am Tisch auf den Arm gelegt. Ihre Wäsche flattert von den Balkons der ausgebrannten Hotels. Auf den Terrassen des ausgeglühten „Libertas" haben sie Gemüsebeete angelegt, in den Restaurants Notschulen für die Kinder eingerichtet. Der Eindruck einer Falle ist unausweichlich, wenn die Fähre in den Hafen hineingleitet – zwischen den herabgestürzten Bussen und LKWs an den Uferböschungen, der ausgebrannten Kühlhalle, den versenkten und durchlöcherten Schiffen, der geschwärzten Abfertigungshalle.

Karsthügel schützen wie ein hochgeschlagener Mantelkragen von Land her die Stadt. Kein Eroberer kam jemals über diesen Riegel. Aber jetzt sitzen die Serben geradewegs auf dem Kragensaum. Mit bloßem Auge sind die Feldzeichen über ihren eingegrabenen Tanks und Stellungen zu erkennen, oder manchmal der spiegelnde Reflex ihrer Feldstecher. Nun lässt sich deshalb auch auf dem Corso beobachten, wie sich die Kluft wieder öffnet, die hier einmal zugeschüttet wurde, die den Osten vom Westen trennt. Fünfundsiebzig Granaten regneten allein auf die dreihundertfünfzig Meter dieser Piazza. Auf Schritt und Tritt begegnet man den hässlichen Sternen, die die Granatsplitter in den glatten Granit des Pflasters gerissen haben. Das sind die wahren Sterne im Wappen des neuen Jugoslawiens. Neun Gebäude links und rechts des Stradun sind bis auf die Grundmauern abgebrannt. Der Spiegel hinter dem Waschbecken des Friseurs ist zersplittert. Der Druck der Explosion vor seiner Tür war so stark, dass er selbst im Bad noch die Bleirohre wie Kaugummi in die Wand gedrückt hat.

Warum ist das so? Wie kam es dazu? „Aus Neid!", brummt der Mann und führt das Messer die Kehle entlang, „weil sie eine Stadt wie Dubrovnik noch nie besessen haben." Er seift mich ein zweites Mal ein. „Und aus Hass. Schauen Sie sich die Gesichter an! Die Generäle der Serben sind fast alle Weltkriegswaisen, die sich jetzt an der Welt rächen wollen." Er kneift die Augen in dem zerbrochenen Spiegel zusammen und spreizt die Hände, das Messer zwischen den Fingern der Rechten. „Und aus Faulheit! Warum sollen sie arbeiten, denken die sich, wenn man das Geld doch viel einfacher beim Nachbarn holen kann. Lange genug hat es ja geklappt." Die Tür steht offen. Schüsse peitschen vom Hügel her, zwei, drei Minuten lang. Der Friseur zuckt die Schultern. „Jetzt sind sie wieder besoffen. Man kann die Uhr danach stellen. Nach dem Mittagessen sind sie blau, dann wird geballert – Gottseidank nicht sehr genau."

Swonimir, ein junger Architekt, der wie ein Italiener aussieht, der auf einem der wackeligen Stühle als nächster Kunde wartet und bei der Übersetzung hilft, übersetzt das verbitterte Fluchen nun allein weiter: „Ja: Neid, Hass und Faulheit. Das lässt sich natürlich auch ganz anders sagen. Aber was heißt das, dass die Serben so etwas wie Dubrovnik nicht haben? Sie hatten kein Mittelalter, heißt das, keine Romanik, keine Gotik, keine Renaissance, keine Neuzeit; den Weg in eine bürgerliche Gesellschaft haben sie nie kennengelernt. Darum wissen die Serben auch gar nicht, was das ist: Dubrovnik. Für sie ist das nur ‚die steinerne Stadt'. Was soll da schon dran sein? Weg damit! Jede Weiterentwicklung war in der Orthodoxie nie vorgesehen. Sie sind in Byzanz stecken geblieben; über den Feudalismus sind sie selbst unter den Kommunisten nie hinausgekommen. Die orthodoxe und die lateinische Kirche haben aber völlig verschiedene Kulturen hervorgebracht. Slobodan Milosevic hat den Unterschied vor drei Jahren selbst einmal so beschrieben: ‚Ja, es stimmt, arbeiten können wir vielleicht nicht, aber kämpfen. Im Frieden haben wir immer verloren und in jedem Krieg gewonnen.'"

Auf dem Balkan sei das Europäische Haus ein Witz oder ein Albtraum, mit verrückt gewordenen Mietern unter und über jeder Etage, links und rechts neben jeder Wohnung, wie morgen in Sarajewo, übermorgen in Pristina im Kosovo. Keiner bringe diese Hausbewohner zur Vernunft. Dann erzählt er noch einmal die Geschichte dieses Krieges in Europa am Ende dieses Jahrhunderts nach, im Medienzeitalter, mitten in den Tagen der ersten Globalisierungswelle, des gemeinsamen Satellitenfernsehens.

Erst im letzten Jahr lag Dubrovnik noch friedlich da wie eh und je. Das Hafenbecken konnte man zu Fuß, von einer Yacht zur nächsten, überqueren. Der Krieg in Jugoslawien war nach den freien Wahlen im Jahr 1990 entbrannt, durch die in Slowenien und Kroatien nicht kommunistische Regierungen an die Macht gekommen waren, die die Unabhängigkeit wollten. Auf diesen Moment hatten sich die Serben jahrzehntelang vorbereitet. Die ganze Armee war praktisch in ihrer Hand, die Waffenkammern waren bis an den Rand gefüllt, die Offiziere fast alle Serben. Mit dieser „Bundesarmee" hatte das Achtmillionenvolk der Serben die viertstärkste und mörderischste Kriegsmaschine Europas in seine Hand gebracht. Mit dieser Waffe schlugen sie sofort zu.

In Dubrovnik aber war der Krieg zunächst weit weg. Denn zu ihrem Glück lag keine Garnison in der Stadt. Nur drei Jagdgewehre befanden sich innerhalb der Mauern, als die Armee im Herbst 1991 auf sie zumarschierte. Dubrovnik war wehrlos, als es überfallen wurde. Fischer hatten Weltkriegsbomben aus dem Meer geborgen, um in der Eile zumindest die Zufahrtsstraßen notdürftig zu verminen. Doch sie zündeten nicht. Unbekannte hatten die Zündkabel durchgeschnitten. Schon vorher hatte die Soldateska das Hinterland wie die Schweden Pommern im Dreißigjährigen Krieg verwüstet. Die Dörfer wurden niedergebrannt, die Kirchen und Klöster zerstört, die Wälder, Felder, Gärten und Weinberge niedergetrampelt, abgebrannt, ausgeraubt und verheert.

Nun aber standen die serbischen Einheiten auf den Hügeln rund um die Stadt. Am 23. Oktober feuerten sie in den frühen Morgenstunden erstmals aus allen Rohren in die östlichen Wohngebiete, am nächsten Tag wieder. Der zweite Angriff im November dauerte fünf Tage. Nur noch Funkverbindungen verbanden Dubrovnik mit der Außenwelt. Der Hafen brannte, die großen Hotels wurden zerstört. Tausend Söldner aus der touristischen Konkurrenzstadt Budva hatten sich für den Angriff freiwillig gemeldet.

Fast jede Sekunde war eine Detonation zu hören. Die Armee feuerte von Land, von der See, aus der Luft: Tausende von Granaten, Raketen, Bomben. „Die jugoslawische Armee hat die Reiter der Apokalypse auf Dubrovnik losgelassen", flehte der kroatische Rundfunk die Länder des Westens um Hilfe an. Was wollten die Serben? Die Stadt war voller Flüchtlinge, ohne Wasser, ohne Strom. Wollten sie hier ein kroatisches Dresden schaffen? Nein, nein, die Armee wollte in der Stadt nur ein „geregeltes Leben" wiederherstellen. „Entweder müssen sich die illegalen Extremisten ergeben", ließ der serbische Kommandeur Koprivicia die Verteidiger wissen, „oder wir werden mit ihnen endgültig aufräumen."

Wie im Mittelalter waren wieder die Tore geschlossen worden. Auch am fünften Tag der Offensive verweigerten die Eingeschlossenen erneut die Kapitulation. Der schlimmste Angriff kam aber erst am Nikolaustag. Von morgens sechs bis abends sechs regnete es da Feuer und Schwefel vom Himmel und pausenlos Granaten, diesmal vor allem in die Altstadt: die Schatzkammer Dubrovniks. Dreiunddreißig Geschosse trafen allein die Franziskanerabtei. „Das haben die Kroaten selbst gemacht", verkündete Radio Belgrad. Der nächste Morgen ging über rauchgeschwärzten Ruinen auf. Danach war Ruhe. Seitdem ist die Stadt belagert.

Meine Erinnerung trägt mich in meine Zeit als Geschichtslehrer in Frankfurt zurück. Jetzt tritt drüben in Sarajewo, wo 1914 ein nationalistischer Attentäter den Kontinent ins Verderben stürzte, ein ganzer Staat als nationalistischer Attentäter auf: eine Nation im Amoklauf, mit einer Armee außer Kontrolle. Bald wird keiner mehr den Irrsinn des Kommunismus begreifen können. Diese Spaltung aber wird die Welt noch Jahrhunderte in Atem halten. Dieser uralte Ost-West-Konflikt zwischen der Welt, in der Papst und Kaiser einmal bis zur Erschöpfung miteinander um die Herrschaft und das Volk gerungen haben, und jener Welt, in der die Herrscher in all ihrer Willkür immer wie Götter verehrt wurden.

Was wollen die Serben also und wie wollen sie je wieder nach Europa hinein? Oder wollen sie es gar nicht? Wollen sie vielleicht als eine Art Sparta mitten in einer Welt westlicher Demokratien leben? Wollen sie Blutsuppe essen? Für wie lange? Ein Geschichtslehrer aus Frankfurt versteht die Geschichtslehrer aus Belgrad wohl gar nicht oder nur sehr schwer. Das neue Europa der Regionen ist auch wieder ein Europa der Stämme und Stammeskämpfe, der Kopfjäger und Menschenfresser geworden. Wir schauen fassungslos auf orthodoxe Popen, die wie Saddam Hussein gegen das lateinische Kroatien einen „heiligen Krieg" für den „heiligen serbischen Boden" ausrufen. Es ist die Mutter aller nun folgenden skandalösen Ereignisse auf dem Balkan. Während im Westen die Grenzen fallen, werden im Osten die ältesten Grenzen neu errichtet.

Warum stoppt aber diese Maschine keiner?, fragt deshalb jeder in der Stadt. „Können die Europäer es sich erlauben, dass hier willkürlich mitten in Europa von verblendeten Despoten solche Flüchtlingslawinen losgetreten werden?" Sicher ist nur, dass die Abermillionen Touristen den Städten ihrer Sehnsucht – im Gegensatz zu den Pilgern des Mittelalters – heute nicht mehr mit dem Schwert zur Hilfe kommen. Dafür schwellen nun hinter den Bergen die Ströme der Vertriebenen an. Schon ist wieder der größte Treck seit Kriegsende unterwegs, eine Millionenheer. Wo sollen sie hin?

FIESTA

Die Einhegung der Stiere in der Plaza de Toros von Pamplona in den Festtagen der Sanfermines

Pamplona, Juli 1991. – Wo Ignatius von Loyola im Jahr 1521 wie Saulus vor Damaskus die Umkehr seines Lebens erfuhr, bevor er das Gesicht des Abendlands veränderte, ist Jahr für Jahr der Teufel los, in einem Hexenkessel der Literatur.

Firmin der Ältere ist der Stadtpatron Pamplonas in Navarra in Nordspanien. Doch er ist es nicht allein. Der heilige Fermin wurde um 272 in Pamplona im heutigen Nordspanien geboren und später zum ersten Bischof von Amiens an der Somme in Gallien, wo er im Jahr 303 in der Christenverfolgung unter Kaiser Diokletian enthauptet wurde. Im Jahr 1187 wurden einige Überreste seiner Gebeine aber als Reliquien zurück nach Pamplona verbracht, wo seine eigentliche Karriere begann. Denn hier entwickelte sich seit 1391 um diese Reliquien in der Kirche San Lorenzo herum das katholische Volksfest Sanfermines, an dem im Jahr 1924 auch der protestantische amerikanische Schriftsteller Ernest Hemingway teilnahm, der 1926 einen Roman darüber schrieb, der ihn und dieses Fest weltberühmt machte. „The Sun also rises" hatte Hemingway das Buch nach einem Zitat aus dem biblischen „Buch der Prediger" zuerst genannt. Das war allerdings 1926 schon so unbekannt und unverständlich, dass der Bestseller bald nur noch „Fiesta" hieß, in dem der Schriftsteller das Fest des heiligen Firmin vor allem als einzige große Orgie einer „verlorenen Generation" beschrieb. Und über 60 Jahre später setzt dieser Roman Pamplona zur Zeit der Fiesta im Juli immer noch in einen internationalen Rausch.

Hinter der Kirche San Lorenzo liegen deshalb auch am Mittag noch dösende Jugendliche mit Irokesenfrisuren im Schatten der Bäume auf den Kasematten, als menschliche Wracks in der Blüte ihrer Jahre. Die Zinnen der sternförmigen Festungsanlagen verraten, wie diese Stadt einmal die südlichen Pyrenäenzugänge verriegelte. Darum geriet Pamplona auch schon mindestens zweimal vor Hemingway in die Schlagzeilen der Weltliteratur. Auf dem Aachener Karlsschrein können wir die alten Grundmauern dieser Zitadelle in Gold getrieben bewundern, wo die Szene festgehalten wird, als Karl der Große die Stadt „Pampelun" erobert. Kurz danach blies Karls Markgraf Orlando in einer Schlucht nicht weit von hier sein Gehirn durchs Horn, um seinen König in einem Hinterhalt zu Hilfe zu rufen, den die autonomiebesessenen Basken der Nachhut der Karolinger gelegt hatten. Es war vergeblich. Nicht der König, sondern das Rolandslied rettete danach zumindest das Andenken an den Helden Orlando.

Bühne einer wirklichen Wende für die Geschichte des Abendlands wurde die Stadt jedoch erst, als sie dem Edelmann Iñigo Lopez de Loyola zum Schicksalsort wurde. Er war ein Offizier, dem am Pfingstsonntag 1521 in der Calle San Ignacio bei dem vergeblichen Versuch, die Stadt gegen die Franzosen zu verteidigen, von einer Kugel ein Bein zerschmettert wurde. Der Schuss warf den jungen Basken aus dem Sattel seines Pferdes und aus all seinen Plänen und Lebensentwürfen. Eine Messingplatte auf dem Bürgersteig zeigt jetzt noch die Stelle an, wo Pamplona durch diesen Treffer zum Damaskus der Gegenreformation in Europa wurde. Denn auf dem Krankenlager wurde derselbe Offizier danach zu einem Feldherrn des Geistes für Jesus Christus und für die Kirche Roms, als ein spirituelles Genie, das aber immer noch weiter militärisch, taktisch und strategisch dachte Die Schusswunde hatte den Ritter in einen Pilger verwandelt, wie ihn die Welt noch nicht gesehen hatte. Denn bis nach Indien, Japan, China wird der umstürzende „Pilgerbericht" getragen, in dem Ignatius von Loyola sein Leben aufgezeichnet hat. Ohne die „Gesellschaft Jesu", die er gründete, wären heute auch Bayern, Böhmen oder Litauen nicht wiederzuerkennen.

Das barocke Europa würde ohne ihn fehlen. Das letzte Crescendo der Architektur und Bilder vom himmlischen Jerusalem kann ohne diesen Offizier nicht gedacht werden, dem das Abendland sein letztes gemeinsames Gesicht verdankt. Das ist das schöne Gesicht Europas. Beseelt von der Neuen Stadt, gründeten die Nachfolger des heiligen Ignatius in Paraguay in der Neuen Welt einen fast kommunistischen, hochmodernen Indianerstaat, der Instrumente produzierte, auf denen die zu ihrer Zeit schönste Kirchenmusik der Welt erklang. Gewiss hätten wir ohne Ignatius von Loyola eine Welt, wie wir sie uns gar nicht vorstellen können – außer, dass sie farbloser wäre. Die Geschichte Europas wäre anders verlaufen. Auf der anderen Straßenseite hat jemand dem Standbild des verwundeten Heiligen den Kopf abgeschlagen. Irokesen? Basken? Diesen Stämmen ist alles zuzutrauen.

Am späten Nachmittag treffen wir dafür einen gewissen Jake vor der Bar „Marceliano", zusammen mit Mike, Bill, Bob und mit einem Grafen und vielleicht vierzig anderen Doppelgängern Papa Hemingways, dem viele wie aus dem Gesicht geschnitten gleichen – oder sich zumindest in seinen Posen üben: Bart vor, Bauch raus, Beine breit und mit einem Glas in der Hand. Jahr für Jahr versammeln sie sich vor der Bar, aus allen Alters- und Gewichtsklassen, aus allen Ländern. Gegen ihre Fiesta ist das Münchener Oktoberfest eine Vorstadtkirmes, die um zehn Uhr zu Ende geht, wenn hier das verzweifelte Gieren nach Glück erst richtig anfängt. „Was in der Fiesta geschieht, hat keine Folgen!", wird an den Tischen der Ausländer die beschwörende Litanei aus dem Gebetbuch der Hemingwayianer immer wieder zitiert. Mit „Die Sonne geht wieder auf!" hat der lakonische Dichter seinen Betrachtungen jenes Motto aus dem Weisheitsbuch Kohelet vorangestellt, das ursprünglich sein Titel sein sollte, „sie geht auf und geht unter und jagt wieder atemlos an den Ort zurück, wo sie wieder aufgeht. Eine Generation kommt, die andere geht. Der Wind weht nach Süden, dreht nach Norden, dreht, dreht, weht. Windhauch, Windhauch, es ist alles nur Windhauch." Alles nur Windhauch? Dieses Buch ganz gewiss. Es ist ein Roman ohne Anfang und ohne Ende. Es ist das minutiös beschriebene Nacht- und Tagewerk von vier Nichtstuern und Müßiggängern mit der liederlichen Lady Brett. Dieses Personal sollte stellvertretend für die „lost generation" gestanden haben, die nach traumatischen Erlebnissen auf den Schlachtfeldern des Ersten Weltkriegs nicht mehr auf das Gleis einer bürgerlichen Existenz zurückfanden. Genau wie ein Gerichtsreporter hat der Abgott der Literatur des 20. Jahrhunderts hier jedenfalls im Jahr des Herrn 1926 die Abenteuer der apokalyptischen Säufer von einer Bar Pamplonas zur anderen festgehalten. Der Schmarren hat Generationen von Intellektuellen des 20. Jahrhunderts an allen Kataklysmen des Säkulums vorbei geprägt, deren letzte Epigonen sich heute wieder hier versammelt haben, mit einem Wahn aus zweiter Hand, als wankende Opfer der Weltliteratur.

In diesen Tagen ist nicht zu erkennen, dass Pamplona auch ein vornehmer Knotenpunkt der europäischen Pilgerwege zum Grab des heiligen Apostels Jakobus Santiago de Compostela ist, die sich nun in Europas schaurigstem Bacchanal in einen Kultort der Tier- und Menschenopfer zurückverwandelt, wo sich nun das Quadrat der Plaza Castillo in eine Arena rundet und weitet. Zum Pasodoble dreht sich hier der Matador unter einem Balkon, Blut an der Hose, den Kopf zurück, ein Bein vor, die Schultern zurückgebogen. Mit seinem Mantel schlägt er die „Veronika", eine zirkelnde Kreisfigur in flimmerndem Lila, in die der Stier mit gesenkten Hörnern seinen blutigen Kopf hineindrückt, tippelt danach in die „Faena" hinüber. Rot-gelbrot flattert das Tuch im Todestanz. Jetzt hat er den Stier zu einem Lamm gemacht, er streichelt mit der Rechten seine Hörner, schlägt die flache Linke einladend zurück, flüstert ihm Zärtlichkeiten ins Ohr. Ein Hirt und sein Schaf. Lässig dreht er ihm den Rücken zu. Plötzlich sind dann zwei Stiere da, drei, vier, fünf. Junge Spanier rennen im Kreis hinter ihnen her, dahinter hetzen reife Schwedinnen mit wehenden Blusen die kräftigen Läufer durch die Arena, in einem atemberaubenden Karussell, Spanier hinter Stieren, Schwedinnen hinter Spaniern. Englische Millionärswitwen kommen an unseren Tisch und schlagen uns auf die Schenkel. Der Kellner Jesús kneift mir ein Auge.

FRIEDEN DURCH TODFEINDSCHAFT

Das Pferderennen der verschiedenen Pfarreien Sienas auf dem „Manto della Madonna", wie die Piazza vor ihrem alten Rathaus heißt

Siena, Juli 1994. – Ein Ort im Gleichgewicht. Festsaal des Himmels um einen Wettkampf von 200 Sekunden, in denen sich die toskanische Stadt seit jeher verwirklicht. Ein einzigartiger Frieden, dessen Geheimnis Todfeindschaft heißt.

Ein Festmahl wie dieses wird in Europa kein zweites Mal mehr bereitet und genossen, im Freien, und hier in Siena gleich siebzehnmal gleichzeitig am selben Abend, zweimal jährlich, Jahr für Jahr. „Andere Italiener sind deshalb überzeugt, dass mit uns etwas nicht stimmt", weiß Dr. Sderci am Abend zu erzählen. „Denn es gibt ja auch keine Kriminalität in Siena." Er weist die Straße hinauf, die bis zur Chiesa dei Servi in einen Festsaal verwandelt wurde, mit drei Tischreihen nebeneinander, reichlich bestem Wein und fünf Menügängen, mit denen sich die Bewohner vom Stadtteil der Widder gerade bewirten lassen. Der Himmel spannt sich als Zelt über diesen Saal. Die Frauen und Mädchen haben gekocht, die Jugendlichen bedienen die Alten, die Kinder, die Männer und Frauen, an die tausenddreihundert Personen. Der Gesang will kein Ende nehmen.

„Der alte Sieneser Kalender begann immer neun Monate vor dem Kalender anderer christlicher Städte", lächelt Dr. Sderzi und gießt noch etwas Wein nach, „nicht mit der Geburt Christi im Winter, sondern mit Maria Verkündigung am 25. März davor, also mit der Zeugung Christi: exakt mit der Fleischwerdung – so waren wir der Zeit schon oft ein Stück voraus." Hoffentlich, denn hier ist es wirklich zum Besaufen schön.

Für diese Schönheit, den Frieden der Festtafel, die fehlenden Mörder, Mädchenhändler und Drogendealer gibt es natürlich eine Menge Ursachen, führt der Dottore weiter aus, doch eigentlich nur einen Grund: Zweimal im Jahr – und zwar bei der Gelegenheit dieser Feste – herrscht in Siena Krieg, am 2.

Juli, dem Fest der Heimsuchung Mariens, und Mitte August, am Fest Mariä Himmelfahrt. Es ist ein richtiger, kein gespielter Krieg, jedoch ein Krieg als Fest. Das ist der „Palio". Der Frieden Sienas beruht auf Todfeindschaft.

Siena, die Stadt auf dem Berg, ist nämlich in Wahrheit eine Stadt aus siebzehn Städten, wenn auch manche dieser Kleinstädte fast nur eine Straßenecke und zwei, drei Straßenzüge umfassen, alle mit entweder stolzen oder geheimnisvollen Namen: wie Adler, Schildkröte, Raupe, Wald, Igel und dergleichen mehr. Diese sogenannte Contraden hießen lange Zeit einfach Compagnias. Im Mittelalter sind sie als nachbarschaftliche Genossenschafts- und Verteidigungsverbände um die vielen kleinen Pfarrkirchen entstanden, neben denen sie auch heute noch ihre Sitze haben. Sogenannte Priore stehen ihnen vor. Aber in den Tagen des „Palio", im Kriegszustand, übernehmen für drei Tage in jeder Contrada ein Capitano mit zwei Leutnants die Macht – mit weitreichenden Befugnissen und großzügigen Mitteln für Bestechungsversuche, Sabotage, Spionage, Erpressungen und Verräterkauf. Auch diese Festtafel wird aus der Kriegskasse bezahlt. Das macht den Gesang so laut und kräftig.

Denn der Krieg, der im „Palio" gipfelt, ist kein Bürgerkrieg, sondern ein Krieg dieser siebzehn Städte untereinander. Parteienhass und brudermörderische Gewalt von Jahrhunderten haben sich in diesem Fest kondensiert. Die Vergangenheit der Toskana birgt wie kaum ein Landstrich sonst in Europa eine alte Kultur der Konkurrenz, aus der einmal unsere moderne bürgerliche Welt hervorgegangen ist. Und in den Stunden des Palio wird die muschelförmige Piazza di Campo in der Stadtmitte zu einer gekrümmten hohlen Hand, auf der diese ganze Vergangenheit gegenwärtig wird.

Dann ist hier wie unter einem Brennglas das Modell für die Geschichte einer Zivilisation zu bewundern, wo der „Wille zu siegen und den Gegner zu erniedrigen" in ihrem Zentrum gebändigt wird. Siena ist kein Experiment. Die Stadt der Jungfrau lässt sich nicht von Sozialingenieuren nachbasteln. Nichts lässt sich hier lernen, es sei denn das Schauen und Staunen. Der

„Palio" ist Sienas harter Kern, der sich von der Renaissance an bis heute in der gotischen Stadt kristallisiert hat.

Damals entschieden noch Messerstechereien oder massenweise Faust- und Stockkämpfe die Sieger aller Contraden. Heute entscheidet ein Pferderennen, wer über die anderen – in der gleichen Tradition – triumphieren und mit dem „Palio" – einer Art Fahne, einem jedes Mal neu bemalten Tuch – durch die Stadt ziehen darf. Bei diesem Rennen werden die Pferde durch das Los zugeteilt und die Reiter angemietet. Auch ohne Reiter kann das Pferd aber siegen! Darum werden die zugeteilten Gäule in den Contraden auch eine Woche lang wie Götter gepflegt und verehrt. Denn tatsächlich ist ja durch den Losentscheid das Schicksal selbst die eigentliche Hauptfigur des Palio: Fortuna. Und deshalb stehen die Reiter nur für den winzigen Rest, mit dem sich das Schicksal eventuell noch hierhin oder dahin lenken lässt. Darum sind die Jockeys hochbezahlte Söldner von auswärts, Condottiere, meistens aus Sardinien, jedenfalls die ausgesuchtesten und rücksichtslosesten Galgengesichter ganz Italiens. Die hinterhältigsten Visagen finden sich also im Zentrum dieses wundervollen Festes – wo sie schließlich die Mitte umkreisen werden, in der das Volk sich sammelt. Denn umgekehrt zu jeder anderen Arena steht im Palio die Bevölkerung im Zentrum des Geschehens.

Im Rennen selbst ist jede noch so miese Kriegslist erlaubt. Nicht nur, dass die Reiter ihren Mitkämpfern die Peitsche ins Gesicht schlagen dürfen und es auch tun. Selbstverständlich dürfen die Pferde auch gedopt werden. Von verschiedenen „Substanzen" ist die Rede. Doch jedes Mittel ist erlaubt. Der Wert der Jockeys richtet sich nach ihrer Verruchtheit, nach ihren Reitkünsten fast weniger als ihrer Fähigkeit, im letzten Moment die Farbe zu wechseln, zu verlieren, weil sie sich gleichzeitig an andere verkauft haben. Ununterbrochene Geheimverhandlungen mit diesen Gaunern gehen darum jedem Palio bis zum Beginn des Rennens voraus.

Am Beginn ist es immer noch brüllend heiß. Über Stunden hat der Campo sich entlang des fallenden Schattens mit den

Bewohnern Sienas gefüllt. Jetzt liegt der Platz endlich völlig im Schatten. Nur das Goldgelb der Kostüme der Adler liegt noch wie ein letzter Sonnenfleck auf den Bänken der Tribüne vor dem Palazzo publico. Das Platzinnere ist zum Bersten gefüllt. jahrhundertelang haben die Abordnungen der einzelnen Contraden über die umlaufende Rennbahn ihre Pferde in den Innenhof des Palazzo geführt, in einer strengen Prozession. Die alte Republik paradiert um den Platz, das goldene Zeitalter. Hier tritt Siena aus sich und seiner Vergangenheit heraus wie aus alten Gemälden Sieneser Meister, gemessen, quälend langsam, in unendlich gedehnter Zeit. Pagen mit der Lorbeergirlande für den Sieger beschließen endlich den Zug, dahinter Besenkehrer, die die Bahn sauber fegen.

Um zehn nach sieben werden keine Zuschauer mehr in das Innere gelassen. Die ansteigende Spannung hat den Campo inzwischen in einen tobenden Trichter verwandelt. Jetzt verlassen die Jockeys den Palazzo und treiben die Pferde lässig über die leere Bahn hinüber zum Start. Schwalben zucken im aufgeregten Sturzflug über der brodelnden Masse. Die Contraden werden nacheinander in eine Seilabsperrung hineingerufen, in der sie sich zum Start formieren: Raupe, Muschel, Widder, Gans, Schnecke, Schildkröte, Wald, Panther, Adler. Doch das Startzeichen gibt der letzte Reiter, wenn er in diesen Corral eindringt. Er ist das Zünglein an der Waage: Bastiano, der Jockey der Igel, ein eiskalter Hund. Er zuckt mit keiner Miene unter der Welle von Schmähungen, unter denen den Zuschauern die Nerven durchgehen. „Los, du altes Arschloch! Worauf wartest du!? Hurenbock! Drecksack! Sauhund! Los-los-los-los!!"

Bastiano lauert nur. Drei Fehlstarts seiner Gegner spannen die Nerven aller wie das Startseil selber an. Und Bastiano lauert weiter. Die Pferde scheuen. Sie springen zur Seite, drehen sich vor dem Seil im Kreis, die Reihe formt sich, fällt wieder auseinander, in einem ständigen Hin und Her. Bis jetzt hören die Jockeys nicht auf zu tuscheln, zu mauscheln und ihre verkniffenen Gesichter untereinander zu tückisch grinsenden Grimassen zu verziehen. Und da bricht Bastiano plötzlich mit einem unglaublichen Satz in die Absperrung hinein. In der gleichen Sekunde fällt das Seil. Im gleichen Lidschlag schnellen die Pferde los. Der Wald wird schon an der Startlinie ausgebremst. Die Augen können kaum folgen. Weniger als ein Atemzug und alles ist entschieden, die Erwartung eines Jahres, in atemloser Jagd. Die zweite Kurve trägt zwei Reiter hinaus, drei Pferde stürzen, an der Casato-Kurve fliegt der nächste hoch durch die Luft über die Brüstung, fünf Pferde sind schon führerlos, wo sind die anderen gestürzt? Es ist ein Rasen in immer schnellerem Galopp, kein Rennen, ein Rasen, ein Rasen – und ein fürchterlicher Aufschrei der Panther. Das war's. In zweihundert Sekunden hat sich die Stadt verwirklicht. Heilige Katharina von Siena! Die Panther haben gewonnen und stürzen auf der Bahn, zur Umarmung des Pferdes, in einem jubilierenden Nervenzusammenbruch.

Am Sonntagabend liegt die zwölf Meter lange Lorbeergirlande auf der Piazzetta di San Quirico zertrampelt vor der Kirche. Kinder spielen unbeschwert Fangen zwischen den Tischen, an denen alle Panther noch einmal gemeinsam ihren Sieg nachschmecken. Der Abend ist so sanft – und so heiß. Da liegt plötzlich ein schöner Strohhut vor mir auf der Nebenstraße. Jemand muss ihn verloren haben. So einen Fächer kann ich gerade gebrauchen. Kein Mensch ist zu sehen. Pfeifend verschwinde ich um die nächste Ecke. In der Ferne verlieren sich die Trommelwirbel der siegreichen Panther über den Dächern Sienas, als ich auf Zehenspitzen zurückgehe und den Hut wieder behutsam auf die Straße zurücklege: mitten auf das warme Pflaster. Hut ab vor dieser Stadt auf dem Berg, deren Festbankette geradewegs als eine Verlängerung der Tischreihen des himmlischen Jerusalem auf die Erde hinunterragen. So geht es längst nicht in allen Städten und Dörfern unserer Geschichte zu, die in biblischer Erinnerung auf so viele der Berge und Hügel Europas gepflanzt wurden.

VERRÜCKTE LIEBE

*Lichteinfall in die Magdalenen-Basilika
von Vézelay um 12 Uhr mittags
am 24. Juni zum Johannestag. Foto: Vézelay.eu*

Vézelay, Juni 1991. – Einmal im Jahr verzaubert Licht die Magdalenen-Basilika in Burgund, wenn zum Fest des Vorläufers Jesu um zwölf Uhr mittags Lichtinseln auf den Altar Christi im gelobten Land zulaufen wie Steine durch eine flache Furt des Jordan.

Maria Magdalena, die Freundin Jesu, Befreierin der Gefangenen, Schutzpatronin der Zigeuner, soll hier im Herzen Galliens höchstpersönlich am Anfang der Ortsgeschichte Vézelays gelandet sein. Und keine Frage, verdient hätte die Heilige solch ein einzigartiges Grab gewiss. Durch sie jedenfalls ist La Sainte Madeleine in Vézelay zuerst zu einem Gipfel der Romanik – einer wahren Krone dieser Landschaft – und heute zu einem Pilgerziel der Fotografen geworden. Einmal im Jahr, am Festtag Johannes' des Täufers, wenn der Geburtstag des Vorläufers Christi auf den Geburtstag Christi selbst hinweist, der genau sechs Monate später gefeiert wird, fällt das Licht der oberen Fenster zur Mittagszeit in einer Reihe von Lichtinseln vom Hauptportal auf den Altar zu wie durch einen kosmischen Jordan. Das Wunderwerk der Bezüge des christlichen Kalenders wurde in vielen Jahrhunderten entwickelt. Dieses Lichtspiel hingegen haben die Architekten der Basilika um das Jahr 1140 umgesetzt. Ein bemoostes keltisches Kreuz ragt über dem Hauptportal in die Höhe. Über dem inneren Tympanon hat sich der Wind zu einem Sturm in den Kleidern Christi verdichtet: Pfingsten zu Stein erstarrt. Und hinten, rechts im Chor, wurde ein kleines Stückchen Knochen hinter einem geschliffenen Bergkristall in eine abgegriffene Säule eingelassen. Dort lässt sich das Glied heute noch wie unter einem Brennglas betrachten: klein, uralt, mit einer zierlichen Perlenkette und einem Golddraht auf Goldblech gehalten: ein Fingerchen der prominenten Heiligen, mit dem sie einmal den Herrn gestreichelt hat.

Seit Hunderten von Jahren ist der Anblick auf diesen heiligen Hügel unverstellt und unverändert, der plötzlich wie das Korn zwischen der Kimme zwischen zwei anderen Hügeln in der Ferne vor den Reisenden auftaucht. Er ist ein Eckpunkt der Könige Europas. Links neben der Kathedrale schlängelt sich ein Schotterweg durch dichtes Gebüsch und Gestrüpp den Berg hinunter, eine alte Hauptverkehrsstraße des Abendlands mit herrlichen Aussichten in das weite Land an jeder Biegung. Zwei-, drei- vierhundert Meter tiefer führt sie vor einer weiten großen Mulde an zwei aufgerichteten Steinbrocken mit einem Holzkreuz vorbei. Das war einmal die mächtigste Kanzel der Christenheit. „Wo die Not ist, ist Gott!", hat Bernhard von Clairvaux von diesem Felsklotz aus der unübersehbaren Menge in dieser Freilichtarena zugerufen, als er hier am Ostermorgen 1146 zum 2. Kreuzzug aufrief, und: „Was den Vögeln die Flügel sind, das ist den Christen das Kreuz!" Am Weihnachtsfest wiederholte er den gleichen flammenden Aufruf bei den Deutschen im rosafarbenen Dom zu Speyer, dessen Bögen wie die Basilika in Vézelay an den maurischen Säulenwald der Moschee von Córdoba erinnert.

Und große Not herrschte damals in Jerusalem. „Dieu le veut! Gott will es!", antworteten ihm im Geschrei die Ritter, als sie von hier aus in den Nahen Osten aufbrachen. „Dieu le veut!", riefen sie bis zu den Zinnen Zions. Ganz Europa macht sich von hier aus nach Jerusalem auf, in Sieg, Tod und Verderben, in einer nie mehr dagewesenen Selbstentäußerung. War es das, was Gott wollte? Bienen umsummen jetzt die Felsen.

Der alte Dichter Jules Roy wohnt einen Schlängelweg höher am Place de la Madeleine Nr. 1. Mit den alten Ursulinengärten besitzt er die schönsten Terrassen des terrassenreichen Dorfes. Neben einer alten Birke steht dort eine Steinbank, die mit den Jahren die Farbe der Baumrinde angenommen hat. Ein Hubschrauber fliegt über die Wipfel, eine riesige Dobermanndogge umspringt uns am Tisch.

Sein letztes Buch hat Monsieur Roy „Vézelay ou l'amour fou" genannt. Verrückte Liebe. Er ist ein Flieger- und Soldatendichter aus der Generation der europäischen Helden, der in seinen Mannesjahren Städte wie Aachen und Dresden oder Länder wie Vietnam und Algerien bombardiert hat. Jetzt, an seinem Lebensabend, ist Monsieur Roy nur noch erschreckt von „dem Gewicht der Dummheit in der Welt, in der die Alten die Kathedralen bauten, die wir in unseren Kriegen zerbombt haben". Gleichwohl hat der Golfkrieg ihn noch einmal sehr berührt. „Dieser Krieg war etwas anderes! Denn er war doch ein Kreuzzug, nicht wahr. Oder worum ging es denn sonst, wenn nicht schon wieder um die heiligen Stätten, die Wiege der Zivilisationen und Religionen?!"

Aber was, denkt er, einte denn diesmal die neuen Kreuzritter? Er schweigt. Dann lässt er von seiner jungen Frau eine Flasche Wein auf den Tisch stellen und einschenken. Das Christentum jedenfalls nicht, sagt er schließlich. Der Glaube spiele in Frankreich keine Rolle mehr. Die Christen hätten die Kirche schon lange vor der Revolution verkauft; sie selbst hätten sie zerstört. Er weiß nicht, was die Völker gegen Saddam geeint hat, vielleicht die Vergangenheit. Seine Hoffnung aber ist die Zukunft: das neue Europa. „Diese starken Völker!" Das hat er schon im Krieg gedacht, als er seine Einsätze über Deutschland flog. „Europa ist der Gipfel der Menschheit: die Mutter der Weisheit. Europa hat zu viel Krieg erlebt. Jetzt sehen wir, wie schrecklich wir uns geirrt haben. Jetzt muss Europa ein Volk werden! Das können bisher nur die Kosmonauten sehen."

Die Hoffnung Frankreichs aber, „L'Esperance", liegt nur zehn Minuten von hier entfernt am östlichen Fuß des heiligen Hügels von Vézelay. Unter den Luxusrestaurants des Landes gilt sie als die heimliche Nr. 1. Als wir dort auf dem kiesbedeckten Vorhof ankommen, landet hinter dem Haus wieder ein Hubschrauber. Von Paris hierhin gibt es eine regelrechte Feinschmeckereinflugschneise. Auf der Terrasse zum Garten nehmen wir unseren Kir ein. Oben errötet und glüht die Madeleine im Abendlicht. „Vorsicht", zitiert der Kellnerlehrling seine Handreichungen schon zum Amuse Gueule aus der Feinschmecker-Fachpresse, „diese Dinger explodieren geschmacklich geradezu auf der Zunge!"

Das tun sie dann auch: kleine frittierte Granätchen, die mit flüssiger Gänseleber und Portwein gefüllt sind.

Vielleicht liegt es also daran oder am Wein, dass wir von Gang zu Gang immer offener darüber reden, was wir davon denken, wie die Franzosen zu ihrer guten Küche gekommen sind. Wie es der politischen Entmannung der französischen Provinzen durch Paris zu danken ist, dass den Adligen des Landes schließlich gar nichts mehr anderes übrig blieb, als nur noch Mätressen zu streicheln und Gänse zu stopfen – bis auf diejenigen unter den Größten Frankreichs, die sich das Privileg erschmeicheln konnten, höchstpersönlich in Versailles den Nachttopf des Sonnenkönigs zu leeren. Jetzt danken wir's ihnen und dem schändlichen Absolutismus, als wir uns die Pastete servieren lassen, die die Franzosen gerne „Jesus in Samthöschen" nennen. Auch sie explodiert geschmacklich wieder am Gaumen.

„Trinken wir noch ein Glas, das die Deutschen nicht kriegen sollen!", lächelt am Nachbartisch ein Feinschmecker dezent, als er das Glas vor dem jugendlichen Apoll ihm gegenüber hebt. Das ist ein gut französischer Toast, nichts Persönliches. Auch wir lassen daher ohne Arg noch eine Flasche Burgunder kommen, von der die Franzosen einmal keinen Tropfen bekommen sollen. Dazu spinnen wir unsere Analyse zum Barsch in der Kaviarsauce weiter. Wie zum Beispiel, nach der Revolution, die arbeitslos gewordenen Köche der Adligen ihre Künste an die bürgerliche Klasse weiterreichten. Wie kämen wir denn sonst zu den Austern in Gelee? So liefert die französische Küche also auch das gewiss köstlichste Beispiel, was aus Arbeitslosen und einem überflüssigen Betriebszweig manchmal doch noch werden kann.

Während wir fabulieren, werden die aufgetischten Köstlichkeiten leider immer besser, immer mehr, ohne Maß, ohne Ende. Zu den zuckerbestäubten Rosenblättern auf Aprikoseneis mit Wildbeeren beobachten wir deshalb schon mehr die Liturgie der Kellner als die Kunstwerke auf unserem Teller. Jetzt kommen sie uns wie die Messdiener vor, die am Sonntag oben zum Hochamt in der Basilika fehlten.

Die verführerische Tarte de Chocolat zum Kaffee aber bekommen wir schließlich beim besten Willen nicht mehr gegessen. Mir wird schwummerig, als ich noch eine geöffnete Dose mit kandierten Früchten sehe. Was habe ich falsch gemacht? War es der Wein? Vorsichtig schiebe ich den Deckel über die Dose, während der Maitre noch ein wenig mit uns plaudert. „Man lebt hier in der Gegend ganz einfach, wissen Sie, mit den Jahreszeiten, der Sonne, dem Schnee." Er nimmt einen Schluck von seiner Grenadine, fährt sich mit der Hand über die Stirn und murmelt: „Der Platz ist mystisch!"

Als wir endlich um die Rechnung bitten, denken wir schon, dass der Gerechtigkeit halber hier auch die Gourmets selbst zuerst so gestopft und nachher so gerupft werden wie die berühmten Gänse, deren pralle Lebern sie so gerne verzehren. Doch Irrtum. Der Preis ist nicht höher als auf anderen Fixsternen des erlesenen Geschmacks. Dennoch finden wir gerade noch den Weg in unser Hotelbett zurück, bevor unser Magen so gegen diesen König der Köche rebelliert wie der dritte Stand gegen den letzten armen Ludwig.

KOPERNIKANISCHE WENDE

Gotische Jakobskirche im polnischen Thorn an der Weichsel, historischer Sammelplatz der Pilger nach Santiago de Compostela

Thorn/Torun, 1991. – „Die Umwälzung des Himmels und des Weltalls" heißt 1543 auf lateinisch das Buch, das nicht in Rom, sondern in einer polnischen Stadt an der Weichsel das Abendland mehr umwälzt als alle Relativierungstheorien danach.

In einer Nische steht ein Mann mit Pelzkragen, der sich über einem Schriftstück abmüht, bei dem wir ihm nach bewährter Manier wieder über die Schulter schauen. „Erstens: Für alle Himmelskreise gibt es nicht nur einen Mittelpunkt", schreibt dieser Nikolaus Kopernikus hier gerade, setzt die Feder ab, seufzt tief und schreibt dann weiter: „Zweitens: Die Erde ist nicht der Mittelpunkt der Welt. Drittens: Alle Planeten umkreisen die Sonne als ihren wahren Mittelpunkt ... Sechstens: Die Sonne dreht sich nicht um die Erde, sondern umgekehrt ..." Kurz: Das Ganze läuft darauf hinaus, dass die Erde nicht mehr einzigartig und der Gipfel der Schöpfung, sondern lediglich einer unter vielen Planeten sein soll – was, wie jedermann weiß, natürlich völlig abwegig ist.

Die Sonne soll sich nicht um die Erde drehen?! Haha. Jedes Kind sieht ja schließlich jeden Morgen, wie die Sonne auf- und jeden Abend, wie sie untergeht – „geht", wohlgemerkt, nicht „steht"! Dennoch hat mit diesem blühenden Unsinn, wie man sagen könnte, die Neuzeit begonnen. Später haben wir deshalb unser Weltbild nach Kopernikus umbenannt und schließlich sogar den größten Krater auf dem Mond nach ihm getauft. Einen größeren Einfluss aber hat Kopernikus, wie sich jetzt erst zeigt, auf die Landkarten der Erde gehabt.

Doch der Reihe nach. Dieser Koppernigk schreibt seine zweifelhafte Relativierungstheorie um 1507 in Heilsberg im Ermland, wo er Arzt und Domherr ist, mit vierunddreißig Jahren. Als Gerücht ist die Sache da schon uralt. Seit Kolumbus aber achtzehn Jahre vorher über den Westen nach Indien gesegelt ist, kann nun endlich auch experimentell als bewiesen gelten, dass die Erde mehr einem Apfel als einem Teller gleicht. Rom liegt zwar immer noch irgendwie auf der Mitte der Erde, aber wie? Anders als auf einer Scheibe liegt die Mitte einer Kugel ja innen, nicht oben. Die Lage und Frage ist komplizierter geworden.

Dreiunddreißig Jahre später, 1543 also, veröffentlicht Kopernikus seine Verdrehungen jedenfalls endgültig in seinem Hauptwerk von den „Revolutionibus orbium coelestium". Jetzt sieht die Welt schon wieder anders aus. Inzwischen hat Dr. Luther von Wittenberg aus auch Rom schon aus der Mitte der Erde herausgehebelt. Die „Umwälzung und Umdrehung (lat.: revolutio) des Himmels und des Weltalls", von der Kopernikus spricht, ist auf der Erde also schon in vollem Gange, besonders in Europa.

Und fast, könnte man denken, war es ja auch überhaupt kein anderer als der Magister Nicolaus Copernicus Thorunensis, der uns seitdem immer wieder zu dem Gedanken verführen konnte, es gäbe ja vielleicht neben unserer noch andere Welten? Mit unserer Welt könnten wir darum auch ein bisschen herumexperimentieren. Und sie wäre deshalb auch vielleicht für den einen oder anderen Versuch gut, den man notfalls, sollte er nicht klappen, auf einer anderen Welt noch einmal von Neuem und von vorne beginnen könnte?

Seit damals und danach tun wir jedenfalls so, als sei diese Erde nur zum Üben da. Als hätten wir mehrere Erden zur Verfügung. Seit damals produzieren wir pro Jahrhundert mindestens eine neue Idee und Theorie, die von genau dieser Voraussetzung auszugehen scheint. So kamen wir etwa zum Imperialismus, zur Rassenlehre, zum Nationalismus oder zum Sozialismus, dem letzten großen Experiment in dieser Reihe, und dem bisher gigantischsten Menschenversuch, den die alte Erde je gesehen hat. Kurz, die kopernikanische Revolution stand als Erste in jener Reihe unseliger Revolutionen, die wir kaum verstanden und auch nie richtig verdaut haben, auch nicht verstehen konnten, vielleicht am wenigsten, nachdem sie allesamt überholt wurden.

Denn mit Kopernikus scheint ja irgendwie der gesunde Menschenverstand in eine heillose Krise geraten: Die Erde soll eine Kugel sein und der Horizont bleibt doch überall eine ebene Linie. Die Sonne steht (angeblich) bewegungslos in der Weltallmitte und geht doch weiter auf und unter. Der Nationalismus ist (hoffentlich) passé und die verschiedenen Sprachen und Geschichten der Völker stehen dennoch weiter zwischen den Menschen. Der Sozialismus ist endlich so mausetot wie Karl Marx und die Ausbeutung der Menschen durch den Menschen nimmt dennoch kein Ende, im Gegenteil. Doch zurück nach Thorn und den Landkarten, die Kopernikus verändert hat.

Nachkopernikanische Experimenteure und Gesellschaftsingenieure – zuerst Nationalisten und danach die Sozialisten – haben es nämlich dahin gebracht, dass Menschen im Westen heute kaum noch wissen, wo die schöne Stadt im Osten liegt, die Brügge in Flandern so gleicht. Durch die vielen Welten, die Kopernikus entdeckt hatte, haben wir in unserem Jahrhundert für siebzig beziehungsweise vierzig Jahre jeweils unsere halbe Welt verloren. Zwei Generationen lang haben deshalb im Westen und im Osten die Menschen gelernt und erfahren, wie klein Europa war; jetzt müssen wir alle mühsam nachlernen, wie groß es ist.

Jetzt taucht die jeweils andere Hälfte wie das versunkene Atlantis wieder vor uns auf! Doch dieses Atlantis war in keinem Ozean versunken. Nicht mit Muscheln bedeckt, sondern mit Ruß und Schmutz überkrustet taucht der Osten jetzt wieder vor dem Westen auf, verwahrlost, heruntergewirtschaftet. Er war immer da, neben uns, und dennoch untergegangen in einer Sturmflut der Ideologie und einer Unterwelt der Herrschaft des Gedankens und der Idee über das Sein und die Menschen. Selbst die Landkarten, die in diese Welt führten, waren mit untergegangen und unserer alten Vertrautheit entzogen worden. Danach sieht es heute dort auch aus.

Der Weg von Berlin nach Thorn ist nur etwa vierhundert Kilometer weit. Die Strecke führt vollständig durch das zweite deutsche Reich vom Anfang dieses Jahrhunderts; gleich hinter

Thorn an der Weichsel begann damals schon das Zarenreich. Und Polen? Polen gab es nicht. Polen gab es nur als Erinnerung. Als Sprache der Dienstboten. Als Hoffnung romantischer Träumer. Als Erinnerung an den ehemals größten Staat Europas, einen multinationalen Staat, der so tolerant war, dass die im Westen verfolgten Juden massenweise hierhin emigrierten, zusammen mit ihrer Sprache, einem mittelhochdeutschen Dialekt. Eine der ersten demokratischen Verfassungen der Welt wurde in Polen formuliert, und dennoch haben sie während der letzten zwei Jahrhunderte nur zwanzig Jahre lang Freiheit gehabt. Im Jahr 1795 war von Polen – wie nach dem Fall Roms im Jahr 476! – eigentlich nur die lateinisch-katholische Kirche zwischen den preußischen Lutheranern im Westen und orthodoxen Russen im Osten übrig geblieben, über hundert Jahre lang, bis 1918.

Nach dem Ersten Weltkrieg verlief dann der sogenannte „Korridor" durch diesen Landstrich zur Küste, der dem neuen polnischen Staat zwischen den deutschen Provinzen Pommern und Ostpreußen hindurch einen Weg nach Gdingen zur Ostsee freihalten sollte. Es war Hitler ein Leichtes, den Zweiten Weltkrieg in diesem Hausflur zu entzünden. Und ausgerechnet hier wurden danach die Juden wie nirgendwo sonst systematisch von denen ausgerottet, vor denen sie schon Jahrhunderte zuvor geflohen waren. Die Deutschen verwandelten den Himmel über Polen in den größten jüdischen Friedhof der Weltgeschichte.

Nach dem Zweiten Weltkrieg wurde das heutige Polen dann von Stalin über diese Landschaft von Osten nach Westen geschoben, mit Endmoränen von Flüchtlingsheeren. In Jalta hatte Stalin das Unternehmen vor Churchill in einem kleinen Experiment mit zwei Streichholzdöschen auf der Banketttafel demonstriert. Und jetzt ist die gesamte Landschaft zu einem Zeitkorridor geworden. Jetzt kommen wir durch Traumlandschaften und Albtraumstädte nach Thorn. Ganze Landstriche kehren jetzt auf einmal vor uns am Steuer in unseren Blick zurück. Jetzt sehen wir erst, wie hoch die Berliner Mauer wirklich war. Vierzig Jahre lang hatten wir gelernt, die Welt mit einem zugekniffenen Auge zu betrachten: eindimensional. Alles war halb. Unsere Literatur, unser Weltbild, unsere Landkarten: Was wir für das Ganze gehalten hatten, war knapp die Hälfte.

Birkenalleen durchkreuzen die Landschaft, Barockkirchen ragen aus einsamen Dörfern hervor, gotische Ställe, Renaissance-Scheunen. Kastanienüberschattete Chausseen führen an Fischteichen vorbei, durch Buchen-, Kiefern-, Eichenwälder. Frösche quaken in hohen Wiesen, sehr zum Wohl der vielen Störche, die sich als Erntehelfer den Ährenlesern zugesellen, die sich einen Acker weiter nach übrig gebliebenen Früchten in den Furchen beugen. Bäche durchrieseln die Wiesen und Pferdekoppeln. Sensenschwingende Arbeiter grüßen von den Feldern. Das Heu wird mit der Hand eingefahren. Einsame Bahnwärter lassen rasselnde Schranken herab und öffnen sie wieder hinter den Güterzügen.

Schließlich präsentiert sich die alte Stadt Thorn am Abend schon von der Brücke über die breite Weichsel nahezu vollständig dem ersten Panoramablick auf dem nördlichen Ufer: die Stadtmauern, die Backsteinschiffe der Johannes-, der Jakobs- und der Marienkirche, der flämische Marktturm, an dessen Uhr schon Kopernikus – seit 1417! – die Zeit ablesen konnte, die alten Bürger-, Lager- und Stapelhäuser der Hanse. Kein Schiff stört den Blick, der Fluss ist versandet. Die Brücke zittert unter jedem LKW. Links von ihr leuchtet die blassblaue Neonschrift des „Hotel Kosmos" durch die Dämmerung über dem Fluss. Das teurere Hotel dahinter heißt „Helios". Der alte Bernsteinweg kreuzte hier einmal die Weichsel.

Die Stadt ist schön, schon auf den ersten Blick, ein Vorposten der Gotik aus einer Zeit, die zwar polnisch, deutsch oder französisch, aber noch nicht national dachte, als deutsche Ordensritter nach dem Scheitern der Kreuzzüge im Nahen Osten diese Kultur in ihre neuen Kolonien nach Osteuropa getragen haben. Seit dieser Zeit etwa haben deshalb fast alle Orte der Gegend neben ihren polnischen auch deutsche Namen. Auch Krzysztof, mein polnischer Kollege, beherrscht die deutsche Sprache elegant und präzise. Seine Sprachbegabung wird nur noch von seiner Begabung zur Freundschaft übertroffen. Er ist ein bärtiger Bär von Mann und eine Seele von Mensch. In zwei Wochen will er mit dem Rauchen aufhören und qualmt deshalb noch schnell seinen Jahresvorrat bis Weihnachten auf. So lerne ich Thorn in Polen kennen, schnell nach der Wende: als fast alles noch wie ehedem ist, gefesselt an den Schock der letzten vierzig Jahre.

Thorn ist eine kleine Universitätsstadt, ganz mittelalterlich, im Kern fast dörflich; im Krieg sind die Fronten so schnell über sie hinweggegangen, dass offensichtlich kein Haus zerstört wurde. Die Zeit nach dem Krieg aber hat sich wie eine Rußwolke über die Stadt gelegt. Zweitakter-Gestank umhüllt uns bei Regen wie bei Sonnenschein.

Wegen Kopernikus ist die Stadt zu einem Pilgerziel aller Schulklassen des Landes geworden. Tausend Kleine werden durch die Gassen geschleust, Tag für Tag, wo ihnen die Lehrerinnen an jeder Gedenktafel die bedenklichen Leistungen des Doktors vorlesen. Das Taufbecken, wo er getauft wurde, die Weichsel, in die er Pipi machte, das Denkmal vor dem Rathaus, das ihn immer noch als „Terrae Motor Solisque Caelique Stator" rühmt, als den Mann also, der „die Erde in Bewegung und die Sonne und den Himmel zum Stillstand" brachte, und natürlich das Kopernikus-Museum: ein schönes gotisches Haus an der Stelle, wo einmal sein Geburtshaus stand. Ein großes Foto vom ersten Fußabdrucks Neil Armstrongs im trockenen „Meer der Ruhe" auf dem Mond begrüßt uns gleich in der Eingangshalle, das uns vorgaukeln soll, dass das andere Bein, das diesen Jahrtausendschritt gemacht hat, in Thorn stand und steht.

Die alte Backsteinkirche an der Sw. Jakuba riecht wie alle alten Kirchen der Stadt: nach Wasser in den Wänden, nach Pilzbefall, nach einer Gruft, nach einer großen Rumpelkammer. Die Pfarrkirche ist täglich gut besucht, an Gottesdiensten morgens und abends. Es ist der gleiche Bereich, den in dieser gleichen Woche der polnische Papst unermüdlich, im ganzen Land wieder bereist, und in Thorn von morgens früh bis abends spät in allen Fernsehern. Man hört den weißen Pilger, der wirklich allein die ganze Welt umwälzte, im Radio aus der Tür jeder Küche in den Wohnzimmercafés und Restaurants, erstmals im „freien Polen", wie er sagt, wo er jetzt die Helden der Solidarität daran zu erinnern versucht, dass „die Befreiung von der Herrschaft des Unsinns nicht direkt zu einer sinnvollen Welt führt".

An der Jakobskirche steigen aus diesem Anlass Luftballons mit Papst-Konterfeis in den ausgewaschenen Himmel. Heute Morgen wurde hier eine Hochzeit gefeiert, heute Abend umkreist nach der Messe eine Prozession die Kirche: Alte Männer und Frauen mit alten Fahnen und alten Schärpen vorweg, der alte Messner in einem durchscheinenden Kittel über der abgetragenen Jacke dahinter. Schneeweiße Kommunionkinder streuen hinter ihm Blumen auf den Weg. Ihnen folgt der Baldachin, unter dem sich der junge Priester in Festgewändern hinter der erhobenen Monstranz gleichsam zu verbergen scheint. Scharen von Ministranten klingeln mit ihren Schellen in einem fort. Hinter ihnen kommt das Volk. Eine stehen gebliebene Zeit auf Wanderschaft.

Krzysztof zwinkert der Prozession von der Kirchenmauer nach, wie sie wieder durch das offene Hauptportal im Dunkel verschwindet, greift sich in den Bart, als wolle er die Andeutung eines Kreuzzeichens verbergen, und blickt uns belustigt an: „Das ist das Polen, das die Zaren und die Preußen überdauert hat, später die Nazis, jetzt die Kommunisten. Jetzt sind sie wieder einmal die einzige Kraft, die von der alten Gesellschaft übrig geblieben sind. Schau sie dir an!" Und die neue Regierung? Die Gewerkschaft? Krzysztof verzieht amüsiert den Mund. Er ist ein erlesener Skeptiker, wie es nur ein Pole sein kann. Das Vertrauen zu den Machthabern des Staates ist noch nicht richtig zurückgekehrt nach Polen.

„Unser Problem ist, dass wir sogar die Grundregeln der Demokratie in der Kirche gelernt haben. Wie man dem Staat widersteht, haben wir in Rom gelernt. Wo Rom einmal war, ist die Sehnsucht nach Freiheit nie mehr ganz verschwunden und auch die Kritik an den Herrschern nicht und die Lust an der Opposition. Es stimmt, wir können mit der Freiheit nicht umgehen. Aber wir können es auch nicht ohne sie. Das hat uns Rom über die Jahrhunderte beigebracht. Natürlich weiß hier jeder, was wir der Kirche verdanken. Wie man dem Staat widersteht, haben wir in Rom gelernt." Er lacht: „Weißt du, dass Juliusz Slowacki uns schon 1848 in einem Gedicht einen slawischen Papst prophezeit hat? Das weiß hier jedes Kind. Wir haben nie ohne diese Hoffnung gelebt."

„Denn da drüben", fährt er mit einer vagen Bewegung nach Osten fort, „hatten die Völker ja nie einen Anwalt. Dort gab es weder einen Kardinal Mindszenty wie in Budapest noch einen Kardinal Wyszynski wie in Warschau noch einen Kardinal Tomasek wie in Prag noch sonst einen Bischof, dem es in den Sinn gekommen wäre, den Herrschern die Stirn zu bieten. Selbst die Oktoberrevolution war eine Potemkinsche Revolution! Als der Zar erschossen war, schwor man gleich den nächsten roten Zaren die ewige Treue. Die eigentliche Revolution kommt dort erst noch. Bis jetzt kennt Russland überhaupt keine Revolutionen wie in England, Amerika oder Frankreich – nur immer wieder Palastrebellionen. Diese Welt hat ihre Völker nur als Objekt, aber überhaupt noch nie als Subjekt kennengelernt." Er hört sich selber fasziniert zu und lächelt genießerisch, als ließe er sich das Wort „Potemkinsche Revolution" noch einmal auf der Zunge zergehen.

Vierzig Jahre Diktatur haben diesen polnischen „homo historicus" jedenfalls nicht in einen „homo sovieticus" umwandeln können. „Schau dir mal die neuen ‚gelungenen Revolutionen' in Europa an. Schau hin: Europa reicht wirklich nur so weit nach Osten, wie die gotischen Kathedralen stehen. Das ist das Abendland. Auf der einen Seite Polen, die DDR, die CSFR, Ungarn und bald die baltischen Staaten, auf der anderen Seite Rumänien, Bulgarien, Albanien und – grob gesprochen – der Rest der UdSSR. In Jugoslawien verläuft der Riss zwischen Kroatien und Serbien. Das ist aber nichts anderes als die alte Bruchstelle zwischen der lateinischen und griechischen Welt, zwischen Abendland und Morgenland. Hinter dieser Scheidelinie brachen von den Mongolen bis zu den Kommunisten in der orthodoxen Welt die alten Reiche unter dem Ansturm mächtiger Herrscher immer wieder wie Kartenhäuser oder Sandburgen zusammen. Dieses Gotteshaus ist zwar nicht die östlichste gotische Kathedrale, wohl aber eine der östlichsten Jakobskirchen des Abendlands. Gegen die islamische Bedrohung sind wir von hier aus zu Fuß bis nach Spanien gepilgert, nach Santiago, über fünftausend Kilometer hin und zurück. Das ist Europa." Jetzt lächelt er maliziös: „‚Geglückt' oder ‚gelungen' ist natürlich noch ein bisschen voreilig, was unsere neuen Revolutionen betrifft. Dennoch hat Polen jetzt wieder einmal Europa gerettet. Denn diese Kirchenmauern da haben Polen geschützt, sie haben unsere ganze Opposition geschützt, auch die *Solidarnosz*. Ohne unseren Mann in Rom würde eure Berliner Mauer heute noch stehen. Aber jetzt müssen wir sehen, wer uns vor der Kirche schützt. Jetzt kaufen die frommen Frauen bei uns mit ihren letzten Slotys alle Apotheken leer – nicht ganz natürlich, nur die Verhütungsmittel, die sie zuhause verbrennen."

Jugendliche Betrunkene torkeln über unseren Weg, wie heute Morgen schon und gestern und morgen, zu jeder Tageszeit, aus jeder Altersgruppe. Völlig unangefochten von der Macht der Kirche ist das Land nach dem Kommunismus auch auf dem Weg zurück zur absoluten Monarchie: zur unumschränkten Herrschaft König Alkohols. Richtig gelitten hat sein Regiment hier nie, eher im Gegenteil. „Aber das ist doch bis Wladiwostok so", sagt Krzysztof, „das ist doch hier noch gar nichts."

In der Ulica Mostowa haben Schwalben unter den alten Balkonen ein Nest neben das andere gebaut und stürzen im Sturzflug über das Pflaster. Eine rostige Kinderschaukel in der Ruine der alten Ordensburg macht Krach wie ein schreiender Esel, doch unter den Nachbarn findet sich keiner, der dem Terror mit ein paar Tropfen Öl abhelfen möchte. Es beginnt leicht zu regnen, zu schwach, um all den Staub von den Dächern, den Häusern, den Straßen und den Menschen abzuspülen. Der Regen drückt nur den Benzingestank in die Gassen zurück, auch die Blicke. Jetzt sieht die Stadt wieder wie nach einem Brand aus. Nach einem Krieg. Ein Putzbrocken fällt neben uns herunter.

Wir fahren zur Trabantenstadt „Junge Eheleute" hinaus, gigantischen Schuhkartons aus Beton an der Endstation der Straßenbahn. Birken umstehen den einsamen Platz. Ein riesiger Himmel überspannt das Land. Wie weit reicht der Westen in den Osten? „Vielleicht muss die Frage anders gestellt werden", sagt Krzysztof, „vielleicht muss heute gefragt werden, wie weit der Osten nach Westen reicht. Sieh dir die Stadt an, sie ist so klein, dass sie leicht zu Fuß durchkreuzt und durchwandert werden kann, nicht wahr. Aber das ist nicht die Stadt, das ist nur eine Erinnerung. Das hier ist die Stadt. Hier wohnen die Menschen. Bald wird es ein Klacks sein, das ganze Politbüro zu verhaften. Aber wer wird alle diese Plattenbauten wieder wegsprengen? Das ist der Osten. Er reicht längst von Sibirien bis nach Berlin."

„Der Westen ist das, was hier Jahrhunderte lang gewachsen ist, das ist das Abendland, der Osten ist das, was nach 1945 überall zu wuchern anfing. Ganz Irkutsk, eine Millionen-Stadt, sieht nur noch wie diese Silo-Siedlung aus, völlig gestaltlos. Nach dem Krieg sind die Polen Weltmeister der detailgenauen Restauration ganzer Städte geworden, identitätshalber, aber die Straßen zu putzen und die Häuser zu schonen und zu pflegen, haben wir inzwischen völlig verlernt, besonders in der letzten Generation, seit gut zehn Jahren. Sieh dir die Treppenhäuser an: Es ist Niemandsland, das Chaos reicht bis vor jede Wohnungstür. Erst dahinter wird es anders: Da im Privaten beginnt wieder der Westen. Die Straßen und Plätze gehören dem Osten. Wir sind atomisiert. Alles Öffentliche ist uns fremd und gleichgültig: Es ist alles Niemandsland. Die ‚res publica' ist auch in der neuen Republik die unbekannteste Sache der Welt geworden. Wir haben noch gar nicht begriffen, dass wir dafür verantwortlich sind, dass der Staat uns gehört und nicht wir dem Staat."

Die Sonne geht wieder unter, Zeitlupe. Ich war gewarnt worden vor meiner Abreise. Die Mafia beherrsche das Land. Die Goldgräber! Für Kleingeld würden im Wilden Osten heute schon die Leute umgebracht. Die neue Freiheit sei vor allem die Freiheit der Gauner und Gangster; keiner sei schneller als sie. Stimmt alles. „Welche Hemden können mir gestohlen bleiben?", hatte ich also beim Kofferpacken gedacht und dann das braune kaputte, das zerschlissene blaue, meine abgelaufenen Schuhe und die zerrissene alte Lieblingsjacke eingepackt. Jetzt schäme ich mich in Thorn vor Krzysztof aber für die Flecken auf meinem Jackett. Hier werden keine Hemden gestohlen und auch mein alter Ford ist hier nicht in Gefahr. Flammneue Mercedesse, BMWs und Porsches heulen mit quietschenden Bremsen an den alten Trabbis und Fiat Polskis durch die Stadt. Auch das große Geld, das die Welt regiert, kehrt jetzt wieder als Mitregentin nach Polen zurück. Es ist ein idealer Markt für Menschenhandel.

Plötzlich kommt mir Marlon Brando in den Sinn, als Kowalski, der polnische Immigrant aus der „Endstation Sehnsucht", wie er am Schluss des Films im Unterhemd auf der Straße steht, in Jeans und Turnschuhen, Tränen in den Augen und Schweiß auf der Stirn, und so verzweifelt und vergeblich seine Frau oben im Haus anschreit, sie möge doch wieder zu ihm herunterkommen: „Stella!" Was soll ich Krzysztof zum Abschied also wünschen oder Thorn oder Polen? Dass Kopernikus endlich radikal und schleunigst revidiert wird? Dass wir endlich wieder die wunderschöne Erde zum Mittelpunkt des Universums erklären, auf dem unsere Länder in Frieden erblühen können, ohne Alternative und ohne eine andere Erde in Reserve?

JERUSALEM DES WESTENS

*Fassade der Jakobus-Kathedrale
von Santiago de Compostela*

Santiago de Compostela, September 1991. – Ohne das Grab des Apostels Jakobus in dieser Kirche würde Spanien heute wohl am ehesten der Türkei gleichen. Europa aber hat sich um das Netz der Pilgerwege zu dieser Kathedrale herumentwickelt.

Eine Brise vom Atlantik weht durch das Kellergewölbe, in das links und rechts zwei Treppen hinunterführen. Ein silberner Stern leuchtet aus einem Winkel hervor. „Dreh dich um, Europa!", lese ich ihm gegenüber auf einer bronzenen Inschrift: „Von Santiago aus rufe ich dir zu, altes Europa, in einem Schrei voller Liebe: Kehr um und begegne dir! Sei wieder du selbst!", steht dort auf Spanisch. Das hat Johannes Paul II. hier am 9. November 1982 Europa zugerufen. Ich dreh mich wieder zu dem silbernen Sarg des Apostels Jakobus um, vor dem der Aufruf in die Wand eingelassen ist. Ein paar Kerzen flackern. Ein silberner Stern leuchtet blass in der schwarzen Marmornische über dem Sarkophag. Dieses Grabes wegen gibt es dieses Haus, diese Stadt und den Westen Europas so, wie er geworden ist. Hier ist das Ende der Milchstraße, auf der früher einmal die Götter zur Erde glitten, hier liegt „Sankt Jakob im Sternenfeld": Santiago de Compostela – das „Jerusalem des Westens", wo auch die Hüter des Jakobsgrabes einmal wie Päpste residierten und die Könige Asturiens zu Kaisern krönten.

Ja'akov, der Fischer aus Galiläa, hatte seinen Vater bei den Netzen sitzen lassen, um dem vorbeiziehenden Jesus zu folgen, von dem er glaubte, dass er König der Juden werden würde. So wurde er zu einem der zwölf Apostel. Seiner Reliquien wegen wurde die Stadt gleich ganz nach ihm benannt: Santiago, das heißt: Sankt Jakob – als wäre die ganze Stadt eine Kirche. Viele halten es natürlich dennoch für einen Schwindel, dass die Knochen dieses Fischers vom See Genezareth siebenhundert Jahre nach seinem Tod ausgerechnet hier oben im äußersten Winkel Spaniens gefunden worden sein sollen, über viertausend Kilometer Luftlinie von Jerusalem entfernt, wo Jakobus ebenso wie Jesus hingerichtet wurde, nicht am Kreuz, sondern durch das Schwert, unter Herodes Agrippa. Und jetzt sollen die Knochen des Jakobus also in dieser Schatulle liegen, im Nordwesten der Iberischen Halbinsel, lächerlich. Es ist ein Witz von der Art, von denen Voltaire nicht genug kriegen konnte. Haha, eine köstliche Dummheit.

Erst jetzt, wo bald keiner mehr an die Echtheit der Knochen noch an die Apostel selber glaubt, wird auch solcher Spott allmählich ein bisschen fad. Denn von der Wunderkraft dieser Knochen berichtet ja keine einzige Legende. Dennoch hat der apostolische Glaube, der auf ihnen ruhte, zweifelsohne einmal Berge versetzt. Berge? Er hat Weltreiche hin- und herbewegt. Ohne diese Gebeine, das ist gewiss, gliche Spanien heute vielleicht am ehesten der Türkei. Wien wäre gefallen ohne diese Reliquien und viele andere Städte.

So kam es bekanntlich nicht. Als das Jakobus-Grab entdeckt wurde, endete im Westen der Siegeszug der Reiterheere der Kalifen, unter denen die christlichen Reiche davor hundert Jahre lang wie Kartenhäuser eingestürzt waren. Vor diesen Heeren waren die Gebeine des Apostels immer weiter nach Westen in Sicherheit gebracht worden, von Jerusalem zuerst nach Ägypten, dann immer weiter nach Westen, bis es nicht mehr weiterging, am Ende der Erde, bei „Finis Terrae", wie in Vollendung des letzten Missionsauftrags Jesu an seine Apostel. So war die Wirkungsgeschichte dieser Gebeine ein einziges Wunder. Dann endlich kehrte hier nach der „Entdeckung" der Gebeine des Jakobus schon vor zwölfhundert Jahren die Geschichte Europas um und wendete sich radikal. Damals wurde Santiago zum Wendepunkt des Westens. Mehr als jeder Lebende hat Jakobus darum Jahrhunderte nach seinem Tod gewirkt. Und mehr als jeder Herrscher und Politiker hat dieser Apostel damit für die Selbstbehauptung Europas getan. Spanien hieß damals im Rest Europas „Jakobsland" – wegen dieses Sarges – bis hinauf nach Schweden. Der Westen war Jakobs Erdteil. Im Osten dieses Westens warfen sich in jener Zeit Polen und Deutsche gemeinsam der Sturmflut der Mongolen entgegen.

Ich steige aus der Krypta die Treppen hoch. Gleißendes Licht taucht das Innere der Jakobskirche vom Hauptportal her in ein spätes goldenes Flimmern. Frauen mit Einkaufsnetzen wechseln vom Platz der Silberschmiede quer durch die Kirche zum Platz der Unbefleckten. Am Glorienportal legt eine Japanerin mit Schleier ihre Hand in die abgegriffene Wurzel Jesse. Ich lasse den Blick durch die Höhe streifen. Da oben begannen die steinernen Figuren der Romanik erstmals zu lächeln. Damals schauten sie hier in ein neues Zeitalter hinein: in eine Zukunft, die schon lange unsere Vergangenheit ist.

Als ich durch das Portal auf die Freitreppe trete, muss ich die Hand vor die Augen halten. Das Licht der Ozeane spiegelt sich im Himmel. Bemoost wie die Ruinen der Maya wächst das Granitgebirge des Kathedralenmassivs hinter mir in die Höhe. Die blühenden Steine Santiagos! Flechten umranken die Galerien, Gestrüpp wuchert wie Schmuck aus den rostigen Balkonen hervor, ein gelber Pilz überzieht die Steinquader, violette Blumen wiegen sich im Wind, die nur in diesem Gemäuer zu gedeihen scheinen. Es ist eine vollkommene Verschmelzung der Natur mit der Kultur, der Landschaft mit der Stadt, vollkommen verschmilzt in diesem Haus auch die Romanik mit dem Barock. Hoch oben blickt Jakobus aus einer offenen Tür nach Westen.

Der Ton einer Blockflöte dringt um eine Ecke des Steingebirges. Gegenüber verdunkeln und heben sich Konturen verschiedener Hügelketten hintereinander aus der Dämmerung am Horizont. Die Zeit steht still. Nichts hat sich hier jemals geändert, seit ich diesen Platz kenne, nur ich. Welche Stadt ruht so in sich? Meine Augen folgen dem Schatten, der mit der fallenden Sonne die Kathedrale hochklettert. Jetzt sind nur die Spitzen der Türme noch golden im letzten Licht des Tages. Jetzt ist auch das vorbei. Die Nacht ist angebrochen. Fünf Gaslaternen leuchten milchig gelb an der Fassade auf. Die Luft riecht nach Salz, der Wind schmeckt nach Meer. Der Platz ist kleiner geworden in der Dämmerung, nach Sonnenuntergang zieht er sich zu einem Innenhof zusammen, der die Wärme des Tages noch Stunden nach Sonnenuntergang in seinen Steinen hält: zu einem Wohnzimmer der Stadt, einer stillen Herzkammer Europas. Doch das Bild ist falsch. Santiago ist kein vergessenes Herz. Wenn schon, ist es eher eine Lunge des alten Europa. Über diese Stadt hat sich die Christenheit ausgetauscht: mit dieser frischen Luft, mit Blut, mit Geist. Über die Zirkulationswege hierhin lag nicht nur eine lange Wolke aus Hühnergegacker, Kuhgeruch, Gekläff von Mischlingshunden, Hahnengeschrei, murmelnden Gebeten, sondern auch eine endlose Debatte durch die Jahrhunderte, ein einziges Gespräch.

Wo man in anderen Erdteilen Tiere und Götter in den Tempeln findet, sind es hier immer wieder nur Menschen, die in den Stein gemeißelt wurden. Gott und die Menschen als Säulen der Kirchen, Menschen als Pfeiler von Brücken, Menschen mit wohlbekannten Biografien. Es ist das alte Menschenbild Europas, das Santiago dem Westen noch immer wie in einem Spiegel vor Augen stellt. In der Innenstadt ist fast jedes Haus älter als die ältesten Häuser Amerikas. Dennoch sind es alles zusammen eigentlich nur ein paar Straßen, Winkel, Plätze, an denen hier jeder sofort erkennt: Das ist eine Weltstadt, in der es die natürlichste Sache der Welt ist, ein Fremder zu sein. Reisende gehören wie der legendäre Regen zu Santiago, seit Anfang an. Jetzt glitzert dieses alte „Babylon der Zungen und dieser Karneval der Nationen" wieder in unzähligen Quarzsplittern aus dem Granit, in allen Quadern, allen Mauern, im Pflaster der Straßen, bis in die Spitzen der Türme hoch, vor Stunden in der Abendsonne, jetzt im Schein der Gaslaternen, als Millionen Sternchen, sogar im Schein des Mondes. Ganz Santiago scheint aus diesem Stein errichtet. Sogar die Straßen wurden aus den gleichen Quadern zusammengefügt, wie die Häuser, an die sie grenzen, die Treppen, die Arkaden, die Tore, die steinernen Plätze. Sogar in die Fußböden der alten Bars setzt sich dieses Straßenpflaster fort. Die Stadt ist wie gemeißelt, wie aus einem Block skulpiert. Im Osten begrenzt die Placa de la Quintana eine hundert Meter lange Klagemauer, allerdings mit vergitterten Fenstern und Geranien darin. Die Könige David und Salomo bewachen die Puerta de la Gloria. Und auch die anderen steinernen Heiligen der Stadt stammen fast durchweg aus Jerusalem, angefangen von Jakobus bis zu den zwölf Propheten neben der Heiligen Pforte, die sich dort quer durch die Jahrhunderte aus zwölf Fenstern heraus miteinander unterhalten.

Dennoch ist Santiago eine der jüngsten unserer alten Städte. Als Venedig aus den Lagunen und Sümpfen emporstieg, trat auch Santiago hier aus den Wiesen und Wäldern in die Geschichte ein. Beide Städte sind ohne antike Vorgängerinnen, beide von Anfang an christlich. Und während Venedig zu einem Schrein der Schönheit Europas wurde, formte sich Santiago zu einem Tresor einer Erinnerung.

Die Liste der Lehrer, die in der Stadt gewirkt haben, ist lang und berühmt. Das Colegio Mayor im Monasterio San Martín nördlich der Kathedrale ist sogar größer als die Jakobskirche selbst. „Was Santiago heute ist, wollen Sie wissen?", fragt mich dort am nächsten Morgen Don Eugenio im Kreuzgang, „dann müssen Sie mir sagen, was Europa ist. Dann müssen die Völker Europas zuerst herausfinden, was sie zusammen sind. Wenn diese Frage nicht beantwortet wird, wird Santiago schon bald nur noch eine Anekdote der Geschichte werden, wie der alte Olymp der Griechen. Denn es ist ja noch gar nicht ausgemacht, ob Europa nicht insgesamt noch einmal das gleiche Schicksal widerfährt, wie es Nordafrika im 6. und 7. Jahrhundert widerfuhr. Auch diese Gebiete gehörten ja einmal, wenn Sie so wollen, zu Europa."

„Diesmal aber", fuhr Don Eugenio fort und blieb auf unserem Rundgang stehen, „droht diese Gefahr nicht etwa durch den Islam von außen, sondern von innen, durch die weltanschaulich älteste Gegnerin der Christenheit: durch die Gnosis! Wissen Sie, was die Gnosis ist? Lächeln Sie nicht. Jetzt kennt fast kaum noch einer ihren Namen oder weiß, was das ist, was Europa und die Erde jetzt gefährlicher bedroht, als es jemals der Kommunismus tat oder wie es die Hunnen taten."

Don Eugenio ist Professor der Patristik. Der Kampf der Väter gegen die frühen Irrlehrer ist ihm in Fleisch und Blut übergegangen. „Jetzt erobert Zarathustra Europa. Selbstverwirklichung! Wer weiß schon noch, dass es der älteste gnostische Traum ist, die schimmernde uralte Illusion von der Selbsterlösung!? Es ist vielleicht unsere faszinierendste Versuchung – die Schöpfung in Schwarz und Weiß aufzuteilen, in einen guten und einen bösen Teil –, die in der Geschichte unter anderen Namen immer wiederkehrt."

Wir setzen uns auf die Brüstung des Kreuzgangs. „Europas Pilgerschaft nach Santiago war deshalb im Kern ein zähes Ringen gegen diese Gnosis. Das heißt: Es war die Auseinandersetzung mit der Begrenztheit des Menschen, der sich nicht selbst erlösen kann. Mit dem Menschen, der immer Hilfe jenseits seiner eigenen Möglichkeiten bedarf. Der weiß, dass selbst für den Aufbau des Himmlischen Jerusalem nur Sünder zur Verfügung stehen – und nicht etwa eine erleuchtete Elite auf der einen Seite: oben, und eine sündige und schmutzige Kaste unten. Der Weg nach Santiago hat die kollektive Erfahrung der Leiblichkeit in all ihren Begrenzungen festgehalten, der Geschichte, des Staubes, des Schweißes. Gegen das gnostische Märchen von der Selbstreinigungskraft der Füße hatte er die revolutionäre Erkenntnis der Genesis wachgehalten, dass die Menschen sich als vergebungsbedürftige Sünder miteinander einzurichten haben. Andere Menschen gibt es nicht. Nach dieser Erkenntnis hat sich Europa entwickelt. Der Weg hierhin war ein einziges Aufbäumen für die ganze Schöpfung, den ganzen Menschen, für Leib und Seele, Diesseits und Jenseits, Schuld und Sühne, für alle Seiten des Menschen, für seine Verstricktheit – und nicht nur für seine hehre Seele. Das Bewusstsein ihrer Schuld ließ die Menschen aus allen Winkeln hierhinziehen. Die Notwendigkeit der Vergebung! Zu diesem Preis wurde Europa freigekauft. Zu diesem Preis hat die Kirche einmal Europa geeint und nicht die Gnosis! Diese Kirche der Apostel ist das Skelett des Abendlands."

„So gesehen", beendete Don Eugenio seinen leisen Vortrag, „ist Santiago wirklich wie vielleicht keine andere Stadt ein Spiegel der Selbstvergessenheit Europas, der großen Krise des Erdteils. Denn selbst in der Kirche ist der Unterschied zwischen dem, was die Kirche weiß und lehrt, und dem, was die Gläubigen glauben, ja heute schon um ein Vielfaches größer, als es früher jemals der Unterschied zwischen den Konfessionen war. Jetzt glaubt jeder längst, was er will, das heißt: an die neuen Mythen, mit denen er sich füttern lässt. An die Ideologien, die alten und neuen Geschichtsfälschungen, die Esoterik. An die neue Gnosis ohne Namen. Vielleicht lässt es sich nirgendwo wie in Santiago studieren, wohin der Pilgerstrom ja nun wieder zunimmt. Denn auch diese neuen Pilger glauben ja längst (jeder einzeln für sich), was sie wollen – und halten es dennoch für irgendwie ganz besonders christlich – auch wenn sie dabei von ‚Initiationswegen' und sonst was murmeln. ‚Der Weg ist das Ziel', lautet fast immer, so oder so, ihre Ideologie. Die christlichen Pilger waren aber keine Sinnsucher. Zum alten Santiago war nie der Weg das Ziel, sondern die Umkehr. Europa entstand auf der Pilgerschaft und hat sich einmal auf der Suche nach Vergebung, nach dem ‚gran perdon', um die Wege nach Santiago herum entwickelt. Der Weg hierhin unterscheidet darum auch den Westen vom Osten. Die Geschichte des Westens ist auf diesem Weg linear und zielgerichtet geworden: jüdisch, christlich, augustinisch – ausgestreckt auf das Unendliche hin: auf die Herabkunft der himmlischen Stadt in dieser Welt. Der Osten zirkelte viel mehr in sich selbst im Kreislauf der ewigen Wiederkehr. Hier aber ist der Weg das große Thema Europas geworden – und das größte Thema Spaniens. Denn der Weg verändert. Wir können es am schönsten bei Spaniens größtem Dichter nachlesen. Denn auch Don Quijotes Leben beschreibt ja einen einzigen Weg – den er als Narr beginnt und als Weiser beendet, während sein Begleiter Sancho ihn als Realist anfängt und als Träumer endet: schlau am Anfang, am Ende verrückt. Am Schluss ist es für beide genau umgekehrt."

ENDE DER WELT

Cabo de Fisterra, der westlichste Punkt Spaniens und Galiciens im Atlantik und äußerster Wendepunkt des Jakobsweges

Fisterra, September 1991. – Das Kap, wo die Pilger in ihre Heimat umkehrten, ist seit Columbus nur noch ein abgelegener Flecken auf der Landkarte – und das Ende der Welt nur noch ein Zeitgefühl, ein Datum, aber kein Ort mehr.

Das Europäische Haus reicht nicht nur an vier Meere heran, sondern auch ans Ende der Erde: an das „finis terrae", wie es im Lateinischen heißt – oder Finisterre auf spanisch, Fisterra auf galicisch und Finistère auf französisch. Hier, an der westlichsten Spitze Galiciens, und auch noch im Westen der Bretagne, endeten jahrtausendelang alle Wege zum Sonnenuntergang an tosenden Wassern. Hier öffnet sich das Haus in den Weltraum hinein.

Schritt für Schritt sind wir hinter Santiago zum äußersten Westen des Kontinents hinabgestiegen, über wackelige Steine, unsichtbaren Pfaden nach, Stufe für Stufe, durch enge Schluchten. Hier stürzt Europa in einem zusammengebrochenen Treppenhaus in den Ozean ab. Am Schluss verengt sich der Weg zu einem Kamin. Da zerklüftet sich der Felsklotz zu einer wilden Kathedrale der Natur, eingehüllt in die Schleier und Nebel der Gischt. Riesen müssen hier gewohnt haben. Hundert, zweihundert Meter hoch ragt der Granitberg aus dem Atlantik hoch. Flutwellen donnern gegen den Felsen, Sturzbäche schießen nach ihnen die Tiefe hinunter, Weltströme kreuzen sich vor dem Kap in einem Malström aus Strudeln.

Schneeweiß kochendes Wasser stürzt über die Felsen, fließt ab, stürzt wieder heran und herüber. An einem weißen Marmorblock glitzert die donnernde Flutwelle wie eine flüsternde Quelle zurück. Lange Wogen und Wellen rollen vor und zurück an die Klippen. Wellen, Wogen? Wahre Mittelgebirge aus Wasser stürzen hier auf das Festland, in ungeheurem Krach, dazwischen ein Moment atemloser Stille, bis wieder ein neues Riesengebirge über die Felsen stürzt: eine Eifel aus Wasser, Vogesen aus Wellen, Ardennen aus Wogen. Das rollende Vor und Zurück der See ist ohrenbetäubend. Das ist das spanische Cap Finisterre, das alte Ende der Welt bis zum Jahr 1492, der Punkt, in dem Europa an seine Grenze kam.

Der Horizont: eine silberne Linie. Dass die Erde rund ist, lässt er nicht erkennen. Es brauchte Generationen des Vertrautwerdens mit dem Meer, bis die Zeit endlich reif wurde, dass es gelingen konnte, auch diese Linie zu bezwingen. Und nun muss man sich das vorstellen: ein erschöpftes Leben, die an ein Ende gekommene Biografie des Erdteils, ein fertiges Leben, an dessen Horizont dann noch einmal eine neue zweite Chance, eine neue Welt aus den Fluten der Urflut auftaucht. Wer wünscht sich so etwas nicht? Einen neuen Kontinent aus dem Meer seiner Biografie auftauchen zu sehen, nachdem er das Ende der Welt gesehen und überwunden hat?

Doch nun geschieht etwas Merkwürdiges. Als die Unendlichkeit entdeckt wird, als den Menschen gewahr wird: Die Erde ist grenzenlos – kehrt aus der Ferne hinter dem Horizont in einem gewaltigen Schub die antike Vorstellung vom ewigen Kreislauf zurück ins Abendland. Die Welt bricht nicht zusammen, aber das christliche Weltbild des Himmlischen Jerusalems am Ende des Wegs durch die Zeiten wird in den Grundfesten erschüttert. So wird die Welt als Erstes hohl und leer, als sie weiter wird. Denn die neue Welt, die man zu entdecken meint, kann natürlich nur die vollständige alte sein. Dennoch ist es nun ein völlig neues Zeitalter, das hier beginnt. Seit Columbus ist dieses Finisterre nur noch ein abgelegener völlig unbedeutender Flecken auf der Landkarte – und das Ende der Welt nur noch ein Zeitgefühl, ein Datum, aber kein Ort mehr.

Drei Möwen ziehen durch die Höhe. Im Hin und Her der Wasser gibt der Fels ein glänzendes Fell aus Tang frei, als blecke hier die Landmasse Europas ihr schwarzes Gebiss. Im Westen verwandelt die Sonne den Ozean in Quecksilber.

HÜTER DER HEILSGESCHICHTE

Ivan Babcock, Gefreiter der 1. US-Armee, am 9. April 1945 nach der Entdeckung der Aachener Nachbildungen der „Reichsinsignien" in einem Bergwerksstollen bei Siegen

Wien, März 1989. – In der Schatzkammer der Hofburg lassen sich die Blaupausen des Abendlands in Gold und Edelsteinen studieren und eine Tasche mit jenem Staub, auf dem das Reich der Apostolischen Majestäten gegründet war.

Es gibt ein berühmtes Foto Ivan Babcocks aus Nebraska, eines jungen GI, wie er sich im April 1945 in einem Bergwerkstollen bei Siegen die Kaiserkrone des Heiligen Römischen Reiches mit seiner Rechten so aufsetzt, als wäre es ein Käppi der siegreichen US-Army. Ein breites Grinsen liegt auf seinem Gesicht und ein erleichtertes Feixen; viele seiner Kameraden sind in den letzten Tagen in erbitterten Kämpfen mit den Deutschen gefallen. Ivan Babcock trägt unter der kostbarsten Krone Europas noch Kampfmontur, ein Lederfuttural für seinen Colt über der Schulter und hält in seiner Linken eine qualmende Zigarette. Das Foto muss um den 9. April gemacht worden sein. Bis zum 6. April hatte die Wehrmacht den US-Truppen in der Stadt zwischen Sauerland und Westerwald noch Widerstand geleistet.

Danach hatten Einheimische die Sieger zu der Mine geführt, wo die Reichskleinodien verwahrt und vor Fliegerangriffen geschützt worden waren, obwohl es nur wertvolle Repliken aus Aachen waren und nicht die Originale, die unter den Nazis in Nürnberg verwahrt wurden. Anfang 1946 wurden sie dann endgültig nach Wien verbracht, wo ich sie mir im März 1989 erstmals in der Schatzkammer der Hofburg anschauen kann, als sich da gerade eine Schulklasse nach der anderen im Dämmerlicht von einer Tür zur nächsten drängt, an Vitrinen vorbei, aus denen es immer golden schimmert. Ich höre zwei Lehrer auf ihre Schützlinge einreden, beide mit einem breiten Wiener Akzent, und höre kaum hin. Denn plötzlich habe ich rechts neben einer Zwischentür ein großes schweres Kreuz entdeckt, bei dem es nur einen Schritt braucht, um zu sehen, dass wie beim Lotharkreuz in Aachen auch hier wieder nicht der Gekreuzigte, sondern das Himmlische Jerusalem an dieses Kreuz geheftet ist, auf goldenem Fundament. Es ist das Reichskreuz des Abendlands.

Aber es steht natürlich aufgerichtet in dieser Schatzkammer. Darum muss ich den Kopf zur Seite legen, um wieder die Straßen, Häuser und Gärten aus Gold, Edelsteinen und Perlen erkennen zu können, die auf dem majestätischen Kreuz zu der offenen Stadt ohne Tempel geordnet sind: mit Palästen aus Edelsteinen und Goldkörnchen für das Volk von Königen. Die Granulationsarchitektur ist eine Konstanzer Arbeit. Auf der Rückseite ist dem Kreuz das wehrlose Lamm vom Ende der Apokalypse als Kennzeichen eingeritzt, gleichsam als Signatur dessen, der in der Mitte der Neuen Stadt thront und herrschen wird.

Der Wärter, der aufpasst, dass ich keine Fotos mache und keine Vitrine berühre, hat schon sein Leben lang hier in der Hofburg gedient und diese Stadt auf dem Kreuz bisher noch nie entdeckt. „Das soll eine Stadt sein?" Er schüttelt den Kopf. „Da, das habe ich viele Führer schon sagen gehört", sagt er entschuldigend, zeigt auf die alte achteckige Reichskrone hinter uns und stellt sich gleich neben die Vitrine, „diese Krone soll etwas mit einer alten Stadt zu tun haben. Das habe ich oft gehört."

Und ja, das ist ja nun wirklich bekannt. Mehr als eine Krone ist die alte Kaiserkrone in Wien als eine goldene Stadtmauer gedacht. Otto der Große hat das Schmuckstück mit seinem Bruder Bruno auf dem Kölner Bischofsstuhl für seine eigene Kaiserkrönung 962 entworfen und in Auftrag gegeben. Bis zum Jahr 1803 wurde sie noch in Wien als „die herrliche, strahlende Reichskrone" getragen (bevor sie vor Napoleon in Sicherheit gebracht werden musste).

Das Achteck ist im Spiel seiner Maße auch einigen Kirchen nachgebildet, die wir uns schon angesehen haben, der Grabes- und Auferstehungskirche wie dem muselmanischen Felsendom in Jerusalem, Santo Stefano in Rom, San Vitale in Ravenna, der Aachener Krönungskapelle. Vier Emailfenster der Mauerkrone zeigen drei Könige und einen Propheten aus der Geschichte Israels: David, Salomo und Hiskia mit seinem Berater Jesaia – das alte Jerusalem. Dazu Jesus von Nazareth, als den letzten „König der Juden", mit der lateinischen Aufschrift: „Durch mich regieren die Könige."

Der vornehmsten Krone Europas waren außer Christus über tausend Jahre lang auch noch drei jüdische Könige (in byzantinischen Offiziersmänteln) und ein jüdischer Prophet eingegraben! Und die Perlen und Edelsteine der vier restlichen Platten dieser Reichskrone stellen in raffinierter Verschlüsselung wieder die messianische Stadt des Sehers Johannes dar, als „prächtige Krone in der Hand des Herrn", wie schon der Prophet Jesaia die Stadt gerühmt hatte.

Die Herrscher aber, sehen wir hier auch schon, die in der Stadt Gottes nie mehr Tür an Tür mit Jahwe wohnen sollten, hatten sich in diesem Reich seiner Stadt schon wieder fast völlig bemächtigt. Das Fundament ihrer Mauern war nun kein Berg mehr oder ein Buch oder ein Kreuz, sondern die Stirn der Ottonen, danach der Salier, der Staufer, der Luxemburger und Habsburger. Und wo Johannes einen Regenbogen über dem Thron des Lammes erblickt hatte, wölbt sich hier ein schimmernder Bügel über dem Scheitel und Schädel des Kaisers.

Die Edelsteine sind aber auch Fenster, durch die wir hier noch einmal zurück in das Leben Kaiser Ottos blicken, dessen programmatischer Entwurf für das Abendland sich in dieser Mauerkrone verdichtet hat.

Durch einen Saphir nach Augsburg, wo er mit dem Bischof Ulrich die magyarischen Reiterkrieger aus der Tiefe Asiens in einer letzten Schlacht endgültig als ungarische Nation dem Reigen der Völker Europas einfügt. Durch einen Rubin nach Polen, wo er dem Fürsten Mieszko die Tür ins europäische Haus öffnet. Durch einen Smaragd nach Aachen, wo die vornehmsten Herzöge der deutschen Stämme den Herrscher nach seiner Salbung am Tisch beim Königsmahl bedienen, das Fleisch vorlegen und den Wein nachgießen. Und durch einen Lapislazuli nach Rom, als ihm gerade die neue Kaiserkrone über eine niedrige Mitra gestülpt wird, wie sie die jüdischen Hohenpriester des alten Israel viel früher einmal getragen haben. Seine Gewänder sind mit Glöckchen besetzt. Schellen an roten und blauen Schnüren bimmeln an seinem Gürtel. Der ganze Erdkreis ist mit Szenen der Apokalypse auf seinen Mantel eingestickt. Hinter der Krone enthält in der Wiener Hofburg eine kaum minder kostbar geschmückte „Reichs-Burse" staubige Erde aus dem Heiligen Land. Das war der Grund und Boden, auf dem das Abendland gegründet war.

Wie Karl der Große verstand sich vor der ersten Jahrtausendwende also auch Otto I. vor allem als ein Hüter der Heilsgeschichte, wo der gesalbte Herrscher dem Römischen Reich nur als Statthalter vorstand. Davon sprechen die Schmuckstücke dieser Kammer also vor allem in ihrer letzten Erzählung: von dem dramatischen Ringen der zwei Gewalten des Abendlands. Es ist das Ringen der Kaiser und Päpste, von denen eben nicht nur der eine weltlich und der andere geistlich war, sondern die beide beides waren: weltlich und geistlich! Aus diesem Reich ist unsere Zeit und Welt hervorgegangen – und zuletzt unsere Freiheit.

Denn nach den Karolingern setzte mit Otto unsere Geschichte gleichsam noch einmal neu an. Seit ihm konzentrierte sich die Geschichte des Abendlands in der Geschichte des ostfränkischen „Römischen Reiches" in der Mitte Europas wie kaum irgendwo sonst. Das vor allem ist die Geschichte der Deutschen. Auch ihr Reich – das Römische Reich der Deutschen – strahlte auf ganz Europa aus und blieb seinem Wesen nach universal, grenzenlos. All dies können wir in der alten Reichskrone quasi noch einmal mit den Händen greifen, bevor wir sehen, wie der Gefreite Ivan Babcock von der siegreichen 1. US-Armee sich das Diadem überstülpt, als wäre es ein Käppi.

SCHATZ IM VERLIES

*Das himmlische Jerusalem auf dem Fundament des Codex
Aureus als Schlüsselfoto der Titelgeschichte des Autors für die
Ausgabe des FAZ-Magazins vom 10. November 1989, die in
der Stunde des Mauerfalls an die Kioske kam*

München, März 1986. – Das Strukturmodell der DNA des Abendlands aus dem Jahr 870 wird in einem bombensicheren Tresor der Bayrischen Staatsbibliothek an der Ludwigstraße verwahrt, 300 Meter hinter der Feldherrenhalle.

Ein Dachzimmer im Süden Münchens. Vormittagslicht taucht die Mansarde in helle Farben, ich muss beim Lesen eingeschlafen sein. Ein zerlesener Bildband ist mir vom Schoß auf den Boden gefallen. Ich lese hier oben schon seit Tagen, was der fremde Bücherschrank hergibt. Da fällt mein Blick noch einmal auf das Buch am Boden – über „Die Welt der Karolinger" – und die Seite, die sich da zufällig neben meinen Füßen aufgeschlagen hat: eine ganzseitige Schwarz-Weiß-Fotografie, die einen alten Codex zeigt, die mich sofort aufstehen und mit dem Buch zum Fenster gehen lässt. Darf das wahr sein? Wie bei dem Foto des Lothar-Kreuzes meines alten Freundes Herbert gibt auch dieses Bild durch eine winzige Drehung des Blickwinkels eine ganz andere Bedeutungsebene frei.

Der Codex ist weltbekannt, als ein Kleinod der Kunst der Völker. Ich habe ihn schon oft abgebildet gesehen, doch immer frontal, als Titel des Codex Aureus, des „Goldenen Codex", aus dem Kloster St. Emmeram, wie die Bildunterzeile erklärt. Doch hier ist er nicht frontal, sondern von einem leicht schrägen Blickwinkel fotografiert und ich sehe: Auch diese Edelsteine sind nicht nur Edelsteine, sondern Häuser und Paläste. Es kann gar nicht anders sein. Diese Pracht ist die Stadt auf dem Berg. Doch hier ist dieser „Berg" die Bibel selbst. Es ist der Tempelberg Jerusalems. Es kann gar nicht anders sein. Der Künstler, der dieses Schmuckstück geschaffen hat, muss das Areal über der Klagemauer mit dem Felsendom und der Al Aksa-Moschee gekannt haben, auf der bis zum Jahr 70 der jüdische Tempel leuchtete, den Jesus noch das „Haus des Vaters" genannt hatte. Wie unter einem Brennglas ist in diesem Kunstwerk der erste Entwurf des Abendlands in ein Bild gehoben. Die Schrift, in der die Pläne der Stadt auf dem Berg verwahrt und versammelt liegen, ist hier das Fundament, das Buch selbst ist zum Berg geworden. Doch dieser Berg lässt sich transportieren, er ist so konkret wie Jerusalem, aber beweglich. Wie schön die Stadt doch ist – und wie schutzlos. Sie hat noch nicht einmal Mauern. Ihr einziger Schutz ist die Höhe des Berges, die Tiefe der Schrift.

„Aus der Hofwerkstätte Karls des Kahlen 870, München, Bayerische Staatsbibliothek", sagt die Bildlegende neben dem Foto und ich träume sogleich davon, dass dieser Codex einmal groß neben einem Foto des Tempelbergs – in der gleichen Perspektive – im Farbmagazin der Frankfurter Allgemeinen Zeitung abgedruckt werden könnte, für die ich damals arbeitete. Und ich sehe Reims wieder vor mir, wo irgendwo die Hofwerkstätte Karls des Kahlen unter dem Pflaster liegt: die Hauptstadt der Champagne, die Stadt Chlodwigs und Bischof Remigius, die Stadt der Krönungskirche der Könige Frankreichs bis zur Revolution, in der Adenauer und de Gaulle zusammen in die Knie gehen, nachdem die Deutschen die Kathedrale noch im I. Weltkrieg als Artillerieposten missbraucht haben. Hier haben die Brüder Liuthard und Beringar um das Jahr 870 diese Auftragsarbeit für Karl den Kahlen, den Sohn Ludwigs des Frommen, den Sohn Karl des Großen vollendet. Sie haben die vier Evangelien vollständig in goldenen Buchstaben aufgeschrieben, in fantastisch verschwenderischer Arbeit. Jetzt liegt das fertige Werk vor ihnen auf einem kleinen Tisch. Die Schreiber, die Buchbinder, die Goldschmiede bestaunen es gerade wie ein Neugeborenes. Vom Kreuzgang her fällt ein Strahl gleißenden Morgenlichts durch das offene Fenster auf das biblische Schmuckstück.

Normannen plündern damals die Küsten, Klöster und Städte Europas. Mönche retten durch diese Zeit das alte Modell der Neuen Stadt. Diese Geistlichen stellen damals mit den Juden die ersten Europäer, lange vor dem Adel. Die gesamte schöpferische Elite des Abendlands ist damals geistlich. Nie mehr wieder werden Künstler einem größeren Gesamtkunstwerk dienen dürfen. Und vielleicht nie mehr wieder haben sie ein größeres Kunstwerk in einem kleineren Raum verdichtet als in diesem Codex.

Da er in München in der Staatsbibliothek auf der Ludwigstraße aufbewahrt wird, rufe ich meinen Kollegen Hermann an und verabrede mich mit ihm in der U-Bahnstation Odeonsplatz. Er ist Fotograf. Eine Rolltreppe bringt uns vor der Loggia der Feldherrenhalle ans Tageslicht. Hier, auf diesem Pflaster, brach 1923 der Hitlerputsch zusammen. Da drüben ist eine Platte mit den Namen der vier im Kampf gefallenen Polizisten in den Boden eingelassen, sehr schlicht, kein Vergleich mit dem Andenken an die 14 Mitstreiter Hitlers, die hier verblutet waren. Ab 1933 setzte sich jährlich am 9. November der Marsch von der Feldherrenhalle in Bewegung, der die Erinnerung an das Scheitern jener „Märtyrer" als Triumphzug wiederaufführen sollte, mit schwarzem Pomp, hinter den „Blutordensträgern" mit der „Blutfahne" her, unter Trommelwirbeln, an Pechfackeln und lodernden Pylonen vorbei bis zum Königsplatz, wo damals die Sarkophage der gefallenen Putschisten als „ewige Wache" verehrt wurden. Der 9. November war ein „heiliges Datum" der Nazis.

Dreihundert Meter ist es vielleicht von hier bis zur Staatsbibliothek. Ein Verkehr wie in Rom tobt durch die Ludwigstraße, der großzügigen „Via Triumphalis" Münchens. Keine Traumlandschaft, sondern diese Fassaden vor uns haben den Maler de Chirico zu den rätselhaften Werken seiner „pittura metafisica" inspiriert. Hippokrates, Homer, Thukydides und Aristoteles bewachen als sitzende Granitgestalten über der Freitreppe die Bibliothek. Wir durchqueren zwei, drei Türen, gehen eine letzte Treppe hoch, die Dame an der Rezeption empfiehlt uns freundlich weiter, wir durchqueren noch eine Glastür und stehen dann vor einem Herrn, der nur dünn lächelt, als wir die Neue Stadt erwähnen. Wie schön, aber nein, wir werden sie nicht zu sehen bekommen. Die Schrift muss geschützt werden, sie löst sich fast auf, das Gold zerbröckelt schon auf den

Pergamentseiten, sie liegt in einem nachtschwarzen, bombensicheren Tresor. Aber wir wollen das goldene Buch doch gar nicht mehr öffnen, betteln wir, wir wollen doch nur noch einmal einen Blick auf den Deckel werfen mit dieser herrlich kleinen hochgebauten Stadt.

Ja, aber davon gebe es doch schon Fotos, wird uns bedeutet. Es stimmt: Noch im Besucherraum erhalten wir einen ganzen Karton voller Fotos, die anlässlich der letzten Restaurierung des Codex gemacht worden waren, alle herrlich scharf, aber fast nur auseinandermontierte Einzelteile. Das Neue Jerusalem in seinen Einzelteilen. Wunderbar, freue ich mich deshalb schon, das sei das Objekt, das wir suchen, aber das eine Foto, an das wir dächten, sei leider nicht dabei, nämlich die Perspektive, die den Gesamtkodex wie den Tempelberg zeige. Das müssten sie uns also nun fotografieren lassen. Darauf wird uns noch ein letzter, bis dahin versteckter Karton gebracht, wieder mit Fotos der Einzelteile – und unter dem Stapel ein einziges Foto der Gesamtansicht, nicht ganz aus der Sicht von der Straßenbiegung vom Ölberg, die wir im Kopf haben, aber vielleicht noch besser, von einem noch höheren Blickwinkel. Dieses Foto dürfen wir ausleihen. Das tun wir gern, um gleichzeitig noch mehr darauf zu bestehen: Dieses Bild müssen wir noch einmal mit eigenen Augen sehen. Denn das müssen wir für unsere Leser nun noch einmal ganz neu fotografieren.

Der Wärter lächelt wieder. Nein. Und auch alle anderen Wächter schütteln den Kopf. Nein, nein, keiner bekommt diesen Codex noch zu sehen. Keiner wird ihn noch jemals fotografieren dürfen. Er muss geschützt werden. Der letzte Raum, in dem der älteste Plan des Abendlands begraben liegt, ist ein Verlies.

GRAND HOTEL „EUROPA"

Das Grand Hotel Europa am Prager Wenzelsplatz

Prag, September 1988. – Rätselraten über das Wesen Europas im Abendschein des Abendlands, 600 Jahre nach der letzten Renaissance auf dem Kontinent, in einer kleinen Auswahl von Stimmen vor der Zeitenwende von 1989.

Prag liegt ungefähr im Herzen Europas – wie Jerusalem, Rom, Aachen, Wilna oder Santiago de Compostela. Die Herzmitte Europas ist immer ein kreisendes, wanderndes Exzentrikum gewesen. Der Abendschein des Abendlands beleuchtet den breiten Boulevard. Es ist einer der schönsten Septembertage des vergangenen Zeitalters, als ich mir hier im Café des alten Grand Hotel „Europa" einen Mokka an einen der Marmortischchen kommen lasse.

Durch das Fenster sehe ich rumänischen Gaunern und Geldwechslern zu, wie sie vor dem Hauptportal des vergammelten alten Luxushotels herumlümmeln und ihre Geschäfte an vorbeieilenden Touristen aus dem Westen abzuwickeln versuchen. Schwere Nikotin-Entzugserscheinungen haben meine Beine zu Gummi werden lassen. Ich weiß nicht mehr, der wievielte Versuch es ist, mit dem Rauchen aufzuhören, und weiß doch, dass mir immer noch der Schluss des Europa-Artikels fehlt, den ich meinem Chef in so goldglühenden Farben versprochen habe. Lustlos öffne ich meine Tasche, als sich die Stimmen meiner Aufzeichnungen und gesammelten Notizen plötzlich zu einem dissonanten Chor vereinigen, der sich um mich herum in dem Café niederlässt.

Die Luft ist dick und in der Tür zur Küche bleiben die Kellner stehen. Jetzt brauche ich auf meinem Notizblock nur noch die Marmortischchen zusammenzuschieben, um die wir uns zusammendrängen. Es geht hin und her; wir sind uns in keiner einzigen Frage einig, außer vielleicht über die Hauptstadt

Europas, die wir bis ins hohe Mittelalter in die Mitte all unserer Landkarten und Weltbilder gezeichnet haben. „Keine Frage", sagt Siegfried Lenz, der ostpreußische Dichter: „Jerusalem ist die Hauptstadt von uns allen. Zwischen dem Tempelberg und Golgatha fing die revolutionäre Geschichte Europas an."

György Konrád lächelt. „Europa ist eine Bibliothek!", antwortet der Denker aus Budapest leise, „es ist ein Kontinent der Bücher. Und heute führt das Hervorsprudeln der Worte zur Erosion des Sowjetreiches, jetzt sind wir Zeugen des Hinübergleitens in ein postimperiales Europa, in ein Europa ohne Reiche." „Geografisch gesehen", wirft Wladyslaw Bartoszewski aus Warschau ein, „ist Europa ja nur eine kleine Halbinsel Asiens, geradezu das Gegenteil einer Einheit, mit seiner Völkervielfalt sondergleichen." „Jetzt hungert hier auch endlich keiner mehr", fährt Klaus Harprecht fort, Willy Brandts alter Redenschreiber, „nirgendwo werden die Alten so alt." In Europa werde ein Überfluss erwirtschaftet, von dem nicht einmal die Propheten zu träumen wagten. Nirgendwo gebe es mehr Paläste für Bürger. „Zu keiner Zeit gab es mehr Gerechtigkeit, weniger Willkür", fügt Sir Karl Popper hinzu. Noch nie gab es einen größeren, längeren Frieden als jetzt.

„Hier ist es auch nicht mehr möglich, die Gesellschaft als kollektive, menschenverschlingende Größe zu vergöttern", sagt Karol Wojtyla aus Krakau, der Bischof von Rom. „Die U-Bahn ist dafür heute so heilig geworden, wie es früher die Kathedralen waren", mischt György Konrád sich wieder in das Gespräch und setzt seine Mokkatasse ab. Europa ist ein Kristall geworden, während die ganze Welt aus dem Leim geht. Ist das alles also nicht vielleicht doch schon das, was der Prophet Sacharja vom neuen Jerusalem voraussah, wo alle Kochtöpfe heilig sein würden? Die Stadt mit den zwölf offenen Toren! Die Frau mit den zwölf Sternen! Die Hure, die Braut, Mutter und Jungfrau wird? Der Magnet aller Flüchtlinge dieser Welt? Ja, das letzte zumindest ist Europa gewiss schon heute. Aber was ist dabei bloß aus den Schwertern geworden? Wo wird hier jetzt mit ihnen gepflügt?

„Leider nirgends", bemerkt der Kaukasier Michail Gorbatschow trocken und schiebt den Hut in den Nacken, „Europa ist mit Kernwaffen wie kein anderer Ort gespickt, mit Tausenden von Sprengköpfen, von denen schon einige Dutzend ausreichen könnten, um den Erdteil in eine Hölle zu verwandeln." Seinetwegen glaubt in diesen Tagen ein guter Teil der Intelligenzija Leningrads, dass die Endzeit unmittelbar bevorstehe. Wer in dem alten Sankt Petersburg schon lange an nichts mehr glaubt, hat sich dort dem festen Glauben an die Apokalypse nur umso nachhaltiger verschrieben. Ihnen sagt der leuchtende Blutschwamm auf der Stirn Gorbatschows mehr als genug. Vor Kurzem sei eine alte Ikone entdeckt worden, wo der Antichrist als Kleinkind auf dem Schoß der großen Hure Babylon dem Generalsekretär der KPDSU wie aus dem Gesicht geschnitten gleiche. Ein rostiger alter Reaktor tickt vor den Toren der Stadt und in ihren Ohren. Alle warten dort auf irgendeine Katastrophe. Andere warten darauf, dass Lenin in Moskau endlich aus dem Mausoleum geholt und ordentlich begraben wird, am besten mit einem Pflock durchs Herz.

Doch hier im verrauchten Foyer des Hotels „Europa" hat der letzte rote Zar nun jeden Winkel im Auge und fährt in entwaffnender Offenheit fort, dass ihm vor Kurzem, als der Papst Kyrill und Method zu Aposteln Europas ernannt habe, erst bewusst geworden sei, dass auch Russland zu Europa zähle. „Ja", sagt er knapp, „Europa liegt wirklich nicht nur im Westen. Auch Russland wurde schon vor tausend Jahren getauft. Unsere gegenseitige – wie soll ich es sagen – ‚Bekanntschaft' ist umfassender, dauert länger und ist daher enger. Wir wohnen wirklich in einem Haus zusammen. Unsere politische Tradition ist die reichhaltigste der Welt. Die europäischen Staaten haben realistischere Vorstellungen voneinander, als dies in jeder anderen Region der Fall ist."

Und nach der Zeit der Apostel erlebte Europa alle sechs- bis siebenhundert Jahre eine neue Renaissance; es ist fast ein Kennzeichen unserer Geschichte. Steht uns also nun gemeinsam eine neue Renaissance bevor, sechshundert Jahre nach der letzten?

Eine neue Wiedergeburt? Und was kann in Europa mehr wiederentdeckt und wiedergeboren werden als die neue Stadt, an der hier schon so lange gebaut wurde?

ROTER KELLER

April 1995, der Autor auf den Trümmern von Adolf Hitlers neuer Reichskanzlei beim Potsdamer Platz, im Hintergrund die Ruine des Reichstags. Foto: Thomas Cojaniz

Berlin, April 1995. – Auf einem zweiten Roten Platz westlich von Moskau, zu dem es dann doch nicht mehr kam über den Trümmern der letzten Erdlöcher, in die sich der Führer des Dritten und Tausendjährigen Reiches am Ende verkrochen hatte.

Die Türen springen auf, ich bin der einzige Passagier, der die U2 verlässt. MOHRENSTRAßE nennt ein schmuddelig gewordenes Schild den Namen der U-Bahnstation zwischen dem „Potsdamer Platz" und „Berlin Mitte". Zentraler kann eine U-Bahnstation in Deutschlands Hauptstadt kaum liegen, fünf Minuten vom Brandenburger Tor entfernt, zu Fuß.

Nur ein bisschen freundlicher möchte man sich die Station vielleicht wünschen, das Neonlicht etwas weniger trüb, die Decke ein wenig höher als diese gut fünf Meter. Doch was soll's? Eine U-Bahnstation ist eine U-Bahnstation. Siebenundzwanzig viereckige Säulen gliedern den Raum, einen guten halben Meter dick. Auf einer der vier Bänke breite ich meine Zeitung aus und stelle meine Tasche vor dem marmornen Papierkorb ab. Marmor? Ja, auch die Bank ist aus Marmor. Auch die Säulen. Keine Kacheln, keine Fliesen, keine Ölfarben über Zement, kein Plastik, nur Marmor: roter Marmor. Marmor von oben bis unten, fast zweihundert Meter auf der linken und der rechten Seite sind aus dunkelroten Marmorplatten gefügt. Graue Schlieren wie von Rindertalg durchziehen das Rostrot der Rechtecke.

Zwanzig Minuten später habe ich nicht weit von hier ein Stelldichein mit Professor Dr. Alfred Kerndl, dem pensionierten Chefarchäologen Ostberlins, der die geheimen Opferplätze und Erdbunker der Semnonen und Germanen im Boden der Hauptstadt wie kein zweiter kennt. Neben der Voßstraße treffen wir uns in dem ehemaligen Todesstreifen über einem Trümmerhaufen, aus dem hier und da noch ein verbogenes Moniereisen wie ein hässliches Insektenbein hervorragt.

Hier lernen wir uns kennen, nachdem ich ihn schon von Weitem gesehen habe, wie er auf diesem Hügel auf mich wartet: über den Resten der ehemaligen Neuen Reichskanzlei Adolf Hitlers. Hier? Ich schaue ihn ungläubig an. Ja, hier. Und wo war der letzte Bunker Hitlers? Er deutet zu einer Pappel bei den Plattenbauten und lächelt schief. Da vorne. Und da drüben soll das Holocaustdenkmal errichtet werden, in der Brache des alten Todesstreifens. Weil ich das alles kaum glauben kann, fährt Dr. Kerndl für mich noch einmal mit dem Finger über die Zeichnung seines alten Plans. Wo die neue Abzweigung von der Wilhelmstraße zur Voßstraße nach links abknickt, ist rechts hinter diesem Block, nach etwa zwölf Schritten, das Fundament des Führerbunkers im Boden eingezeichnet. Wir messen die Entfernung nach. Ja: Zehn Meter unter diesem Rasen hat Adolf Hitler sich umgebracht.

Was achtzig Millionen Deutsche nicht geschafft hatten, musste der Führer am Schluss hier unter uns noch einmal selbst in die Hand nehmen. Seine Feuerhochzeit, sein Testament, er hat es hier diktiert und gefeiert: unter unseren Füßen. Dann war das Dritte Reich zu Ende, das Joachim von Fiore achthundert Jahre vorher einmal als ein „Reich der Freude, der Liebe, des Öls, des Sommers, der Helle des Tages, der Lilien und des Geistes" angekündigt hatte. Der Rasen über dem leeren Grab, tadellos gepflegt. In der Ecke, am Sandkasten, ein Schild: „Achtet auf Sauberkeit – Hunde sind fernzuhalten – Der Vermieter". Drei junge Platanen markieren die Stelle, wo der Bunker im letzten ruhigen DDR-Sommer 1988 unter strengster Geheimhaltung noch einmal freigelegt und geschliffen wurde. Wie Bilder aus der gesunkenen Titanic sahen damals die Räume aus, die auch seinen letzten Bewohnern schon wie „ein auf Grund gelaufenes U-Boot" vorkamen. Frühlingswind bläht jetzt das deutsche Banner über dem Reichstag auf. Zwei Buben jagen sich gegenseitig den Ball über der Stelle ab, wo Adolf Hitler die letzten Tage und Wochen wie ein Maulwurf verbracht hat.

Die Häuser werfen das Geschrei der Kinder zurück. Ein roter Himmel spannt sich über die Stadt. Blass geht der Mercedes-Stern im Westen auf, vor der Silhouette der Gedächtniskirche. Die Dämmerung fällt, die Kinder verschwinden. Auf dem Rasen erglüht eine Neonlaterne über dem Fundament des Bunkers. Im Rücken erleuchtet das Flackern der Tagesschau des Ersten Deutschen Fernsehens die Fenster, eins nach dem anderen. Die Bäume und Büsche knospen, Sperlinge zwitschern. Wie still es ansonsten geworden ist? Aus der Ferne dringt das Dauergrollen der Motoren Berlins leise über den Tiergarten. Ein Silberpapier raschelt, das eine einzelne Krähe bei den Müllcontainern zerpflückt. Genau da hat sich der Führer mit seiner Braut Eva verbrennen lassen, ein paar Meter tiefer.

Ende April 1945 jubilierten hier im Tiergarten die Stare aus Leibeskräften, als das Gelände mit Leichen und Trümmern übersät war. Nachts wehte Jasmin- und Hyazinthenduft aus dem zerborstenen Gewächshaus herüber. Fliegende Standgerichte durchstreiften die Ruinen. Noch zwei Tage nach Hitlers Tod wurden treulose Verteidiger der „Zitadelle" an Speers Laternenpfählen vor und hinter der Neuen Reichskanzlei aufgeknüpft: „Verräter, Deserteure, Feiglinge, Angsthasen" – vor allem Kinder. Berlin schickte sich in seinem Untergang an, die Zerstörung Trojas und Jerusalems zu übertreffen. Schwerverwundete und Sterbende schrien; Verwesungsgeruch und Brandschwaden mischten sich in das Gelächter Besoffener: die Ministergärten ein Leichenfeld, das Schlachtfeld ein Tollhaus. Saufen und Wollust durchzuckte den Rest des Reiches, das auf einen Quadratkilometer zwischen Potsdamer und Pariser Platz zusammengeschrumpft war. Eine dichte Staubwolke hing über der Stadt. In den Mittagsstunden wurde es dunkel.

Der letzte Lebensraum Hitlers – hier, unter unseren Füßen – betrug damals gerade zwölf Quadratmeter. Erst ein Jahr zuvor war der Bunker von der Hochtief AG viel zu schnell gegossen worden und nie richtig ausgetrocknet: immer feucht und modrig und nass und kalt wie ein Grab. Die Frischluftzufuhr katastrophal. Kabel und Schläuche verhedderten sich in den

Fluren. Bei nahen Bomben schwankte die Anlage, die Lampen pendelten hin und her. Der sandige Untergrund, der jetzt noch da vorne in dem alten Todesstreifen zutage tritt, gab die Druckwellen wie Wasser weiter. Für die Fledermausexistenzen dieser Unterwelt gingen Tag und Nacht ohne Unterschied ineinander über. Die Lampen mussten oft abgeschaltet werden, der Gestank verstopfter Toiletten verpestete mit dem Schweiß- und Angstgeruch von etwa dreißig Personen den letzten Amtssitz des Führers.

Am Freitag, dem 27. April, ging ein orkanartiges Trommelfeuer auf die benachbarte Neue Reichskanzlei nieder. Trümmerstaub geriet mit süßlich ekligem Odem in die Ventilation. Die Russen waren – dreihundert Meter weiter – am Potsdamer Platz eingebrochen. Am Sonntag darauf war Hitlers Hochzeitstag, in aller Früh fand die Feier statt. Im Lazarett unter der Terrasse der Reichskanzlei schrien viele nach Gift. Am Tag zuvor war in Italien Mussolini mit seiner Geliebten erschossen, kopfüber gehängt und gesteinigt worden. Die Nachricht hat die Todgeweihten in dem nassen Keller blitzschnell erreicht. Der letzte Tag war angebrochen, frühlingslind. Der Bräutigam, ein zitterndes Drogenwrack, vom Veitstanz geschüttelt, verließ die Tänzer seiner Hochzeitsfeier, um seiner Sekretärin Traudl Junge im Nebenzimmer seinen letzten Willen zu diktieren.

Jazzmusik vom Plattenspieler dröhnte von oben, Champagner und Cognac floss, beste Weine und Liköre. Im nahen U-Bahnhof „Kaiserhof" schmachteten Verdurstende und Verletzte. Die Russen standen jetzt in der Wilhelmstraße, der Voßstraße, der Friedrichstraße, der Leipziger und dem Tiergarten, 200, 300, 400 Meter entfernt. Ein Artillerieorkan wie nie zuvor ging auf dem Gelände nieder. Der Bunker zitterte, als sich Hitler das Testament noch einmal vorlesen ließ. Mit blutunterlaufenen Augen lauschte er ein letztes Mal sich selbst.

Es war vielleicht Wahn, aber es waren keine leeren Worte. Alles, was in ihm Wahn war, hatte er in zwölf Jahren in Wirklichkeit umgewandelt. Dass er die Welt in einen Krieg mit Abermillionen Toten gestürzt hatte, nebensächlich. Dass er Stalin die

Tore nach Mitteleuropa aufgestoßen hatte, war ihm gleichgültig. Deutschland eine Trümmerwüste, egal. Hauptsache blieb ihm auch jetzt die Vernichtung des Hauses Jakob. Wie gut wäre es doch, „einmal zwölf- oder fünfzehntausend dieser hebräischen Volksverderber unter Giftgas zu halten", hatte er schon 1924 geschrieben. Danach hatte er vierhundertmal fünfzehntausend Hebräer in Gift, Gas, Kugelhagel und die Höllen der KZs geschickt. Der vereinigte Vernichtungswille der Unterwelt gegen Israel war in ihm aufgestanden. Konnte er nicht zufrieden sein? Hatte er seine Mission nicht mehr als erfüllt? Nein, nein, zuerst musste er seinen Auftrag noch weitergeben und verpflichtete – die Russen standen auf der anderen Straßenseite! – seine Nachfolger „zum unbarmherzigen Widerstand gegen den Weltvergifter aller Völker, das internationale Judentum. Gegeben zu Berlin, den 29. April 1945, 4 Uhr, gez.: Adolf Hitler."

Jetzt erst hatte er sein Werk vollbracht. Der Rest – selbst sein Tod – war nur noch ein Nachspiel: die Hinrichtung seines Schäferhunds, die letzte Mahlzeit, das letzte gesprochene Wort („Nein!", an Magda Goebbels), die letzte Handlung: sein Selbstmord am Nachmittag, bevor er sich mit seiner Braut im Feuer von 180 Litern Benzin vereinigte. Der letzte Gruß: ein Wölkchen aus Pulverschmauch und Bittermandelduft, schließlich ein grässlicher Gestank „wie verbrannter Speck". Der Führer brannte schlecht.

Die Russen hissten indes die rote Fahne auf dem Reichstag. Am gleichen Tag eroberten die Amerikaner Dachau, das erste Konzentrationslager Deutschlands. Wenige Stunden später schwiegen die Waffen. Die Ruhe muss unheimlich gewesen sein. Auf einem Foto jener Tage erkennt man hinter den lachenden Alliierten vor der Grube, in der das Ehepaar Hitler verbrannt worden war, noch Teile des schönen Bogengangs vor dem Speisesaal wieder, der der Neuen Reichskanzlei damals zum Garten hin vorgelagert war. Jetzt versperrt ein zurückspringender Winkel des Plattenbaukomplexes diese Perspektive. Über vierhundertzwanzig Meter hatte sich dort die neue Reichskanzlei Hitlers von der Wilhelmstraße die ganze

Voßstraße entlang erstreckt: als Meisterwerk totalitärer Superlative – als „Manifestierung des Nationalsozialismus, dem die Welt bisher so fassungslos gegenüberstand". „Dem Wunsch des Führers gemäß sollen seine Bauten fortwirken", schrieb Albert Speer 1940 über den Bau.

Doch auch jetzt lässt sich das „steingewordene Wort des Führers" hier noch in der Fantasie durchmessen: der Ehrenhof, die Vorhalle, der Mosaiksaal, der Kuppelsaal und die Marmorgalerie. War er wirklich so überwältigend? Vergewaltigend? Kein Stein ist auf dem anderen geblieben. Hat der Bau tatsächlich „durch seinen geheimnisvollen Zauber zum Schreiten gezwungen"? Der Boden der Vorhalle ist mit Marmor getäfelt. Der Mosaiksaal dahinter – 16 Meter hoch! – wurde mit „ostmärkischem Marmor ausgekleidet, einem Stein von dunkelroter Farbe, vermischt mit hellgrauen Einschlüssen", der Fußboden aus Saalburger Marmorplatten. Und dann erst die Marmorgalerie, das „Vorzimmer" vor dem „Arbeitszimmer" Hitlers: 146 Meter lang, zwölf Meter breit, zehn Meter hoch. „Ein spiegelglatter Fußboden aus dem ‚Saalburger Altrot-Marmor' erstreckt sich über die weite Fläche." Fotos belegen, dass sich die Stiefel und Uniformen der Ordonanzen in diesem Boden spiegelten.

Ich stecke das Buch wieder in meinen Mantel und sehe mir die Ödnis an, die daraus geworden ist. Wo die Voßstraße den alten Todesstreifen zur Ebert-Straße, der ehemaligen Hermann Göring-Straße, kreuzt, hat sich rechts noch jener letzte Schutthügel gehalten, auf dem ich vorhin Prof. Krendl getroffen habe. In zwei Jahren wird auch von dem letzten Trümmerhaufen hier kein Stein mehr zu finden sein. Vom U-Bahnhof „Mohrenstraße" nehme ich die nächste Bahn zurück zum Hotel.

In der Nacht zum 2. Mai 1945 versuchte die letzte Besatzung der Reichskanzleibunker über diesen U-Bahnhof den Ausbruch aus dem Belagerungsring. Die Treppen hinunter waren ein Trümmerfeld, Plattform und Geleise mitten in der Nacht voll mit erschreckten Flüchtlingen. Zu Zeiten der Teilung Berlins war die Station, so nah vor der Mauer, ein still gelegter Sackbahnhof. Jetzt ist wieder eine normale U-Bahnstation daraus geworden: für die U2 in Richtung Ruhleben und Vinetastraße. Aber eine ganz normale U-Bahnstation kann es hier natürlich nicht geben. Denn die Geschichte vom Untergang Deutschlands und Berlins hat sich ja auf ganz besondere Weise hier abgespielt, wo ich jetzt mit meinem Blick wieder den grauen Schlieren nachfahre, die wie Rindertalg das Violett, Braun, Kupfer- und Rostrot der Marmorrechtecke durchziehen.

Es ist der „ostmärkische" und der „Saalburger Marmor" aus der Vorhalle, dem Mosaiksaal und der Marmorgalerie der Neuen Reichskanzlei, hat mir Prof. Kerndl verraten. Hierhin sei er gewandert. Die Station ist so etwas wie das verschollene Bernsteinzimmer der Reichskanzlei, mitten in Berlin, fünf Fußminuten von dem geplanten Holocaustdenkmal entfernt. In diesem Stein haben die schimmernd schwarzen Stiefel der SS geglänzt, auf diese Platten flogen die Fetzen der zerrissenen Verträge. Ochsenblut war die Lieblingsfarbe des Führers, diese stumpf gewordenen Platten sind sein erblindeter Spiegel. Denn auch das Neue Deutschland der Kommunisten wurde natürlich mit dem Schutt des Naziregimes gebaut. Erst im Mai 1949 wurde die Reichskanzlei in die Luft gejagt. Der Umzug des Führermarmors in diese U-Bahnstation fand 1950 statt, hat Prof. Kerndl mir verraten. Es gebe Stimmen, die anderes behaupten, doch das sei kommunistische Propaganda aus der alten DDR, die behaupten würden, der Marmor des U-Bahnhofs Mohrenstraße stamme nur aus denselben Steinbrüchen wie der Nazimarmor. Ganz plausibel ist das nicht, wieso Marmor neu brechen, transportieren und polieren, wenn ein Trümmerhaufen gleich nebenan voll mit eben diesem Stein ist?

Damals, 1950 – bei der Etablierung des bolschewistischen Satellitenstaats in Deutschland –, sollte der Marmor aus der gesprengten Kanzlei aber auch noch als eine Art antiker Spolienarchitektur jenen Zielbahnhof schmücken, über dem sich nach der Vorstellung der siegreichen Sowjets ein gigantischer Roter Platz in der neuen Wüste der Mitte Europas erstrecken sollte. Als Triumph der Sowjets über den totalitären Gegenspieler aus Berlin. Als neues Zentrum des roten Kontinents!

Schließlich wurde dann aus dem sowjetisch-deutschen Paradeplatz doch nichts mehr. Nur der schon fertige Rote Keller dieses Roten Platzes blieb von diesem ersten Vorhaben bis auf den heutigen Tag erhalten. „Dem Wunsch des Führers gemäß sollen seine Bauten fortwirken", heißt es in dem Prachtband über die Neue Reichskanzlei von 1940 in dieser trüben U-Bahnstation, über Bauten, wie „sie seit viertausend Jahren nicht mehr entstanden sind". Viertausend Jahre! Ich klappe das Buch zu, nehme Mantel und Hut von der Marmorbank und steige in die nächste Bahn, die in diesen trüb gewordenen Glanz einfährt.

HOCHZEIT DES LAMMES

Antlitz des Bräutigams in dem Altarbild Jan van Eycks aus dem Jahr 1532 in der Sankt Bavo-Kathedrale in Gent in Flandern

Gent, Mai 1995. – Szenenwechsel. Von den Trümmerfeldern des Dritten Reiches zum Urbild der Himmlischen Stadt, wie wir es unverletzt und rein wie nie mehr vorher und nachher in einem Meisterwerk vor der Atlantikküste finden.

Von Berlin Mitte nach Gent in Belgien sind es 780 Kilometer und knapp acht Stunden mit dem Zug. Die Stadt in Flandern ist fast unzerstört, trotz der Kämpfe, die im I. und II. Weltkrieg über das flämische Juwel hinweggegangen sind. Hier finde ich nirgendwo Trümmer. Dafür aber ein Bild meiner Heimatstadt wie nirgendwo sonst, obwohl ich doch in einem Dorf groß geworden bin, wo ich als Kind die Türme dieser Stadt allerdings vom Wipfel jedes Baums am Horizont abzählen konnte. In Gent tauchen dieselben Türme und Zinnen der Himmlischen Stadt in einer Seitenkapelle der Sankt Bavo-Kathedrale so nah und schön wie nirgendwo sonst mehr auf, hinter einem Garten, der selbst ein Wunder ist und zu Beginn unseres Zeitalters dort angelegt wurde.

Er ist in einen Altar hineingemalt, an dem die Christen der Stadt seit fünf Jahrhunderten die Passion und Auferstehung Christi gefeiert haben, heute als Schauspiel für Touristen aus aller Welt. Es ist die „Hochzeit des Lammes" von Hubert und Jan van Eyck, dem „König der Maler". Er war ein Genie vom Hof Philipps III. oder Guten von Burgund. Auf seinem Altarbild kommen den Besuchern die führenden Beteiligten des jüdisch-christlichen Menschheitsdramas entgegen, denen sich das Abendland verdankt. Hier blicken sie uns alle noch einmal an, die Patriarchen, Propheten und Pilger, die Apostel, Märtyrer und Heiligen, die Einsiedler, Bischöfe, Jungfrauen und Ritter Christi, die alle in je eigener Prozession auf die Mitte zugehen.

„Ein Licht für die Welt, ein Zeuge des Herrn", nennt eine Inschrift die Bildtafeln von 1432, die einen großen Paradiesgarten in einer Stadt ins Bild heben, der gleichzeitig vom Osten her von einem silbernen Morgen bestrahlt und vom Westen von einem goldenen Abend durchwärmt wird. Nie ist Nacht in der Stadt. Sanfte Hügel, Wiesen und Schluchten gliedern das Arkadien. Am Horizont begrenzen blaue Berge den Garten und verzauberte Täler, davor die Filigranarchitektur verschiedener Giebel und Türme, die hinter Hecken emporwachsen, als ein Himmelsgewölbe auf Erden. Romanische, gotische und byzantinische Türme schießen da zu einer himmlischen Silhouette in die Höhe, maasländisch, rheinisch, orientalisch. Es ist ein steinernes Halleluja, eine leuchtende Stadt, die im Osten, im Westen, im Norden und Süden dieses Paradies umgibt, gerade so wie die Wolkenkratzer Manhattans, als steinerne Ozeanliner den Central Park in New York umringen.

Am nassen Ufer des Lebensbrunnens unterhalb der Mitte liegen rohe Edelsteine aller Art im feuchten Kies. In dem Park dahinter entzückt ein einziges Gemälde aus Rosen, Pfingstrosen, Lilien, Veilchen, wilden Erdbeeren und Gewürz- und Heilkräutern aller Art die Augen. Üppiger Wein, Flieder, Farn, Granatäpfel, Lorbeerbüsche und Zitrusbäume formen duftende Haine. Zypressen und lichtdurchflutete Königspalmen schießen wie Fontänen in den glänzenden Himmel. Wolken von Singvögeln steigen aus den Zweigen und senken sich wieder in das Geäst. Eine Taube durchstrahlt das ganze Bild von der Höhe her. Und in der Mitte der Himmelsweide thront das Lamm auf einem Altar und schaut uns an. Blut spritzt aus seiner Kehle in einen Kelch. Es ist ein Fest für die Augen. Sechzig Jahre nach der Fertigstellung dieses Meisterwerks segelte Christoph Columbus Amerika entgegen.

Doch schon gute sechshundert Jahre vorher ließ Karl der Große dasselbe Bildmotiv im Kuppelmosaik der Aachener Pfalzkapelle anbringen: das blutende Lamm auf dem Thron, umringt von den vierundzwanzig Ältesten und Mächtigen, die sich von ihren Sitzen erhoben und die Kronen von ihrer Stirn genommen haben, um sie dem Lamm darzubringen. Ein Gemälde wie dieses hatte es nie zuvor gegeben und auch nie mehr danach, in diesem Realismus, dieser Präzision, dieser Raffinesse, dieser Meisterschaft. So hat keiner mehr vorher und nachher gemalt. Das Bild ist ein Quantensprung in der Geschichte der Malerei – vor dem Quantensprung des Buchdrucks für das Informationszeitalter. Vor allem aber ist es eine Vorwegnahme von Raffaels späterem Meisterwerk zum „Triumph des Altarsakraments" von 1509. Siebenundsiebzig Jahre zuvor hatte der Hofmaler von Philipps des Guten von Burgund im flämischen Gent das Hochfest des Leibes und Blutes Christi noch ganz offen und unverschlüsselt dargestellt. Denn es ist ja der Leib und das Blut des letzten Paschalamms, das da geopfert wird. Das ist die erste und wahre Bedeutung des Opfers der Eucharistie, das jeden Morgen in allen Gotteshäusern der Römischen Kirche gefeiert wird. Es ist das Lamm Gottes, das in dieser himmlischen „Hochzeit des Lammes" auf dem Altar gegenwärtig ist auf dem Thron der Heiligen Stadt. Der Geschichte des Abendlands ist es aufgeprägt wie ein Siegel.

Es sehe „wie geschlachtet" aus, schrieb der Seher Johannes, wie das Lamm, das erstmals in der Nacht des Auszugs aus Ägypten verzehrt wurde, als die Hebräer der Herrschaft des Pharao entkamen. „Am Zehnten dieses Monats soll jeder ein Lamm für seine Familie holen, ein Lamm für jedes Haus", hatte Moses den Israeliten verkündet. „Ist die Hausgemeinschaft zu klein, so nehme er es zusammen mit dem Nachbarn, der seinem Haus am nächsten wohnt, nach der Anzahl der Personen ... Gegen Abend soll die ganze versammelte Gemeinde Israel die Lämmer schlachten ... Noch in der gleichen Nacht soll man das Fleisch essen. Über dem Feuer gebraten und zusammen mit ungesäuertem Brot und Bitterkräutern soll man es essen." Und weiter: „Man nehme etwas von dem Blut und bestreiche damit die beiden Türpfosten und den Türsturz an den Häusern, in denen man das Lamm essen will. Denn in dieser Nacht, spricht Gott, gehe ich durch Ägypten und erschlage in Ägypten jeden Erstgeborenen bei Mensch und Vieh. Über die Götter Ägyptens halte ich Gericht, ich, der Herr. Das Blut an den Häusern, in denen ihr wohnt, soll ein Zeichen zu eurem Schutz sein. Wenn ich das Blut sehe, werde ich an euch vorübergehen ..."

So sah es aus, das erste Pessach- oder Paschafest: der Vorübergang des Herrn. Wo die Lämmer geschlachtet wurden, blieben die Menschen am Leben. Alle Osterlämmer Europas transportieren auch die Erinnerung an diese Geschichte. Wo die Lämmer geschlachtet wurden, blieben die Menschen seiner Wahl am Leben.

Denn vor allem Anfang unserer Geschichte stand ja das Menschenopfer nach der hellsichtigen Auskunft der Bibel. Nicht Abel, der zweitgeborene, sondern Kain, der erstgeborene Sohn Adams, ist unser Stammvater. Die Erde ist Kains Stern. Menschenopfer gehören auch deshalb seit Anbeginn zu den hartnäckigsten Versuchungen der Menschen, vorzugsweise als Kindsopfer. Die ersten Throne sind Opfersteine. Die Azteken haben noch bis zum Anbeginn der Neuzeit Menschen wie toll geopfert. Schließlich haben sie eigens Kriege geführt, um an genügend Menschenopfer zu kommen, denen sie das zuckende Herz zu Ehren der Götter aus dem Leib schnitten. Und die Bibel ist voll von Klagen, dass in der Frühzeit Jerusalems im Hinnomtal unter dem Zionsberg der Boden lange Zeit vom Blut der Kinder schmatzte, die dort dem Moloch dargebracht wurden.

Auf den Hügel gegenüber des Hinnomtals aber hat Gott deshalb Abram – in der frühen Bronzezeit – zu steigen befohlen. Das ist der heutige Tempelberg. Es war der Berg Moriah. Dorthin möge er seinen einzigen Sohn Isaak, ein Messer und einen Holzstoß mitbringen, ließ Gott ihn wissen. Hier wollte er den Sohn von ihm zurückverlangen. Und da nahm Abram also Isaak, stieg mit ihm den Berg hoch, packte ihn, warf ihn hin, band ihn auf den Holzstoß und zückte das Messer. Es war eine Umkehrung aller Verhältnisse, als der Schöpfer des Himmels und der Erde in diesem Moment höchstpersönlich dem Stammvater Israels das Menschenopfer verbot. Gott selbst verbot das Allernatürlichste! Für das zurückgewiesene Sohnesopfer gab Gott Abram ein Lamm als Ersatz.

Von da an hieß Abram, „der Vater der Höhe", Abraham. Das heißt: der Vater von vielen. Bis zur Zerstörung des jüdischen Tempels durch die Römer hörte deshalb später auf dem Tempelberg in Jerusalem das Blut der Tieropfer nicht mehr auf zu strömen – in heiliger Erinnerung. Das Lamm Abrahams aber war der Vorläufer vom Lamm Gottes, das auf dem Golgatha zu Tode kam, auf dem Nachbarhügel vom Berg Moriah. Dieses Lamm war Jesus Christus, sein eigener Sohn, den der Vater nicht mehr durch ein Tieropfer ersetzen ließ. ER, der Sohn Gottes selbst, ist das Lamm auf dem Thron. Er selbst ist das Tor zum Himmel.

NADELÖHR

Mahnmal des „Sammellagers der Juden in Berg am Laim" am Stadtrand Münchens

München, 1998. – Nicht Deutschlands erstes Konzentrationslager in Dachau vor den Toren der „Hauptstadt der Bewegung", sondern ein Dreieck der Barmherzigkeit am Stadtrand wurde von 1941 bis 1943 der Eingang zum Untergang der meisten Juden Münchens.

Das Tor ist nicht einfach verschlossen. Unter dem Torbogen hält ein bärtiger Mann auf einem steinernen Relief zwei Kinder im Arm. Das ist der heilige Vinzenz mit zwei Waisenkindern, die hier in einem Kloster der Barmherzigen Schwestern in Berg am Laim am Stadtrand Münchens ihre Zuflucht gefunden haben, deren Orden der Heilige gegründet hat. Doch unter dem Relief versperrt ein mannshoher Granitklotz den offenen Eingang, in dessen Fuß unten rechts ein Davidstern eingraviert ist und die Jahreszahlen „1941–1943".

Auf dem Block liegen Kieselsteine, wie auf jüdischen Friedhöfen, wo sie von Angehörigen auf die Gräber ihrer Lieben gelegt werden. Der Klotz ist ein Mahnmal, wie es eine bronzene Gedenktafel andeutet, die daneben am Zaun hängt, auf der es in Großbuchstaben heißt: „Wie viel leichter ist es unter denen zu sein, die / Unrecht erleiden, als unter denen, die Unrecht tun" / Dr. Else Behrend-Rosenfeld / Wirtschaftsleiterin des Sammellagers / als Mahnmal und zur Erinnerung / an das Sammellager für jüdische Bürger / in den Jahren 1941 bis 1943." Gegenüber der Tafel mahnt ein Piktogramm der Stadtverwaltung: „Widerrechtlich abgestellte Fahrzeuge werden kostenpflichtig abgeschleppt."

Das Denkmal ist fast zu übersehen in dem Drahtzaun des ungeteerten Privatweges, der hier in den Parkplatz vor der Kirche mündet. Ein verlassenes Mahnmal muss man lange suchen. Das Tor war der Eingang zum Untergang der Münchener Judenheit. Das alte Heim der Barmherzigen Schwestern des heiligen Vinzenz wurde vor vielen Jahren schon abgerissen und neu aufgebaut und integriert in das Alten- und Pflegeheim Sankt Michael für betreutes Wohnen. Das ganze Areal hat eine völlig neue Bebauung. Dennoch: Genau hier befand sich in den Jahren 1941 bis 1943 – unmittelbar vor und neben der Sankt Michaelskirche – der Eingang zu dem „Sammellager Berg am Laim", das die Nazis in dem Heim der Barmherzigen Schwestern für alle Münchener Juden vor ihrem Abtransport in die Vernichtungslager eingerichtet hatten. 1941 war mit der systematischen „Entmietung" aller Juden im Münchener Stadtgebiet begonnen worden, deren Besitz in „arische Hände" aus dem Dunstkreis der Partei überging. Anfangs hieß es danach noch, das „Sammellager" sei vor allem als Unterkunft für alte und kranke Juden bestimmt. Aber auch da wurden hier schon bis zu 320 Personen in 38 Zimmern untergebracht, von denen die meisten zu schwerster Zwangsarbeit verpflichtet waren, wofür sie täglich lange Wege zu ihren Arbeitsstätten zurücklegen mussten, immer mit dem gelben Stern auf der Kleidung. Viele hielten es nicht aus und brachten sich gleich in der Heimanlage schon um. Ab November 1941 begann dann von hier die systematische Deportation der Juden in die verborgenen Mordlager im Osten des Reiches. Im April 1942 wurden als Letzte noch 13 Kinder eines jüdischen Münchener Waisenhauses hierhin gebracht, bevor auch sie zuerst in Lastwagen, dann in Viehwaggons nach Kaunas in Litauen oder Auschwitz in Polen zu ihrer Ermordung weitertransportiert wurden. Im August 1942 kamen auch die letzten Insassen des aufgelösten „Judenlagers Milbertshofen" nach Berg am Laim. 1943 wurde das „Sammellager" dann aufgelöst. Die Verschleppung der Münchener Juden war abgeschlossen.

Rechts neben dem ehemaligen „Sammellager" recken sich die Helme von zwei Barocktürmen in den bayerisch blauen Himmel in die Höhe. Das ist St. Michael. Es ist eine Kirche für den Erz- und Schutzengel der Deutschen, der Luzifer am Anfang einmal höchstpersönlich in die Hölle gestürzt hat. Die Kirche ist ein Kleinod, das Johann Michael Fischer vor zwei Jahrhunderten erbaut hat. Die besten Künstler seiner Zeit haben zu seiner Ausstattung beigetragen wie Johann Baptist Zimmermann oder Johann Baptist Straub – für ein winziges Dorf an der Peripherie der Stadt, die später „die Vorsehung", von der der Führer so oft sprach, zur Hauptstadt seiner Bewegung auserkoren hatte.

Die Nachmittagssonne vergoldet das Juwel. Wie in einer Spiegelung tauchen gegenüber hinter einer Wiese Gesichter von jungen Mädchen in weißen Blusen mit schwarzen Halstüchern und Lederknoten in den Fenstern der Schule der „Englischen Fräulein" auf. Dieses Institut verdankt sich Maria Ward, einer „ehrwürdigen Dienerin Gottes" und Ordensgründerin aus Yorshire in England, die in ihren Schulen Mädchen im jesuitischen Geist des heiligen Ignatius von Loyola zu erziehen versuchte. Am 24. Dezember 1941 aber hat die Geheime Staatspolizei mit der SS auch dieses Schulhaus beschlagnahmt und in ein Heim für den Nachwuchs der Hitlerjugend verwandelt, wobei die letzten verbleibenden Englischen Fräulein unterschreiben mussten, jeden Kontakt mit den neuen Zöglingen zu unterlassen. Jetzt kommt eine Kolonne von Lastkraftwagen in die schmale Clemens-August-Straße vorgefahren, die von der Josephsburgstaße zur Michaelskirche führt. Meistens kommen diese Transporter nachts, am Ende auch tagsüber. Eine Reihe alter Männer und Frauen steht vor dem Eingang des „Sammellagers", aufgereiht, alle mit einem Koffer oder einem Bündel in der Hand und alle mit dem gelben Fleck auf der linken Mantelseite. Es dauert nur Minuten, bis sie auf den Ladeflächen hinter den dunkelgrünen Planen der LKW verschwunden sind. Hundegebell und scharfe Kommandos umwehen den Abschied ins Nirgendwo. Abend im Abendland.

Ende des Jahres 1943 – am 16. Oktober, als in Berg am Laim schon seit Monaten kein LKW mehr vorfährt – durchkämmen im fernen Rom SS-Truppen im Morgengrauen das jüdische Ghetto neben der Tiberinsel und treiben bis zum Abend 1024 Menschen zusammen, auch aus anderen Vierteln Roms, wo Denunzianten ihre jüdischen Mitbürger den Deutschen verraten haben, um sie danach quer durch Europa nach Polen und Litauen zu verschleppen. In der Via dei Gracchi, der Via Germanico oder der Via Milizia im Viertel Prati finden sich bis heute kleine Messingtafeln in den Bürgersteig eingelassen, die daran erinnern, dass aus diesen Häusern Giulio und Jole Mortera nach Auschwitz verschleppt wurden oder Augusto Piperno, Maria Baroccio und Virginia Scazzocchio. Die Namen sind verschieden, der Tag ihrer Verschleppung immer gleich. Das war der 16. Oktober 1943. Es war das Datum der versuchten Auslöschung der jüdischen Gemeinde, das sich in die Erinnerung Roms für immer als der Tag der Shoah eingebrannt hat.

In München hingegen, wo bei der Machtübernahme Adolf Hitlers noch über 9000 jüdische Bürger lebten, erfolgte diese Auslöschung nicht an einem Tag, sondern über Jahre unter den Augen aller Münchener und jener Mädchen, die im Haus der Englischen Fräulein auf der anderen Seite des Lagereingangs ihre Nasen gegen die Fenster pressten. Im April 1945 fanden amerikanische Truppen in der bayrischen Hauptstadt noch 84 Juden, die den Vernichtungswahn der Massenmörder überlebt hatten. Das Ensemble aus Sankt Michael, dem Kloster der Barmherzigen Schwestern und dem Haus der Englischen Fräulein neben der Loreto-Kirche an der Josephsburgstraße war in dieser Zeit ein ur-katholisches Dreieck. Es war gleichsam ein Nest der Barmherzigkeit, das die Nazis in München für ihre Zwecke beschlagnahmt hatten. Es war Abendland pur, in dem dieser Torbogen zum Nadelöhr geworden war, durch das die Juden Münchens ihren Weg in die Vernichtung antraten.

Es hatte Jahrtausende unserer Geschichte gebraucht, die menschenfresserische Gewalt notdürftig und mühsam zu bannen, von Pessach und Ostern her, dem Gründungsfest des Abendlands. Dass nicht einfach jemand geopfert werden darf, das ist spät eingeführt worden und es hat elend lange gedauert, bis es notdürftig als Menschenrecht anerkannt wurde. Vielleicht war die späte Bindung an den göttlichen Vorrang des Menschen auch allein deshalb schon immer nur lose. In unserem Jahrhundert erst haben wir die dünnen abgewetzten Stricke dann endgültig wieder in unerhörten Massenmorden wie alte lästige

Fesseln abgestreift. Und erst jetzt sehen wir, dass es keine Fessel war. Es war der Verband einer klaffenden Wunde, den wir uns da abgerissen haben.

Der moderne Mensch hat wie noch nie einer vor ihm mit der Zivilisation gebrochen, der er entstammt. Ein Todessyndrom ist zum Kennzeichen der ersten nachchristlichen Epoche des Abendlands geworden. Die unüberblickbaren Heerscharen abgetriebener Ungeborener nicht gerechnet, wurden fast zweihundert Millionen Zivilisten und vierunddreißig Millionen Soldaten im 20. Jahrhundert umgebracht – nicht allein in Europa, aber doch zuerst in Europa – und alle mit Waffen und Methoden, die nur im Abendland und seiner Befreiungsgeschichte von allen Fesseln entwickelt werden konnten. War also alles umsonst?

HIMMEL UNTERWEGS

Fronleichnamsprozession 2016 durch die Vatikanischen Gärten mit Offizieren der Schweizer Garde

München, 1. Juni 1998. – Eine Prozession am „Hochfest des Allerheiligsten Körpers und Blutes Christi" durch die Pfarrei Sankt Anna an der Isar in der alten „Hauptstadt der Bewegung" mit zwei alten Schnüfflern als letztem Aufgebot des Himmels.

Was heißt umsonst? Am vorletzten Fronleichnamsfest des zweiten Jahrtausends hat Pater Winfried, der Pfarrer unserer Annakirche im Lehel in München, meinen letzten Freund Peter aus der Liebigstraße und mich gebeten, den sogenannten „Himmel" über dem sogenannten „Allerheiligsten" mit durch die Straßen unseres Viertels zu tragen, geradeso wie in Polen. Der „Himmel" ist ein alter Festbaldachin aus dem letzten Jahrhundert. Peter Seewald ist ein jüngerer Kollege, den ich nun schon fünf Jahre lang kenne. Da hatte er im Magazin der Süddeutschen Zeitung ein hinreißendes Porträt Joseph Ratzingers veröffentlicht, nachdem seine Redaktion ihn mit dem Auftrag einer medialen Hinrichtung des Kardinals nach Rom entsandt hatte. Danach hatte ich ihn angerufen und zu einem italienischen Mittagessen in der Maxvorstadt Münchens eingeladen. Seitdem gelang es keinem mehr, uns auseinanderzubringen. Das „Allerheiligste" ist, wie wir seit der heiligen Juliana von Lüttich wissen, die geweihte und „verwandelte" Hostie in einer schweren goldenen Monstranz. Die Hostie ist eine Oblate aus Weizenmehl, von der die katholische Kirche in den Tagen Papst Urbans IV. noch einmal nachdrücklich unterstrichen hat, dass sie sich unter den Händen des Priesters wirklich und wahrhaftig in den Leib Christi verwandelt.

So weit ist es also gekommen. In unserem Dorf nahm man zu meiner Zeit noch die ehrenwertesten und reichsten Bauern und Honoratioren für diesen Dienst, im alten Rom den ältesten Adel, im Vatikan Offiziere der Schweizer Garde. In meiner

Kindheit watete die Prozession noch durch einen wahren Blumenteppich durch das Dorf. Jetzt treten wir auf einige Blüten auf dem Weg, immer noch rührend und schön.

So wankt und stolpert das letzte Aufgebot der katholischen Kirche in München dem Ende des 2. Jahrtausends nach Christus entgegen; mit zwei rasenden Reportern und alten Schnüfflern unter den vier Trägern des Himmels. Die Prozession geht aus dem weit geöffneten Hauptportal der Annakirche die große Treppe hinunter über den Anna-Platz in die Robert-Koch-Straße hinein. Wir kreuzen die Sternstraße, biegen nach links in die Reitmorstraße. Ich sehe die Plakatwände heute nicht, an denen wir vorbeiziehen. Es ist brüllendheiß. Der „Himmel" ist so schwer. An der abgesperrten Kreuzung Liebigstraße / Oettingenstraße salutiert der Polizist unseres Viertels in Habachtstellung vor unserer Demonstration. An einem Fenster, unter dem wir vorbeiziehen, sehe ich mich mit einer jungen Frau stehen, die Nonnengewänder trägt und diesen Anblick nicht fassen kann! Diese Hitze! – Rechts vor mir läuft Pater Winfried in seinem schweren „Rauchmantel" der Schweiß in den Kragen aus altem Brokat. Wie schwer muss die goldene Monstranz erst sein, die er auf Brusthöhe vor sich her durch die Straßen trägt? Die gleißende Sonne fängt sich in der Hostie hinter dem Bergkristall leuchtend wie in einem Stück durchscheinenden Papiers. Dass es Brot ist, kann keiner, der es nicht weiß, erkennen. Die Speise des himmlischen Jerusalem. Das Brot der Engel. Der Leib des Herrn.

Es ist der letzte Rest der Welt, den keiner beschlagnahmen noch vereinnahmen kann. Er widersetzt sich jedem Zugriff. Meine Mutter konnte in meiner Kindheit nicht aufhören, mir immer neu von Hostienwundern zu erzählen oder von Legenden, wo vergeblich versucht wurde, Hostien zu entehren. Die großen Religionskriege Europas haben sich einmal an der Frage entzündet, ob Gott in diesem Stück Brot nur symbolisch oder ganz und gar real gegenwärtig ist, als immer neue Eintritte und Daseinsweisen des Schöpfers in die von ihm geschaffene Welt.

Die hölzerne Stange wird feucht in meinen Händen. Ich schaue auf die Monstranz mit der Hostie und hoch und jetzt sehe ich: Ich trage diesen „Himmel" gar nicht. Es ist eine schwankende Planke, an der ich mich festhalte. Diese Stange ist ein Holz, das mich trägt. Jetzt sehe ich: Das Ausstrecken nach dem himmlischen Jerusalem hat ausgedient als Motor aller Veränderungen unseres Erdteils, der so lange nach apostolischen Maßen umgestaltet worden ist. Die Wellentäler unserer Welt sind überdeckt mit tanzenden Trümmern der himmlischen Stadt. Das letzte Jahrhundert hat die leuchtende Arche in kosmischen Katastrophen verschlungen. Darüber ist Europa, das alte christliche Abendland, zum ersten und bislang einzigen säkularen Kontinent der Erde geworden.

Kein Teil der Erde kommt ihm darin gleich. Ich allein kenne Hunderte, die diesen Schiffbruch mit erlitten haben (und Hunderte, die noch mit voller Fahrt auf einen fast kosmischen Eisberg zusteuern). Es ist eine kulturelle Grunderfahrung des Abendlands geworden. Wohin ich blicke, sehe ich Schiffbrüchige, Überlebende einer untergegangenen Welt, die von verschiedenen schwimmenden Teilen dieses Ozeanriesen noch getragen werden und die alle zusammen doch kein gemeinsames Deck mehr trägt. Alle sind umspült vom Nichts – von jedem Riff von Sirenen umworben, in jedem Rettungsboot von Piraten bedroht. Mag der 700 Jahre alte Mariendom von Orvieto auch noch so stolz und herrlich als Triumph der Wahrheit des Glaubens über den Zweifel neben der Autostrada del Sole auf dem Weg in die Höhe ragen. Der Zweifel und schon längst nicht mehr der Glaube ist zum tragenden Element des modernen Menschen geworden, ob gläubig oder ungläubig. Und keiner ist moderner als die Europäer.

HIMMLISCHES CHALDÄISCH

*Die „Kaiserseite" des Aachener „Lotharkreuzes",
wo Edelsteine nach der Apokalypse des Johannes zu
Gebäuden einer endzeitlichen Stadt angeordnet
sind für die Herrscher des Heiligen Römischen Reiches*

München, Mai 1998. – Voreiliger Versuch einer Bilanz unserer Geschichte – auf Inseln einer untergegangenen Kultur vor der Jahrtausendwende, mit Zeichen einer Schrift, die bald keiner mehr zu entziffern versteht.

Das Fensterbrett neben meinem Schreibtisch ist überdeckt mit Postkarten aus ganz Europa, die ich meiner Frau aus den Schicksalsstädten des Abendlands geschickt habe, aus Rom, Gent, Jerusalem und Dubrovnik und von den neuen Baustellen Berlins, dahinter ein Bild meiner Mutter, ein Passfoto meines Vaters, davor eine Jakobsmuschel aus Santiago. Darüber an der Wand das Foto eines geschlachteten Lammes. Daneben die purpurfarbene Seite eines karolingischen Evangeliars. Daneben ein Foto des „Lotharkreuzes" aus Aachen, mit dem mein alter Lehrer Herbert Woopen mich vor Jahrzehnten auf die Spur gesetzt hat, Spuren der Himmlischen Stadt in Europa nachzuforschen, dessen apokalyptischen Masterplan er mir als Erster gezeigt hatte: ein himmlisches Jerusalem auf dem Fundament eines goldenen Kreuzes. Doch jetzt schaue ich wieder auf den Bildschirm, die Hände auf der Tastatur, weil ich endlich Bilanz ziehen muss, zehn Jahre nach dem Fall der Berliner Mauer, um vor dem Ende des 20. Jahrhunderts endlich dieses Buch abzuschließen, das ich noch mit Bleistift zu schreiben begonnen habe. Die Zeit eilt. Der Abgabetermin für das Manuskript wartet. Jetzt ist wieder späte Nacht geworden. Kein Mensch entsteigt mehr unter meinem Fenster dem U-Bahnschacht, eben zieht die letzte Straßenbahn vorbei. Nur in einem Fenster gegenüber brennt noch Licht. Der Vollmond hängt über der Stadt, der auch in München noch einmal an die kleine Juliana von Lüttich erinnert. Es war eine lange Reise. Nun nähert sich die zweite Jahrtausendwende.

Am Anfang dieses Jahrhunderts trieb die alte messianische Sehnsucht die Oktoberrevolution noch mit an. Aber ist sie auch jetzt noch ein Motor Europas? Jetzt, wo wohl am ehesten die Fassaden Manhattans am East River im Abendhimmel oder die Silhouetten von Tokio und Shanghai einer Verwirklichung des himmlischen Jerusalem gleichen? Als Gebirge aus Fenstern, Erkern und Türen und in jedem Fenster ein Licht. Und wo auch die großen europäischen Städte schon längst alle Weltstädte geworden sind – jede einzelne mit einem Völkergemisch wie nie zuvor? Denn wie entchristlicht Europa nach dem Zeitalter der Kirche auch immer geworden ist, an dem missionarischen messianischen Schwung haben die Völker hier lange festgehalten, und sei es in den skurrilsten Verdrehungen. Städte wie Lissabon, Antwerpen oder Amsterdam erzählen davon, wie sich in Europa selbst kleine Länder auf die Errichtung von Weltreichen und ihre Ausbeutung ausgestreckt haben, aus denen die Schätze nach Europa strömten, als Vorhut der Ärmsten der Armen, die ihnen heute folgen. Ungezügelter Imperialismus und Kolonialismus sind zu Kuckuckskindern der Christenheit geworden.

Denn offensichtlich haben Kräfte der Unterwelt immer wieder versucht, sich des apokalyptischen Traums und seiner Mission zu bemächtigen. Denn welch größere Sehnsucht gibt es unter den Menschen als die Überwindung und Vereinigung der Gegensätze in einer gerechten Gesellschaft? Seit dem Ursprung des Abendlands hat sich diese Sehnsucht auf unsere Gene gelegt. Die edle Hoffnung auf ein Gemeinwesen, in dem kein Wurm mehr steckt. Leider wurde am Ende auch der Missbrauch dieser Sehnsucht besonders leicht.

Zwei Straßen weiter weg, da hinten am Isarufer, hat Oswald Spengler vor achtzig Jahren den „Untergang des Abendlandes" geschrieben. Das Abendland ist aber weiter eine kulturelle Einheit geblieben und auch das moderne Europa bleibt jüdisch-christlichen Ursprungs. Schon der Name hält das fest. Denn zuerst begegnet „Europa" uns ja in der griechischen Mythologie, als Tochter eines phönizischen Königs, die von Zeus in Stiergestalt von den Küsten Kanaans über das Meer nach Kreta entführt wurde. Ihr Name stammt nicht aus dem Griechischen, sondern vom semitischen Begriff „erev" ab, der im Hebräischen „Abend" heißt. Dieser Dialog zwischen Ost und West ist zum Schicksal des Abendlands geworden. Hier hat sich das Christentum aus dem Glauben Israels und dem griechischen Geist entwickelt. Auch das moderne Europa ist darum christlichen Ursprungs, was auch immer noch daraus werden mag. Christlichen Ursprungs ist freilich auch das, schrieb Gilbert Keith Chesterton zu Beginn des 20. Jahrhunderts, „was ganz und gar antichristlich aussieht. Christlichen Ursprungs ist die Französische Revolution. Christlichen Ursprungs ist die Zeitung. Christlichen Ursprungs sind die Anarchisten. Christlichen Ursprungs ist die Naturwissenschaft. Christlichen Ursprungs ist auch der Angriff auf das Christentum." Keine andere Kultur sonst hat diesen selbstkritischen Freiraum eröffnet.

So ist Europa inzwischen zum ersten und bislang einzigen säkularen Kontinent der Erde geworden. Dennoch ist hier gegen alle Widerstände und Rückschläge viel von der alten apokalyptischen Vision entwickelt und verwirklicht worden: die Trennung von Kirche und Staat, die Entheiligung aller Macht. Und jetzt fallen die Grenzen. Das Recht ist aufgerichtet. Kein Willkürstaat wird, wie es heute aussieht, mehr auf Dauer in Europa geduldet. Polen blüht wieder auf. Der Papst aus Polen hat mit seinem Kuss der polnischen Erde den ganzen Ostblock aus bleiernem Schlaf erweckt. Auch mit dem Euro fängt etwas Neues an. Dieser Triumph der Finanzgeschichte ist nicht die Krönung Europas. Aber der Friede unter alten Erzfeinden ist hier zur selbstverständlichen Geschäftsgrundlage geworden. Kein Nachbar muss mehr als mörderische Bedrohung gefürchtet werden. Ist das kein Traum, so unwirklich wie die Einigung der frühen Christenheit, damals, am Anfang des Abendlands, am Tisch Kaiser Konstantins in Nicaea? Seit dem Zweiten Weltkrieg hat der westliche Teil Europas unter der Bedrohung durch den Kommunismus seine größte Blüte erlebt. Gerechtere, sozialere Zeiten wurden in dieser Weltregion nie gesehen als während des „Kalten Krieges" mit seinem Systemwettbewerb. Nun ist die Mauer gefallen und der Westen teilt seine Freiheit mit Mittel- und Osteuropa. Das kleine Europa reckt und streckt sich wie ein Bär nach dem Winterschlaf. Allerdings wurde unter Hitler und Stalin die Rede von einer geheilten, erlösten Gesellschaft auch zu einem alles verzehrenden schwarzen Loch der Geschichte.

Haben wir das Schlimmste damit nun hinter uns? Sind wir endlich besser, tapferer, klüger geworden? Wer so denkt, hat keine Ahnung, wie gut, tapfer und klug die Menschen der Jahre 1914 bis 1945 waren. Wir haben nur mehr Glück gehabt und oft mehr Glück als Verstand, aber die Welt wird nicht besser. Verdun, Auschwitz, Hiroshima waren nicht das Ende. Die Evolution geht weiter und auch die Geschichte und die Dechristianisierung, deren Geschichte mit der Christianisierung anfing. In jedem Jahrhundert lässt sie sich beobachten. Besonders Adolf Hitler hatte einen untrüglichen und fast schon dämonischen Instinkt dafür. Er wusste genau: Das jüdisch-christliche Erbe war den Menschen natürlich immer fremd, die Zehn Gebote, die Bergpredigt. Nicht fremd war und ist ihnen: Mord, Raub, Diebstahl, die Lüge in all ihren schillernden Formen. Ein Wunder ist also, wie weit es das Christentum schon gebracht hatte, in dem es wahrscheinlich schon immer mehr Irrlehrer als Lehrer gab.

Schon immer sind über die Christenheit von allen Seiten die Wölfe hereingebrochen wie in einen Schafstall, meistens im Schafspelz, gütig wie der gute Hirt persönlich. Warum sollte es da heute anders sein? Viele Hirten sind also auch heute wieder auf der Flucht und irre geworden oder niederträchtig: Die schwachen Tiere stärken sie nicht mehr, die kranken heilen sie nicht, die verletzten verbinden sie nicht, die verscheuchten holen sie nicht zurück, die verirrten suchen sie nicht und die starken misshandeln sie. Sie weiden sich selber, trinken die Milch der Mütter, nehmen die Wolle für ihre Kleidung und schlachten die fettesten Lämmer für ihre eigenen Festmähler. Wer auch immer sich eines Tages als der Antichrist entpuppen wird, dieses Jahrhundert war ein gutes Jahrhundert für ihn. Der Messias soll mal hier, dann da gesehen worden sein. Ja, die schlimmste und fürchterlichste Krankheit der Welt musste inzwischen nach dem Messias selbst, nach dem Gesalbten des Herrn, benannt werden. Ost und West sind davon befallen. „Wir alle wissen", höre ich darum noch einmal Aaron Jean-Marie Cardinal Lustiger, den jüdischen Erzbischof von Paris, in seiner Kathedrale Notre-Dame sagen, „in welche Verirrungen ein Messianismus führen kann, wenn er heidnisch ist, wenn er der göttlichen Salbung beraubt wird, wenn er auf einen politischen, sozialen und ethnischen Imperialismus reduziert wird".

Kein Gebirge ragt so hoch wie die Berge der Toten, die diese Irrwege gekostet haben. Längst ragen dabei die alten Kathedralen wie Berggipfel einer untergegangenen Kultur aus dem Profil unserer Dörfer und Städte. Dieses Phänomen hat John Henry Newman vor über hundert Jahren schon beobachtet. „All diese Jahre hindurch sind die Wasser eines weitverbreiteten Unglaubens wie eine Sintflut gestiegen", schrieb er damals. „Nach meinem Leben sehe ich die Zeit kommen, wo nur noch die Spitzen der Berge, Inseln gleich, in der Wasserwüste sichtbar sein werden." Ja, diese Zeit ist jetzt. Die Kirche scheint in ihrem ureigenen Haus eine verschwindende Minderheit zu werden. Im Stammland Luthers und der Reformation gibt es zur Jahrtausendwende wohl mehr praktizierende Muslime als praktizierende Protestanten. Dennoch ist Deutschland wie Europa immer noch wie kaum ein anderer Teil der Erde vollgepackt mit Gotteshäusern, die die Geschichte des abendländischen Traums stumm weitererzählen, allerdings in einer Schrift, die bald keiner mehr zu lesen versteht – „in himmlischem Chaldäisch".

In jedem Dorf, in jeder Stadt stehen Kirchen, die allesamt einmal wie gemauerte Gebete errichtet wurden, die meisten von ihnen prächtiger als der erste Tempel Salomons, eine herrlicher als die andere und eine von Jahr zu Jahr leerer als die andere, als alte Metaphern der himmlischen Stadt und als Gebete, in die man eintreten kann. Aber steht die alte Mutter Kirche, die einmal als junge Braut in unsere Geschichte eingetreten ist, nicht vor dem Infarkt, auch wenn der Papst und ihre Bischöfe immer noch an dem ungeheuerlichen Anspruch festhalten, die

Kirche verfüge über die Kraft der Wesensverwandlung und über das Geheimnis der Sündenvergebung wie über einen tiefen See, in dem selbst Verbrechen versenkt und gesühnt werden können. Gibt es ein größeres Wunder? Immer noch feiern Priester täglich das Mysterium vom Opfertod und der Auferstehung Christi in der Verwandlung der Hostien auf dem Altar des Gotteslamms, besuchen Gefangene, trösten Kranke. Doch insgesamt scheint die Stimme der Kirche so kraftlos und leise geworden, so mutlos. Verlacht wie die Stimme einer Greisin, längst höhnischer, als Voltaire jemals über das „alte, abgelebte Weiblein" gekichert hat.

Und fängt mit der digitalen Revolution nicht eine vollkommen neue und andere Geschichte an, die von unseren Erfahrungen schon gar nichts mehr wissen will? Als in Mainz der Buchdruck erfunden und die Papierherstellung wiederentdeckt wurde, veränderte sich das Gesicht der Erde auf nie geahnte Weise. Jetzt aber geht jede Woche weltweit ein Regen an Erfindungen auf die Erde nieder. Die Erinnerung ist ein Baukastenspiel in einem weltweiten Netz geworden, die lineare Gedankenführung abgelöst. Die vernetzte Forschung verändert jeden Bereich des Lebens. Vor den eigenen Kindern und Enkeln werden die Alten mit ihrer gesammelten Erfahrung über Nacht zu Ignoranten, denen alle Schulweisheit nichts mehr nützt. Kein Mensch kann mehr verstehen, was heute um ihn herum vorgeht, und noch weniger, was morgen kommt. Alle werden Fremde in ihrer Welt. Oder ist es vielleicht wie damals, als nach der Erschöpfung des Mittelalters hinter dem Horizont eine zweite Chance, eine neue Welt aus den Wassern der Urflut auftauchte? Vielleicht. Doch keiner weiß, wohin die Reise über diesen Horizont führen wird.

In der Südprovinz Restjugoslawiens gehen serbische „Sicherheitskräfte" gerade in einem fiebrigen Blut- und Bodenrausch gegen ihre albanischen Mitbürger vor. Das Amselfeld wird „gesäubert" – durchgeschnittene Kehlen, zerschmetterte Säuglinge, Flüchtlingsströme über Hügel, durch Schluchten und Täler. In Norditalien heben innerhalb Europas bombenschwere deutsche Tornados mit Kurs auf Belgrad ab. Im vorletzten Jahr dieses Saeculums brechen wahrhaftig Engländer, Franzosen, Deutsche, Spanier, Italiener und Amerikaner, brechen die Erben der Kreuzfahrer in einer Allianz auf, um Europas angestammte Muslime auf dem Balkan vor den Sonderkommandos einer postkommunistischen Demokratur zu beschützen.

Eine Amsel beginnt im Baum gegenüber zu singen. Die erste Straßenbahn rollt unter meinem Fenster vorbei, ein Streifen rosaroten Lichts konturiert den Dachfirst des Nachbarhauses. Ein neuer Morgen bricht an. Ich beginne einen letzten Satz: „Freiheit und Gerechtigkeit verwirklichen sich im Widerstand, Wahrheit öffnet sich nur dem Widerspruch ..." Da ist plötzlich ein letzter Gast durch die Wände in das vorletzte Zimmer dieses Buches eingetreten. Das Purpurrot der Knopflochbordüren des Kardinals will uns auch am Ende dieses Jahrhunderts noch an den Purpur der römischen Senatoren vom Anfang des ersten Jahrtausends erinnern. Der Erzbischof von Sarajevo konnte nicht früher erscheinen. Krieg hat ihn zurückgehalten. „Ein Schwimmer, der gegen eine starke Strömung schwimmt, glaubt, auf der Stelle zu stehen", sagt Vinko Kardinal Puljić und schaut uns ruhig an. „Derselbe Schwimmer wäre aber, wenn er nicht kräftig mit den Armen gerudert hätte, längst weit abgetrieben worden", fährt der rundliche Mann sanft fort. „Die gerechte Gesellschaft lässt sich auf Erden nicht verwirklichen. Das ist unmöglich. Aber wenn wir aufhören, es zu versuchen, dann enden wir in der finstersten Barbarei. Denn die lässt sich verwirklichen!"

DER SCHATTEN DES LAMMES

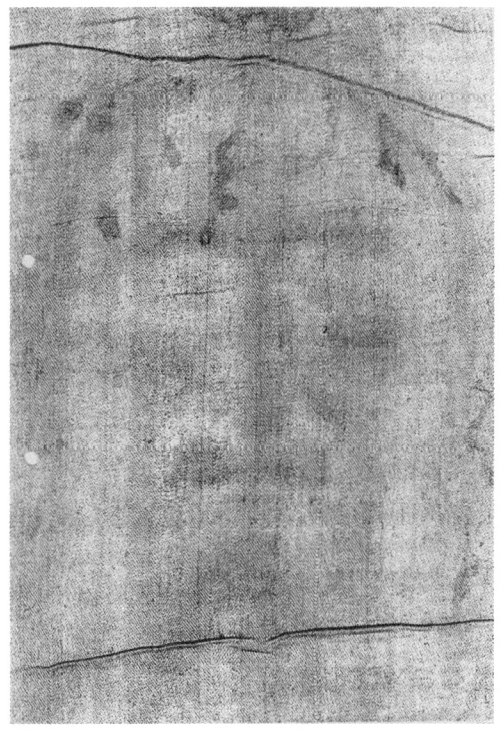

Gesicht des Gekreuzigten auf dem Turiner Grabtuch. Foto: Giuseppe Enrie 1931

Turin, 30. April 1998. – Die monumentalste Schriftrolle unserer Geschichte provoziert als ein Bilddokument ganz eigener Art – mit einem splitternackten Gekreuzigten, der sich erst in seiner Negativumkehrung zu erkennen gibt.

Mit der Erkenntnis Vinko Kardinal Puljićs aus Sarajevo endete 1999 mein Buch über das Abendland in der schönen Ausgabe des Luchterhand-Verlags in München. Und der Entschluss zu diesem vorzeitigen Ende verdankte sich damals einer klugen Entscheidung des Lektorats.

Denn ich hatte an dem Buch ja fast zwanzig Jahre lang gearbeitet. Doch in der Schlussphase der Niederschrift war ich in einen scharfen Konflikt mit einer Phalanx fortschrittlicher Theologieprofessoren geraten, den ich mir nun in meinem ersten eigenen Buch als Reporter quasi auch ein wenig von der Seele schreiben wollte. Diese Fehde muss meiner wachen Lektorin aber wohl als nicht deklariertes Schmuggelgut in dem Text aufgefallen sein. Und offensichtlich war ihr und unserem Verleger da manches zu viel geworden. Es erschien ihnen einfach nicht mehr kompatibel mit dem Horizont eines gewöhnlichen Lesers, ob christlich oder atheistisch. Deshalb wurde mir nicht nur das Fronleichnamskapitel und einige andere Kapitel gestrichen, sondern auch dieser folgende Exkurs, mit dem ich damals einen geheimnisvollen „13. Raum" im Turm der Zeiträume des Abendlands vorstellen wollte, der aus unserem Bewusstsein gewöhnlich getilgt ist, geradeso, wie in vielen Hotels eine 13. Etage einfach übersprungen und nicht mitgezählt wird, weil sich viele Gäste vor der Zahl 13 fürchten. Doch da wollte ich damals die Erzählung meiner vielen Erkundungen zum Himmlischen Jerusalem eigentlich beenden. In der letzten

Neuausgabe meiner Abendland-Chronik darf dieser 13. Raum darum jetzt natürlich nicht mehr fehlen.

Denn 1997 hatte mir Martin Mosebach in Frankfurt am Main geraten, ich müsse für den Abschluss dieses Geschichtsbuches – wenn ich es denn wirklich ernst damit meine – im nächsten Jahr unbedingt auch noch nach Turin reisen, wo ich in der Johannes-Basilika der Savoyerkönige endlich einmal kein weiteres Gemälde finden werde, keine Unsterblichkeitspuppe wie in Moskau oder Mumien wie in Kairo oder Skelette und andere Reliquien, wie sie sich überall sonst in den Fundamenten des Europäischen Hauses fänden. Sondern dort werde ich einem Schatten des apokalyptischen Lammes selbst begegnen, in einem „wahren Bild".

Er war selbst kurz zuvor in Turin gewesen, hatte dort Fotos davon gesehen und in einer hinreißenden Reportage im Magazin der FAZ über die Stadt berichtet. Wir waren Kollegen in derselben Zeitung er als Romancier, ich als Reporter und Freunde geworden. Und als Freund drang er in mich, seinen Rat ganz ernst zu nehmen. Denn im April 1998 sollte nach zwanzig Jahren wieder erstmals das Turiner Grabtuch ausgestellt werden, in dem ich wahrhaftig, wie er sagte, eine ‚pittura metafisica' vom Morgen des Abendlandes betrachten und verehren könne. Dieses „Gemälde" sei ganz und gar unerklärlich. Doch nirgendwo sei die Menschwerdung Gottes anschaulicher – und ihre Obszönität tröstender zu begreifen. In diesen Tagen der Ausstellung sei die Johannes-Basilika in Turin der innerste Raum des Europäischen Hauses. Ich würde es selbst sehen. So machte ich mich auf und sehe mich jetzt noch einmal auf dieser Reise, der ich nicht ausweichen konnte.

Es ist schwül in Turin, als ich lande, eine Regenwolke nach der nächsten entlädt sich über der Stadt. Pilger durchströmen die Straßen. Alle Völker Europas laufen hier zusammen. Ich höre jede Sprache. Doch an den Stufen zur Basilika San Giovanni versperrt mir kein Mensch den Weg durch den Haupteingang. Ich gehe die Treppe hoch, durch das offene Portal, hinein ins Dunkle und stehe in der abgedunkelten Renaissance-Basilika mit dem ersten Schritt wie gebannt vor dem Bild, das über dem Altar in dem Dämmerlicht ausgespannt ist, blass ausgeleuchtet. Ich hatte mir ein Opernfernglas mitgebracht. Das große Leinen sieht aus wie das Tischtuch einer Hochzeitstafel. Doch das lange Tuch ist verkohlt und versengt.

Blut und Wasserflecken sind darin eingetrocknet. Dazwischen ein zartes Bild, wie hingehaucht. Wie weit ausgebreitete Arme kommen einem die zarten Konturen im ersten Augenschein vor. Leises, fortwährendes, nicht endendes Fußgetrappel erfüllt den dunklen Raum davor; in drei Passagen strömen Gruppen von Pilgern in schwarzen Silhouetten an dem Laken vorbei, verweilen, ziehen weiter. „Benedetto il Signore, Dio d'Israele", singt rechts ein Chor junger Nonnen: „Gepriesen sei der Herr, der Gott Israels!"

Es ist das älteste authentische Abbild eines Menschen, die allerfrüheste Fotografie der Geschichte, habe ich von Professor Dietz in Würzburg zuvor zu dem Leinen erfahren, von dem ich mich vor dieser Reise habe aufklären lassen. Jetzt leuchtet der vergilbte Hintergrund golden auf. Die „Santa Sindone", wie sie hier heißt, ist perfekt ausgeleuchtet, als ein messianisches Schimmern auf dem Bildtext einer riesigen Schriftrolle. Es ist das Doppel-Abbild eines liegenden Menschen von jemandem, den man auf das eine Ende der Stoffbahn gelegt und mit dem anderen Ende zugedeckt hat.

Er wurde misshandelt, von Wunden übersät, zerschlagen und geschlachtet. Wie in einem Folterkerker wurde er zusammengeschlagen. Von keinem Hund hat man gehört, den man je so verprügelt hätte. Danach wurde er gekreuzigt. Aber auch im Tod tut er seinen Mund nicht auf. Wie von einem Weber ist das Tuch abgeschnitten vom Land der Lebenden. Das Gesicht ist nicht schmeichelnd. Die Lippen sind schön. Die Züge sind unsymmetrisch. Die rechte Wange geschwollen und verschmiert, dem Mann ist ein blaues Auge geschlagen worden. Er kriegt es kaum auf. Die Nase ist oben geschwollen und wohl gebrochen. Die rechte Fußsohle drückt Blut wie mit einem Stempel auf das Laken. Auf der rechten Seite ist die Rückseite abgedrückt, links die Vorderseite. Da ist auch sein Gesicht mehr zu erahnen als zu sehen. Seine schlanken Hände sind über der Scham verkreuzt, die linke über der rechten. Nur auf der Linken, die die rechte Hand verdeckt, können wir deshalb auch eine offene große Wunde in der Handwurzel erkennen, nicht im Handteller. Blut ist ihm von beiden Händen die Arme herabgelaufen. Der sternförmige Verlauf der Blutspuren zeigt, wie sehr er sich am Holz aufgebäumt hat, um Luft für seinen letzten Atemzug schöpfen zu können. Vielleicht müssen die Fliegen um die Augen, auf dem laufenden Blut und in den Wunden aber dennoch das Schlimmste gewesen sein, der unlösbare Kitzel. An der Stirn und dem Hinterkopf quillt Blut aus dem Haar, von einer Art Haube aus Dornengestrüpp. Warum nur wollten die Henker ihn über den Tod hinaus noch verspotten und verhöhnen? Gott allein wird es wissen. Er wird auch wissen, woher es nur kommt, dass der Mann hier dennoch so unversehrt vor uns aufscheint. Was lässt das ganze Bild bloß so zart und zärtlich erscheinen? Der große Blutfleck links über dem Brandfleck, muss die faustgroße Wunde eines Lanzenstichs anzeigen, in die Thomas einmal seine Hand gelegt hat. Rechts – auf der Rückenansicht – kann jeder sehen: Blut und Wasser sind ihm im Liegen aus dieser Wunde in den Rücken hinuntergelaufen.

Diesem Mann hat kein Mensch mehr geholfen. Kein Stück Stoff umhüllt seine Lenden. Auch den letzten Fetzen Tuch hat man ihm vor der Kreuzigung vom Körper gerissen. Er liegt hier so roh, wie man ihn an den Pfahl genagelt, und so entblößt, wie seine Mutter ihn geboren hat, nackt wie die Wahrheit. Keine Faser bedeckt seinen Leib. Auf dem Rücken läuft das Blut ganz ungehindert den splitternackten Körper zu den Beinen herunter. Erst nach dem Tod hat ihm eine gnädige Hand die Hände über der Scham verkreuzt. Auf dem Richtplatz aber – wo die angenagelten Hände seine Arme weit auseinanderspannten – konnten sich nach antikem Brauch noch alle Zuschauer an der letzten Erregung dieses Sterbenden ergötzen.

ECCE HOMO!

*Tabernakeltür der Klosterkirche von San Gerónimo
de Yuste in Spanien mit dem Christusporträt eines
unbekannten Meisters (vielleicht Aelbert Bouts)*

San Gerónimo de Yuste, 20. Juli 1999. – Im Kloster der letzten Zwiesprache Kaiser Karls V., in dessen Reich „die Sonne nie unterging", mit dem Spottkönig aus Jerusalem, den Pilatus der Welt als Urbild des Menschen vorgestellt hat.

Meinen ersten Blick auf das Grabtuch von Turin hatte ich mir vor zwanzig Jahren als Schluss meines Buches zum Abendland vorgestellt, muss ich gestehen, wenn ich hier noch einmal persönlich auf die Bühne treten darf wie ein Spielleiter in einem der Theaterstücke Bertolt Brechts – auch wenn ich diesen Trick immer fragwürdig fand. Doch an dieser Stelle muss es sein, wenn ich nun sage: „Das also war das geplante Ende meines ersten Geschichtsbuchs, das nie das Licht der Welt erblickt hat, weil er in meinem Verlag 1998 wohl zu anstößig und obszön erschien: der blutende Christus am Kreuz, der nackte Gott." Doch klar, dass mein Verleger mein Buch über die Himmlische Stadt damals nicht mit einer Darstellung enden lassen wollte, die mich zehn Jahre zuvor in der zerstörten Carmel-Kirche über Lissabon so schockiert hatte. Es war „Jesus von Nazareth, der König der Juden", den die Römer so entblößt auf Jerusalems Galgenhügel hingerichtet hatten.

Dennoch war es nicht das letzte Bild, das vom Messias geblieben ist. Der nackte tote Christus war nicht wirklich die Mitte des Abendlands, trotz der ungezählten Wegkreuze in Bayern und all der Kreuze in so vielen Kirchen quasi überall in der Welt, wo er ja auch so gut wie immer mit einem Lendentuch abgebildet wird. Das aber wusste ich damals noch nicht, wie ich es heute weiß. Deshalb muss ich auch Christiane Schmid, der umsichtigen Lektorin, und Gerald J. Trageiser, dem kühnen Chef des Luchterhand-Verlags, jetzt noch dafür dankbar sein. Auch inhaltlich hatten die beiden mit der Kürzung meines Manuskripts vor der Drucklegung recht, muss ich gestehen. Denn jetzt ist dieser abgeschnittene Schluss für mich auch ein Anlass, dieses Buch noch einmal überarbeitet und neu zu veröffentlichen. Deshalb muss ich meinem Jugendwerk über den Turm der Zeiträume des Abendlands, das ich damals zu beschreiben versuchte, jetzt aber auch noch einige Räume hinzufügen, darunter den wichtigsten überhaupt in dem Gebäudekomplex des Abendlands. Und einen dieser letzten Räume hatten wir zufällig im Sommer 1999 entdeckt, als dieses Buch gerade in seiner ersten Ausgabe unter die Leser gekommen war.

Es war in Spanien, in der Extremadura. Ich hatte meinen alten Arbeitsplatz in Frankfurt verloren und eine neue Stelle – als Korrespondent der Berliner WELT in Jerusalem – angeboten bekommen, als wir mit unserem Audi noch einmal so etwas wie eine Abschiedsreise durch Europa machen wollten. Dafür waren wir nach Guadalupe gereist, zu dem Heiligtum, das dem Bildwunder der Jungfrau in Mexico seinen spanischen Namen verliehen hat, über die ich gerade ein nächstes Buch zu schreiben begonnen hatte.

Auf dem Rückweg machten wir dann einen Umweg über das Kloster San Gerónimo de Yuste, von dem ich aus Gymnasialtagen in Erinnerung hatte, dass Kaiser Karl V. sich hierhin als Mönch zurückgezogen hatte, nachdem er am 25. Oktober 1555 in schwarzer Trauerkleidung in Brüssel in einem feierlichen Staatsakt von aller Amtsgewalt mit den Worten zurückgetreten war: „Ich weiß, dass ich viele Fehler begangen habe, große Fehler, erst wegen meiner Jugend, dann wegen des menschlichen Irrens und wegen meiner Leidenschaften, schließlich aus Müdigkeit. Bewusst habe ich niemandem Unrecht getan, wer es auch sei. Sollte dennoch Unrecht entstanden sein, geschah es ohne mein Wissen und nur aus Unvermögen: Ich bedaure es öffentlich und bitte jeden, den ich gekränkt haben könnte, um sein Verzeihen."

Der Kaiser war damals 55 Jahre alt. Dass er danach Mönch wurde, stimmte zwar so wenig wie später bei Benedikt XVI., der 2013 nach seinem Rücktritt als Papst auch nicht wirklich ein

Mönch wurde. Wahr ist aber, dass Karl V. nach seinem Rücktritt in Brüssel im Februar 1557 ein Landhaus bezog, gut 200 km im Südwesten Madrids an der hügeligen Südflanke der Sierra de Gredos, mit grandiosem Blick in die Weite und dennoch verborgen in Steineichenwäldern. Und hier grenzte sein Wohn- und Schlafzimmer tatsächlich an den Chor der Kirche eines Klosters vom Einsiedlerorden der Hieronymiten, wo er in der ersten Etage von seinem Bett und einem Spezialsessel aus immer an dem Messopfer der Mönche teilnehmen konnte, ohne hinab in die Kirche steigen zu müssen. Schmerzen peinigten ihn. Asthma und Gichtleiden in allen Gliedern machten dem Mann fast alle Bewegungen zur Hölle, Hämorrhoiden ließen ihn nicht mehr im Sattel sitzen.

Im Februar 1530 war der größte Habsburger von Papst Clemens VII. in Bologna zum römisch-deutschen Kaiser gekrönt worden. „Plus ultra" („Immer weiter") lautete sein Wahlspruch. Sein Reich, in dem die Sonne tatsächlich nie unterging, erstreckte sich über drei Erdteile. Es war sehr viel größer als die Europäische Union, als deren Vorgängerin es dennoch in gewisser Weise verstanden werden könnte. In der Regierungszeit dieses Kaisers war es zur Spaltung der katholischen Kirche gekommen, um die herum sich bis dahin das Abendland gebildet und entwickelt hatte. Auch die Eroberung Mexikos und des Inkareiches und die Abwehr der Türken fielen unter seine Regentschaft. Die Plünderung Roms durch seine Landsknechte im „Sacco di Roma" hatte weder er noch sein treuer Kommandant Georg von Frundsberg im Mai 1527 verhindern können, in deren Verlauf das Schleierbild der „wahren Ikone" Christi aus dem Petersdom verschwand, wo es seit Jahrhunderten als Kronschatz der Päpste verehrt worden war. Karl V. war ein Habsburger, doch vor allem ein Burgunder, aus dem märchenhaften Zwischenreich zwischen Deutschland und Frankreich. Er war ein ganz Großer und endete im Scheitern. Oder auch nicht. Es war nämlich genau hier, das heißt, es war rechts da oben, hinter der Kirchenwand, wo der alte Kaiser seinen Lebensabend verbrachte.

Die Kirche war leer, als wir den Erinnerungsort betraten. Die elegante Villa des alten Kaisers nebenan ist noch heute voll von Meisterwerken seines Lieblingsmalers Tizian. Der letzte Blickwinkel seiner Augen aber richtete sich am Ende nicht mehr selbstverliebt auf die verschiedenen Porträts aus Tizians Meisterhand – wo der Herrscher auf einem stolzer blickt als auf dem nächsten –, sondern auf die Tabernakeltür der Klosterkirche, wo ihn der frisch mit Dornen gekrönte Jesus aus der Hand eines unbekannten Meisters anblickte: als der gepeinigte König der Könige.

Der Tabernakel hat seinen Namen von dem lateinischen *tabernaculum* für Hütte oder Zelt. Damit ist das jüdische *Mischkan* gemeint, das sogenannte „Bundeszelt" der Israeliten, in dem das Volk Gottes auf seinem Weg ins Gelobte Land die Gesetzestafeln aufbewahrte, die Moses auf dem Sinai aus der Hand Gottes empfangen hatte. Es war das „Allerheiligste", es war die Wohnung der Gottesgegenwart unter den Juden. Für den Glauben der römischen Kirche, für den das Wort und Gesetz vom Sinai in der Person Christi allerdings „Fleisch geworden" ist, wurde der Tabernakel deshalb seit dem Hochmittelalter der Ort, in dem die verwandelten Hostien in goldenen Kelchen aufbewahrt wurden, der eucharistische Leib Christi. Deshalb sind Tabernakel seit der Zeit der Gotik meist kostbar in Gold gearbeitet, mit einem „ewigen Licht" in Öl daneben, als Zeichen der Gottesgegenwart in diesem Tresor. Es ist das Innerste jeder katholischen Kirche.

Hier in der Klosterkirche von San Gerónimo de Yuste ist der Tabernakel längst leer und ausgeräumt. Doch hier schaut Christus auf dieser Tabernakeltür bis heute nach rechts, in das Dämmerlicht der Kammer neben dem Chorraum, wo der mitleidende Blick des blutbeschmierten Spottkönigs mit der Folterkrone im Haar in den Jahren 1557 bis 1558 auf den Blick des zurückgetretenen Herrschers in seinen Seidenkissen traf, als „laut schreiendes Geheimnis", wie Ignatius von Antiochien im 2. Jahrhundert sagte. Die Hände hat Jesus wie zur Abwehr erhoben. Gleichzeitig sind es Segenshände, wie sie die Grabsteine jüdischer Rabbiner oft zierten. Stunden später waren sie angenagelt. Hier hat Jesus noch keine Wunden in den Händen. Hier ist er noch nicht gekreuzigt. Dieses Bild zeigt den Augenblick, in dem Pilatus den Todgeweihten an dessen Verfolger mit den Worten auslieferte: Ecco Homo! Seht da, den Menschen! Es war der wahre Herrscher Europas, vor dem der abgedankte Herrscher des Heiligen Römischen Reiches Deutscher Nation hier letzte Rechenschaft ablegte. Es waren die blutunterlaufenen Augen dieses verhöhnten Hauptes, auf die der vormals mächtigste Herrscher Europas nun seine Augen heftete, nachdem er die Krone über das damals größte Universalreich der Erde niedergelegt hatte – bis der in Flandern geborene Monarch am 21. September 1558 schließlich – hier! – vor diesem Antlitz mit dem spanischen Seufzer starb: „!Ay, mi Jesús!"

Diese Blickachse ist die Seele des Raums. Es ist es ein erschütternder Gedächtnisort zur Erkenntnis der Gottesebenbildlichkeit des Menschen, die unsere Geschichte geprägt hat wie keinen anderen Kontinent. Unsere Reise war, wie gesagt, von uns als Abschied gedacht, bevor wir von München nach Jerusalem aufbrachen. Die blutunterlaufenen Augen im Antlitz Christi auf der goldenen Tabernakeltür dieser Klosterkirche von San Yuste aber wollten mir nicht mehr aus dem Sinn gehen und weckten den übermächtigen Wunsch, unbedingt noch einmal hierhin zurückzukommen, am besten mit einer guten Kamera.

BRUNNENRAUM

Die Kapelle des Heiligen Grabes inmitten der konstantinischen Rotunde der Grabes- oder Auferstehungsbasilika in der Altstadt von Jerusalem ummantelt seit dem 4. Jahrhundert das antike Felsengrab in der Nähe des Hinrichtungsfelsens Golgatha.

In der Stadt des großen Königs. – Die Stunde Null der Christenheit lässt sich nur ungefähr an einem bestimmten Datum unseres Kalenders festmachen. Sie hat aber einen sehr konkreten Ort, in einer winzigen Kammer Jerusalems zwischen Küste und Wüste.

Nach Gerónimo de Yuste kamen wir deshalb genau dreizehn Jahre später, im August 2012, wirklich zurück, diesmal mit einer Digitalkamera, wie es sie 1999 noch gar nicht gab. Wir kamen von Rom, mieteten uns für eine Nacht in dem Nachbardorf Cuacos de Yuste ein und waren frühmorgens im Kloster, das schon lange kein Gotteshaus mehr ist, sondern ein spanisches Nationalmonument, wo uns der Chef des Aufsichtspersonals, ein junger Mann namens Jesús, alle Fotos der Tabernakeltür machen ließ, die ich mir nur wünschen konnte. Jetzt standen verwelkte Blumen davor, die wir wegräumen durften. Es war ein Glück ohnegleichen. Zwischen diesen beiden Besuchen des Klosters lagen Jahre, in denen wir auf ganz neue Weise erfahren hatten, dass der Polarstern des Glaubens der Christen das Antlitz Christi ist, vor allem das Antlitz des auferstandenen lebendigen Gottes mit seinen verheilten Wundmalen, nicht sein gemarteter Leib. Es ist das Antlitz des Siegers über den Tod. In dem Porträt in San Yuste waren die Wunden noch ganz frisch und nicht verheilt. Vielleicht war es diese Spannung, die mich hier so erschütterte.

Zwei Jahre nach unserem ersten Besuch in Gerónimo de Yuste erklärte Jürgen Habermas in der Frankfurter Paulskirche, dass sich das Konzept der Menschenwürde im Grunde nur vom Urbild des jüdisch-christlichen Glaubens an eine Gottesebenbildlichkeit des Menschen ableiten lasse. Von jenen Sätzen also, wo es im Buch der Genesis heißt: „Gott erschuf den Menschen nach seinem Ebenbild." Wie wir Gott sehen, bestimmt unser

Bild vom Menschen. Vom Menschen aber lässt sich bis heute nichts Höheres sagen, als dass Gott einer von uns geworden ist.

Den Gedanken aber, dass Gott nicht nur den Menschen nach seinem Bild geschaffen, sondern am Schluss auch selbst sein Gesicht den Menschen gezeigt hat, fand der „religiös unmusikalische" Philosoph offensichtlich noch zu kühn, als dass er ihn mit allen Konsequenzen an sich heranlassen wollte. Das menschliche Gesicht Gottes gehört dennoch wesentlich zu jener „Bildung" Europas, von der Hans-Georg Gadamer kurz vor seinem Tod sagte, „dass Bildung nicht ist, was irgendein Mensch gemacht hat. Sondern Bildung ist wie die Formation der Berge, die in Jena oder in Heidelberg über die Häuser der Städte hinwegblicken." Es macht Europa zu Europa, dass dieses Angesicht jahrhundertelang mehr als alle Berge über die Häuser unserer Städte geblickt hat. Wie dieses Gesicht aussah, stand dabei außer Zweifel.

Es war ein leicht asymmetrisches Porträt mit Mittelscheitel, schlanker Nase, geschwollener rechter Wange, Locken zu beiden Seiten des Kinns, mit leicht offenem Mund und schütterem Bart. Bis um die Mitte des 16. Jahrhunderts gab es so gut wie kein Bild Christi, das von dieser Vorlage abwich. Im Jahr 1499 hatte Michelangelo mit 24 Jahren Christus auf dem Schoß seiner Mutter so in Marmor gemeißelt, als hätte ihm Christus selbst Modell gestanden. Ein Jahr später, Anno Domini 1500, schuf Albrecht Dürer in Nürnberg ein revolutionäres Selbstporträt, wo er sich selbst ebenso darstellte, als radikales Ebenbild Christi. Häretisch war das nicht. Von der These einer wesentlichen Abhängigkeit der Menschenwürde mit der biblischen Gottesebenbildlichkeit ist dieses Gemälde die Beglaubigung schlechthin. Vielleicht hat sich Europa nie profilierter ausgedrückt als damals, in diesem selbstbewussten Meisterwerk Dürers.

Und zum Beginn des 3. Jahrtausends hatten wir in Jerusalem, der „Stadt des großen Königs", wie Jesus selbst den Ort seiner Hinrichtung nannte, inzwischen auch noch fast körperlich erfahren, dass hier – zwischen Küste und Wüste – und nicht in Rom ein winziger Raum im Labyrinth der Altstadt die wahre Herzkammer der Christenheit ist und der Brunnenraum des Europäischen Hauses. Das ist das „Heilige Grab". Es ist eine kleine Kapelle in der Anastasis-Basilika, an der Stelle jenes Felsengrabes, wo Jesus am ersten Karfreitag hastig beigesetzt wurde, bevor die Venus am Himmel erschien, als erster Stern am Beginn des Abends, der den nächsten Tag ankündigte. Die Kammer im Innern dieser Kapelle bildet mit seinen Raummaßen bis heute noch die Struktur jenes traditionellen „Troggrabes" nach, das hier einmal in einen Felsen hineingehauen war, mit einer Steinbank auf der rechten Seite, auf die der tote Körper Jesu bei seinem Begräbnis abgelegt wurde und mit einem schmalen Gang links daneben. Dieses Grab wurde von den Römern später zugeschüttet, überbaut und wieder freigelegt, wieder zerstört und wiederaufgebaut. Joseph von Arimathäa, ein Mitglied des jüdischen Hohen Rates, hatte den Raum ursprünglich für sich selbst in den Felsen schlagen lassen, ihn dann aber Jesus nach dessen Tod überlassen, der dem Schuldspruch desselben Hohen Rates zum Opfer gefallen war. Dieser Joseph war es auch, der nach dem Zeugnis von drei Evangelisten am Tag der Kreuzigung Jesu ein „Sindon" gekauft hatte. Das war ein langes Leintuch, in das er den Leichnam Jesu einschlagen lassen wollte, um ihn darin „nach jüdischer Begräbnissitte" zu bestatten.

Das ist die „Santa Sindone", wie sie in Italien genannt wird. Es ist dasselbe große Tuch, das sich heute in Turin wie eine Schriftrolle studieren lässt als eins der wichtigsten Zeugnisse für die wundervolle Verwandlung Christi im Dunkel dieser Grabkammer neben jenem kleinen Schleiertuch, das unter Karl V. im Mai 1527 aus dem Petersdom in Rom verschwand. Dieses Schleiertuch ist das kleinere der beiden Grabtücher aus der Grabkammer in Jerusalem, „das auf seinem Haupt gelegen" hat, wie Johannes schrieb, von dem er uns auch heute noch in seinem Urbild anblickt. Dieser transparente Schleier hält das jungfräuliche Antlitz des Auferstandenen fest, das Tod und Verfall nicht haben zerstören können. Wer Christus hier in die Augen schaut, sieht in die Ewigkeit, durch dieses barmherzige Antlitz hindurch. Ikonen seien Fenster zum Himmel, heißt es in der orthodoxen Welt, die im ersten Jahrtausend die heiligen Bilder so standhaft verteidigt hat. Das ist nirgends wahrer als hier. Was der Verlust dieser Ur-Ikone im Jahr 1527 für das Abendland bedeutete, können wir deshalb noch gar nicht ermessen.

Zusammen sind diese beiden Tücher in Turin, der Metropole des Königshauses der Savoyer im Piemont, und in Manoppello, einem Bergstädtchen in den Abruzzen an der Adria, wo sich der Gesichtsschleier seit Jahrhunderten befindet, zwei Bilddokumente ohne Vergleich. Erstmals begegnen sie uns im 20. Kapitel vom Evangelium des Johannes, der überhaupt als der Kron- und Augenzeuge des ersten Ostermorgens in diesem Raum gelten muss. In welchem Jahr und an welchem Datum Johannes die Kammer mit dem Apostel Petrus genau betrat, ist umstritten, ob im Jahr 30 oder 31. Es gibt eine Schule, die davon ausgeht, dass Jesus am 3. April des Jahres 33 gekreuzigt wurde. Dann müsste die Entdeckung des leeren Grabes am 5. April 33 stattgefunden haben. Ganz sicher ist nur dies: Was der Evangelist da beschreibt, und zwar übereinstimmend mit den Tüchern aus dem Grab Christi, fand in der Stunde Null der Christenheit statt.

Dieses erste Ostern war kein Fest. Es waren zunächst noch Stunden eines katastrophalen Schocks, zumindest für die Jünger Jesu. Sie waren ratlos und erschüttert und saßen niedergeschlagen zusammen, als Maria aus Magdala sehr früh am Morgen die Apostel Petrus und Johannes in der Morgendämmerung alarmierte. Irgendetwas sei geschehen, sagte sie aufgeregt, als sie atemlos zu ihnen kam. Das Grab Christi sei leer, der Verschlussstein weggerollt. Das wollten die beiden sofort sehen. Sie liefen zum Felsengrab. Johannes kam zuerst an, beugte sich zu dem niedrigen Eingang hinunter, blickte in die Kammer und sah im Dämmer das Leintuch da liegen. „Da kam auch Simon Petrus, der ihm gefolgt war, und ging in das Grab hinein", schreibt Johannes dann weiter. „Er sah die Leinenbinden da liegen und das Schweißtuch, das auf dem Kopf Jesu gelegen hatte. Es lag aber nicht bei dem Leinen, sondern zusammengebunden daneben an einer besonderen Stelle." Inzwischen war die Sonne aufgegangen und warf vom Osten her ein erstes Licht in die Kammer. Da ging auch Johannes, der zuerst am Grab angekommen war, hinein und „sah und glaubte", wie er lakonisch schreibt.

Das ist schon fast der ganze Bericht dieses Evangelisten über das zentrale Heilsereignis der Christenheit, über die Rückkehr des Gehenkten aus dem Reich der Toten, woran jedes Osterfest und jeder Sonntag seitdem erinnert. Die Tücher hingegen, die Johannes und Petrus am ersten Ostermorgen in dem ansonsten leeren Felsengrab vorfanden, in die der Ermordete gewickelt war und von denen Johannes bei dieser Gelegenheit vor allem sprach, haben überlebt und ergänzen seinen Bericht als höchst sprechende Bilddokumente, die heute noch davon berichten, dass die beiden den Toten hier plötzlich als Lebendigen erfuhren, der den ersten Namen Gottes in dieser Stunde für sie noch einmal ganz neu aussprach: „Ich bin, der ich bin." Das ist der Kern von Ostern. Seitdem wissen Christen zwar nicht, was sie nach dem Tod erwartet. Aber seitdem wissen sie, wer sie erwartet.

Und das ist nun der Moment für einige grundsätzliche Worte zu dem, was Christen glauben. Denn das wirklich zentrale Heilsereignis der Christenheit ist ja *nicht* einmal diese Auferstehung Christi von den Toten, wie unwahrscheinlich sie auch sein mag. Das Wesensgeheimnis des christlichen Glaubens ist noch viel unglaublicher und das lässt sich kaum profiliert genug vorstellen. Es ist das Absurdeste und Unmöglichste, was überhaupt jemals für wahr gehalten werden konnte. Denn dass es unsere Welt gibt und darüber verschiedene Sphären des Daseins, mit Göttern und anderen geistigen Wesen, das ist so gut wie allen Religionen gemein. Dass aber ein einziger Gott Himmel und Erde geschaffen haben soll, wie es im Judentum schon geglaubt wurde, also alle Universen und Milchstraßen, alle Ozeane und den Himalaya und alle Lebewesen, von den Elefantenherden Afrikas und der Katze des Nachbarn bis zu den Amöben und mikroskopisch winzigen Mikroben, dass dieser einzige Gott eines Tages die Eizelle einer unberührten jungen Jüdin befruchten würde, um in ihrem Leib als Mensch heranzureifen und durch ihren Geburtskanal in das Licht der Welt zu treten, das ist das Verrückteste, das jemals hätte ausgedacht werden können. Das ist Menschwerdung Gottes in Jesus von Nazareth.

Dieses Eingreifen Gottes in seine Schöpfung ist der Urknall und das Fundament unseres Glaubens und sprengt jeden noch so genialen Erfinderverstand. Es ist die ultimative Selbstoffenbarung Gottes, dass er uns schließlich sein Gesicht gezeigt hat. Kein Dogma ist aufreizender. Und so wurde die Behauptung auch von Anfang an wahrgenommen und zurückgewiesen, zuerst in der jüdischen Welt. Selbst Maria konnte zunächst nicht daran glauben. „Bei Gott ist kein Ding unmöglich", muss ihr deshalb der Engel ausdrücklich sagen, der ihr verkündete, dass sie ohne Zutun eines Mannes schwanger werden würde.

Nach seiner Mutter Maria wurde dieser Glaube der „Menschwerdung" Gottes in Jesus für den Rest der Christenheit aber nur möglich und glaubhaft durch das reale Ereignis der Auferstehung in dieser Grabkammer in Jerusalem. Denn Ostern erinnert ja nicht an die raffinierte Reanimation eines am Kreuz erstickten Leichnams. Jesus von Nazareth war als Rebell und „König der Juden" von den Römern gehenkt worden. Darum verpasste ein Legionär dem Gestorbenen am Kreuz noch einen Lanzenstich durchs Herz. Bei ihm wollte die Besatzungsmacht ganz sicher gehen, todsicher. Danach ließ sich bei Jesus nichts mehr reanimieren. Er war so tot, wie ein Mensch nur tot sein kann. Sein Wiedereintritt ins Leben konnte danach nur als ein Eingreifen Gottes selbst begriffen werden; und so haben es die Apostel und ersten Zeugen schon am Ostermorgen getan. In der Welt der Sinne ist vieles möglich. Das aber nicht. Deshalb waren sie danach überzeugt: Dieser Mann war der Messias, er war Christus, er war der „Gesalbte". Nur der Apostel Petrus hatte es schon zu seinen Lebzeiten gesagt. Er war der „Heilige Gottes", wie alle anderen Apostel es nach der Auferstehung sagten, und „Gottes Sohn", wie Paulus sich ausdrückte.

Alles war deshalb auch wahr, was Jesus zu seinen Lebzeiten gesagt und getan hatte. Gott selbst hatte den zu Tode Gemarterten ins Recht gesetzt. In ihm hatte ER selbst sein Gesicht gezeigt – und gezeigt, wer und wie Gott ist. Es war das Beglaubigungswunder der Menschwerdung Gottes schlechthin. Ohne die Auferstehung Christi stürzt deshalb der ganze Glaube der Christenheit ein wie ein Kartenhaus. Erst an Ostern wurde deshalb auch die Bergpredigt Jesu für immer als göttlich beglaubigt und nie mehr vergessen: „Selig, die hungern und dürsten nach der Gerechtigkeit!" Erst durch die Auferstehung Christi dürfen wir das Paradox dieser radikalen Abwendung von den Mächtigen und der Hinwendung zu den Schwachen als genuin göttlich begreifen. Ohne die Verwandlung Christi in diesem Grab hätte auch kein Mensch jemals an die Verwandlung der Materie in der Eucharistie glauben können. Das neue Gebot der Feindesliebe, ohne die Auferstehung Christi von den Toten wäre es ein leeres Muster ohne jeden Wert.

Es war eine Gottesrevolution. Eine Auferstehung am Ende aller Tage wurde damals auch in Teilen des Judentums erwartet, doch was in diesem Grab geschehen war, war eine Auferstehung mitten aus der alten Welt heraus in eine neue Welt hinein. In der Dunkelkammer dieses Grabes hatte Gott sich damit endlich als der ganz Andere erwiesen, anders als alle anderen Gottesbilder, die er hier selbst korrigierte. Wie zum Ausweis seiner Identität erschien Jesus den Aposteln nach Ostern deshalb auch mit seinen geheilten Wunden. Er war derselbe, der am Kreuz gehangen hatte. In allen Berichten der Auferstehung Christi sprechen die ersten Zeugen darum verhüllt von etwas, was bis dahin in unserer Erfahrungswelt nicht vorkommt. Sie sprachen von etwas Neuem, Einmaligen, zu deren Beschreibung ihnen eigentlich die Worte fehlten. Und von Anfang an wurden sie der Lüge bezichtigt. Ähnlich geht es bis heute weiter. Es war eine neue Dimension des Lebens und der Wirklichkeit, die seit damals nie wieder unwirklich wurde. Es war ganz und gar Jesus, der seinen Jüngern nach seiner Auferstehung vierzig Tage lang begegnete, und dennoch gehörte er offensichtlich einer anderen Wirklichkeit an, der Dimension des lebendigen Gottes, dem Reich des Todes für immer entzogen.

„Nein. Nein, ich glaube nicht, dass Jesus auferstanden ist. Ich glaube nicht, dass ein Mensch von den Toten zurückgekehrt ist und jemals zurückkehren konnte", schrieb im Jahr 2014 in Paris Monsieur Carrère bei aller Sympathie für das Christentum in seinem blitzgescheiten Bestseller „Das Reich Gottes". Und weil die leibliche Auferstehung Christi von den Toten weiter so grundunglaublich ist, hat sich in den letzten Jahrhunderten selbst mitten im Christentum eine theologische Schule herausgebildet, die sagt, nicht das unglaubliche Faktum der Verwandlung des Toten in einen Lebendigen sei das Entscheidende an Ostern gewesen, sondern dass die Apostel von dieser Verwandlung plötzlich zu *erzählen* begannen. Diese „Predigt" von der Auferstehung sei das Entscheidende, es sei das sogenannte „Kerygma", wie es auf Griechisch heißt.

Die Grabtücher Christi hingegen, die wir erst heute wirklich zu lesen beginnen, erzählen etwas anderes! Sie tun dies mit einer Bilderschrift, die wir gerade zu entziffern lernen. Sie sagen schlicht, dass Jesus als Toter in diese Kammer gelegt worden ist und dass er sie als Lebendiger verlassen hat. Darum erzählen diese Tücher auch, dass sich der Allmächtige selbst am Kreuz ohnmächtig gemacht hat, in einer unvorstellbaren Selbstbeschränkung. Er schlug nicht zurück, als die Menschen seinen Sohn schlugen. Gott schlägt nicht zurück. Er schlägt sich nur auf die Seite der Opfer und rettet sie vor dem ewigen Tod. Er ist nicht der Gott der Mächtigen. Die ihn schmähen, überlässt er sich selbst. Er ist bei den Geschmähten. All dies bestätigte Gott an Ostern. Seit damals muss kein Christ mehr fürchten, von einem Blitz erschlagen oder von einer Fatwa christlicher Schriftgelehrter zum Tode verurteilt zu werden, wenn er Gott lästert oder verhöhnt. Mehr als eine Auspeitschung, Dornenkrönung und Kreuzigung kann kein Mensch Gott jemals mehr antun. Er hat es geschehen lassen, als der allmächtige Schöpfer des Himmels und der Erde.

Die Auferstehung Christi ist darum auch die Geburtsstunde unserer Freiheit, zuerst und zuletzt Gott selbst gegenüber. Gott wirbt um uns, aber er zwingt uns nie. Gott lässt und will uns frei. Unsere Freiheit ist darum dieser Grabkammer wie einer Urquelle entsprungen. Hier hat Christus für immer die Tür zu einer neuen Dimension des Lebens und des menschlichen Daseins geöffnet, die seitdem keiner mehr schließen kann. Diese Überwindung des Todes war ein irreversibles und universales Ereignis, mit dem Jesus von Nazareth als Erster von allen „in die Weite Gottes eingetreten" ist, wie Joseph Ratzinger es einmal genannt hat.

Deshalb ist die Auferstehung Christi von den Toten auch das Herz jener Bedingungen, die Ernst-Wolfgang Böckenförde mit dem Satz ansprach: „Der freiheitliche, säkularisierte Staat lebt von Voraussetzungen, die er selbst nicht garantieren kann. Das ist das große Wagnis, das er, um der Freiheit willen, eingegangen ist." Ostern aber ist die Voraussetzung schlechthin, die wir selbst nicht garantieren können. Nur unter dieser Voraussetzung konnte 600 Jahre nach Christus der heilige Columban, als er Westeuropa von Irland her christianisierte, sagen: „Si tollis libertatem, tollis dignitatem" (Wenn du die Freiheit nimmst, nimmst du die Würde). Es ist dieser Geist, der das Abendland immer neu begründet hat. Er war undenkbar in anderen Kulturen. Von innen und außen zog der Geist der österlichen Freiheit deshalb in jedem Jahrhundert auch enorme Widerstände an. Denn keine andere Kultur sonst hat jemals diesen Freiraum eröffnet und keine andere Kultur musste so sehr im Konflikt mit der schwierigen Freiheit immer neu errungen und bewahrt bleiben.

Seit Langem aber entfaltet dieser österliche Raum auch eine Sogwirkung auf andere Kulturen wie vielleicht noch nie zuvor, wo unser Geist der Freiheit plötzlich auch die Fantasie der Menschen aus dem „Haus des Islam" wie der Geist eines „Dschinn" beflügelt, der nicht mehr zurück in die Flasche will. Auch darum fliehen Menschen in hellen Scharen durch die Wüsten und über das Meer – koste es, was es wolle, und koste es das Leben. Sie suchen und drängen in die freie Welt. In der Moderne entweicht also der österliche Geist, radikal säkularisiert, seinem alten Gehäuse und erfüllt die ganze Welt mit seinem Aroma.

Die Freiheit der Christenmenschen ist zur Sehnsucht aller geworden – auch jener, die von Ostern noch nie gehört haben oder gar nichts wissen oder die das Christentum leidenschaftlich hassen. Denn auch die Freiheit der Atheisten, furchtlos glauben zu dürfen, dass es Gott nicht gibt, und sich gefahrlos gegen ihn auflehnen zu können, verdankt sich der Selbstoffenbarung Gottes im Tod Jesu am Kreuz und seiner Auferstehung von den Toten am dritten Tag. Was wir ohne Auferstehung wären, hat Paulus deshalb schon vor 2000 Jahren bündig beantwortet. „Wenn Christus nicht auferweckt worden ist", sagte er in seinem ersten Brief an die Korinther, „so ist unsere Predigt leer, leer auch euer Glaube." Dann wäre der Glaube der Christen ein Dreck. Der Glaube der Christen ist aber kein Dreck, der das Abendland geprägt und geformt hat. Ostern ist keine Legende.

RÜCKKEHR DER KRONE CHRISTI

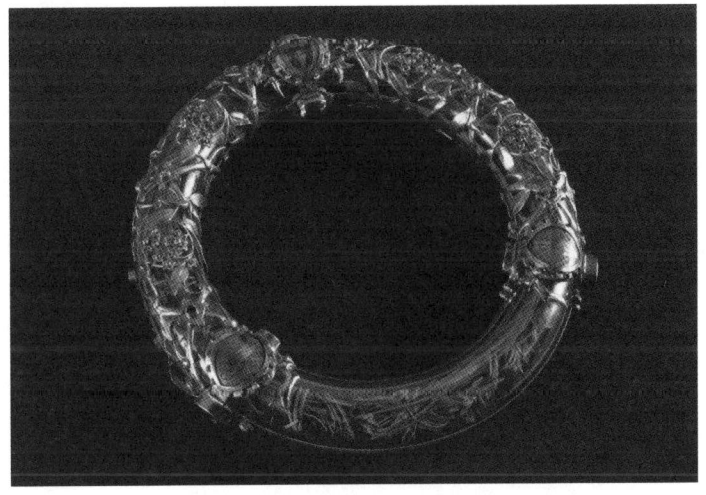

*Reliquiar mit Dornenzweigen für die
Krone Christi, die König Ludwig IX. im Jahr 1238
in Konstantinopel für Frankreich gekauft hat*

Paris, 15. April 2019. – Der Großbrand der Kathedrale Unserer Lieben Frau katapultiert das Diadem der Leiden Christi am Ursprungsort aller Kulturrevolutionen wieder zurück in die Bilderwelt des globalen Bewusstseins.

Vor dem Osterfest 2019 aber, am Beginn der Karwoche, in der sich die Christenheit sechs Tage an das Leiden und den Tod und die Auferstehung des Königs der Könige erinnert, erschreckte vor einem Jahr plötzlich eine Feuersbrunst die bewohnte Erde wie eine kosmische Schrift an der Wand, die keiner zu lesen verstand. Die Ursache? Vielleicht ein banaler Kurzschluss oder eine weggeworfene Zigarette. Keiner weiß es. Gewiss aber war der Großbrand der Kathedrale Unserer Lieben Frau von Paris das dritte planetarische Ereignis des Jahrtausends – nach dem Terrorangriff auf die Twin Towers in New York am 11. September 2001 und dem Sterben Johannes Paul II. in Rom am 2. April 2005. Nun war es dieses Höllenfeuer in einer Zeit, in der im Schnitt in Frankreich pro Woche drei Kirchen angezündet wurden, ohne jeden Aufschrei.

Es gab weder Tote noch Verletzte, doch einen Schrecken ohnegleichen. Rauchwolken stiegen in den Abendhimmel. Bilder der Wasserfontänen gingen um die Erde und der 400 Feuerwehrleute, die das Feuer niederzwingen wollten unter dem Applaus der Menschen auf der Île de la Cité. Am Ufer der Seine fielen Menschen auf die Knie zum Gebet, im Herzen des laizistischen Frankreichs. Zur Mitternacht ließ der Erzbischof von Paris alle Glocken der Hauptstadt läuten. Bald gab es zu der Feuersäule über der Kathedrale erste Bilder aus dem Innern des Gotteshauses, wo ein großes goldenes Kreuz über dem Hochaltar leuchtete. Und Abbé Jean-Marc Fournier, der Seelsorger der Feuerwehr, schilderte noch in derselben Nacht seine Rettung der Dornenkrone Christi: „Ich bin der Hauptkaplan der Pariser Feuerwehr, und als ich bei unserem Einsatz die Kathedrale betrat, gab es noch wenig Rauch und fast keine Hitze, aber wir bekamen eine Vorstellung davon, wie die Hölle sein könnte: Das Feuer fiel wie ein Wasserfall aus den Öffnungen des Daches herab, weil nicht nur der Spitzturm herabgefallen war, sondern das Feuer auch von weiteren kleineren Trümmern im Chorraum kam. Es hat uns viel Zeit gekostet, den Safe mit einem Team von Feuerwehrmännern aufzubrechen, in dem die Dornenkrone aufbewahrt war. Die Reliquie wurde dann aus dem Gebäude gebracht und von Polizisten bewacht. Aber das Allerheiligste ist unser Herr, der hier wirklich in Seinem Leib als Gott und Mensch gegenwärtig ist. Deshalb wollte ich vor allem die wirkliche Gegenwart unseres Herrn Jesus Christus beschützen. Als das Feuer den nördlichen Glockenturm angriff und wir anfingen zu befürchten, ihn zu verlieren, war der Zeitpunkt, an dem ich das Allerheiligste Sakrament rettete. Und ich wollte nicht einfach mit Jesus weggehen, sondern nutzte die Gelegenheit, um mit dem Allerheiligsten Sakrament den Segen zu spenden. Hier stand ich also völlig allein in der Kathedrale, hob die Monstranz inmitten der brennenden Trümmer, die von der Decke herabfielen, zum Segen und flehte Jesus an, uns zu helfen, sein Zuhause zu retten."

Von diesem Segen des Kaplans der Feuerwehr in der brennenden Kathedrale gibt es keine Bilder. Es war das „eucharistische Antlitz" Christi, wie Papst Johannes Paul II. die verwandelte Hostie am Ende seines Lebens nannte, mit dem der Kaplan das Inferno segnete. Es war die Monstranz, die wir der Initiative Julianas von Lüttich um das Hochfest vom Leib und Blut Christi aus dem Jahr 1209 verdanken. Die Dornenkrone Christi hingegen, von deren Reliquienbehälter es vor dem Brand so gut wie keine Fotos mehr in der Öffentlichkeit gab, wurde mit diesem Brand gleichsam über Nacht in das kollektive Bewusstsein Frankreichs zurückkatapultiert, die König Ludwig IX. im Jahr 1248 in Konstantinopel für eine astronomische Summe erstanden hatte.

Es ist ein antikes Strohgeflecht aus Dornenzweigen des Sidar-Gestrüpps zu einer Art Haube, die jene „Krone" wurde, die römische Soldaten am ersten Karfreitag der Geschichte Jesus von Nazareth unter Gelächter aufs Haupt prügelten, um ihn in einen Spottkönig zu verwandeln, wie Matthäus es in seinem Evangelium lakonisch schildert: „Da nahmen die Soldaten des Statthalters Jesus, führten ihn in das Praetorium und versammelten die ganze Kohorte um ihn. Sie zogen ihn aus und legten ihm einen purpurroten Mantel um. Dann flochten sie einen Kranz aus Dornen. Den setzten sie ihm auf den Kopf und gaben ihm einen Stock in die rechte Hand. Sie fielen vor ihm auf die Knie und verhöhnten ihn, indem sie riefen: Sei gegrüßt, König der Juden! Und sie spuckten ihn an, nahmen ihm den Stock wieder weg und schlugen damit auf seinen Kopf." Nach dem Erwerb der Dornenkrone durch den heiligen König Ludwig hefteten sich Paris-Pilger Abbildungen dieses Dornenkranzes an ihre Pelerinen, wie sich Santiago-Pilger mit einer Jakobsmuschel schmückten, Jerusalempilger mit einem Palmzweig oder Rompilger mit einem Abbild des „wahren Bildes" Christi. Die Dornenkrone machte Paris damals zu einem Knotenpunkt im Grundriss des Abendlandes in jenem Wegenetz der Pilger, um das Europa sich entwickelte.

Nun hatte der Brand das Diadem des Leidens Christi zum Beginn der Karwoche 2019 aber auch an demselben Ort in das Bewusstsein der französischen Nation zurückgerufen, wo Mademoiselle Maillard am 10. November 1793 nach der Hinrichtung des letzten gesalbten Königs um den Opferaltar Christi mit einer „Fackel der Wahrheit" tanzte. Mädchen in Weiß umrahmten die halbnackte Tänzerin und sangen Hymnen auf die Freiheit. Es war das erste Hochfest der Revolution in dem gotischen Gotteshaus, wo der katholische „Fanatismus" nun ein für alle Mal durch einen „Kult der Freiheit und Vernunft" ersetzt werden sollte.

Gleichzeitig war das Spektakel Auftakt einer orchestrierten Orgie gottloser Gewalt. Hassattacken gegen die katholische Kirche sprangen damals von Notre-Dame auf alle Gotteshäuser der

Hauptstadt über wie ein Lauffeuer, und von hier über das ganze Land. Allen Christusfiguren wurden die Köpfe abgeschlagen. Den Hébertisten unter den Revolutionären galt der Glaube an die Menschwerdung Gottes als todeswürdiger Frevel. Und in allen „Fanatikern", das heißt, den Katholiken, die von dem alten Glauben nicht lassen wollten, sahen sie ihre schlimmsten Feinde. Revolutionstruppen verwandelten das Département Vendée an der Atlantikküste deshalb im selben Jahr 1793 in einen Friedhof mit rund 300.000 Todesopfern, in einem Völkermord an der eigenen Nation. Christenverfolgungen und unerhörte Exzesse wurden aus allen Provinzen Frankreichs berichtet, das sich so lange als „erste Tochter der Kirche Roms" verstanden hatte. Es war die Mutter aller Kulturrevolutionen, die sich damals von der beschlagnahmten Kathedrale der Notre Dame im Herzen des Abendlands um die ganze Welt verbreiteten, die am 15. April 2019 vor aller Augen in Flammen stand.

Die „Große Proletarische Kulturrevolution" Mao Tse Tungs kostete knapp 200 Jahre später (von 1966 und 1976) nach verschiedenen Schätzungen 250.000 bis zu 20 Millionen Menschen das Leben, ungeachtet der Millionen ihrer Folteropfer. Doch die Geburtsstunde dieser Rasereien der Neuzeit dürfen wir am 10. November 1793 ansetzen, der damals als „20. Brumaire des Jahres II" galt, nach dem revolutionären Kalender einer neuen Zeitrechnung, der damals den Gregorianischen Kalender des Abendlands ablösen sollte, in dem noch jeder einzelne Tag an einen anderen Heiligen erinnerte, bis Napoleon I. den Gregorianischen Kalender am 1. Januar 1806 wieder in Kraft setzte, der auch für Frankreich die Jahre seitdem wieder weiter als „Jahre des Herrn" abzählt, seit der Geburt Christi.

HEIMKEHR UND ZEITENWENDE

Triptychon des Heiligen Gesichts von Meister Bertram, um 1390. Museo Nacional, Thyssen-Bornemisza, Madrid

Rom, 8. Mai 2020. – Die Pandemie der Todesgrippe in der Hauptstadt des Erdkreises. Ein Globalisierungsschub der Wahrnehmung wie noch nie zuvor. Das Abendland gibt seine Bilder frei und führt sie in das planetarische Bewusstsein ein.

Gras sprießt zwischen den Pflastersteinen auf dem Petersplatz. Rom ist still und leer. Heute vor 75 Jahren wurden die Apokalyptischen Reiter der Nazis in Europa von den neuen Weltmächten niedergerungen, die das letzte Jahrhundert hervorgebracht hat. Ostern ist seit Wochen vorbei. Und in diesem Jahr wurde das christliche Hochfest an den Apostelgräbern in Rom erstmals ganz ohne Pilger gefeiert und ohne Verkehr. Die Hauptstadt des Erdkreises hat dichtgemacht. Nachtigallen schlagen am Abend in den Akazien der Via Germanico, dreihundert Meter vom Vatikan entfernt.

Ein Jahr nach dem Großbrand der Kathedrale von Notre-Dame in Paris hat ein mikroskopisch winziges Virus die ganze Welt in die Knie gezwungen. Plötzlich sind wir alle Zeugen einer Zeitenwende. Am Karsamstag betete Kardinal Nosiglia vor der „Santa Sindone" in Turin in der leeren Johanneskathedrale und ließ das ausgespannte Leintuch, das die Passion und den Kreuzestod Christi festhält wie ein Drehbuch, filmisch opulent für die ganze Welt ausstellen. Einen Tag später, am Ostersonntag, segnete der Kapuzinerpater Carmine Cucinelli, Rektor der Basilika vom Heiligen Gesicht in Manoppello, die vier Enden der Erde von den Abruzzen her in dem offenen Hauptportal des baufälligen und grob eingerüsteten Gotteshauses mit dem heiligen Sudarium, rührend amateurhaft gefilmt mit seinem Smartphone von Giulia del Rosso, einer Mitarbeiterin des Heiligtums. So kommen die Grabtücher Christi mit ihren unerklärlichen Urbildern noch einmal zurück in die Welt, in Stunden der großen Not, im „Iconic Turn" des neuen Informationszeitalters. So kehrt die Welt des Abendlands heim zu seinen Bildern des Ursprungs. Es schließt sich ein Kreis.

Das sind die Stunden, in denen ich mein Buch über das Abendland 21 Jahre nach der ersten Fassung noch einmal neu zu Ende bringen muss. Keine Rede mehr davon, dass wir das „Ende der Geschichte" erreicht haben, wie es in dem törichten Buch eines eher schlauen als klugen Meisterdenkers 1992 noch hieß. Viele Entwicklungen haben die Welt danach auf atemberaubende Weise verändert und verändern sie weiter, immer rascher, immer unübersichtlicher – und so geht es auch mit der Geschichte. Doch ohne die Heilige Schrift der Juden und Christen ist unsere Geschichte auch heute und weiterhin weder von Gläubigen noch von Atheisten zu verstehen.

Die Bibel ist das Herzstück im Narrativ unserer Kultur. Das heißt: Europas sinnstiftende gemeinsame Erzählung ist zuallererst im Buch der Bücher niedergelegt. Von der Bibel und den Dogmen der Kirche her wurde die Geschichte des Abendlands aber über viele Jahrhunderte nicht nur in Worten, sondern auch in Bildern und Bilddokumenten erzählt. Diese Schönheit des Glaubens kann man in der Sixtinischen Kapelle in Rom wie unter einem Brennglas bewundern oder in dem Weltwunderwerk der Fassade des Mariendoms von Orvieto. Und man kann sie immer noch in zahllosen Dorfkirchen betrachten, von Wilna bis Lissabon und von Oslo bis Palermo, in unzähligen Bildern der sogenannten „Heilsgeschichte", vom biblischen Auszug Abrahams aus seiner Heimat, der Opferung Isaaks auf dem Berg Moriah und der Opferung Christi auf dem Golgatha, bis hin zur Aufnahme Mariens in den Himmel, wo Jesus selbst seine Mutter zur Königin krönt. Alle Heiligen der Christenheit haben an dieser sinnstiftenden Erzählung weitergeschrieben. Das ist das, wovon das „himmlische Chaldäisch" vor allem erzählt.

Die Mitte dieser Erzählung sind die Bilder der Menschwerdung Gottes in Jesus von Nazareth. An diese Menschwerdung konnte aber – ich muss es hier noch einmal sagen – nur geglaubt werden, weil Christen von Anfang an davon ausgingen, dass Jesus Christus nach seiner öffentlichen Hinrichtung von den Toten auferstanden war. Nur damit hatte er sich als Gott erwiesen. Nur dieses Beglaubigungswunder ließ die Christen seit den Tagen der Apostel glauben, dass der Schöpfer des Himmels und der Erde wirklich in Jesus Mensch geworden war und sein Gesicht gezeigt hatte. Was heißt das?

Das heißt, dass wir in vielen Museen abendländischer Kunst von Dresden oder Florenz bis London oder New York vor zahllosen Meisterwerken des Westens nur staunen und lachen können, wie der kleine Jesus als Säugling wohlig an der Brust der Gottesmutter hängt und ruht – als beseeltes kleines Säugetier, in dem Gott Gestalt angenommen hat, wie es so lange die Grundüberzeugung des Abendlands war. Wegen dieses radikalen Glaubens an die Menschwerdung Gottes haben später Bilder der Geburt Jesu in Bethlehem, seiner Verhaftung in Jerusalem, seiner Auspeitschung und Dornenkrönung und schließlich seines Todes am Kreuz das Abendland im Wortsinn gebildet! Über viele Jahrhunderte bildeten diese Darstellungen den inneren Kanon unserer Bildung. Und die Mitte dieser „Bildung" war das „wahre Bild" Christi, das Meister Bertram aus Minden auf seiner Italienreise von 1390 auf einer kostbaren kleinen Tafel in Öl festhielt und vor dem Dante Alighieri im Jahr 1320 seine „Göttliche Komödie" enden ließ, wo uns Italiens bedeutendster Dichter den verborgenen Bildschleier in Manoppello „wie ein Landvermesser" als letzten Referenzpunkt des Universums vorstellte, als Gesicht der Liebe, „die die Sonne bewegt und die andren Sterne". Das ist die Mitte des Abendlands: *„L'amore che move il sole e l'altre stelle".*

Es gibt kein zweites „Bild", das ihm gleichkommt. Hier zeigt uns Jesus Christus, dass die Menschwerdung Gottes kein Intermezzo war. Er hat unser Wesen nicht abgestreift wie eine Maske. Ohne diesen sogenannten Bildschleier der Veronika je selbst gesehen zu haben, richtete Karol Wojtyla kurz vor seiner Wahl zum Papst im Jahr 1978 in einem Gedicht folgende Zeilen an das Bildnis: „Ich will Dir nah sein, so nah, dass keine Leere sich zwischen uns schieben und mich von dir lösen kann!

Dass deine Abwesenheit nie wiederkehrt!" Als Papst wurde der Seher danach zum letzten „Patriarchen des Abendlandes", der sich am Ende seines Lebens über dem Petersplatz vor allem mit seiner Kunst des Sterbens der Menschheit unvergesslich eingeprägt hat. Sein Nachfolger Benedikt XVI. strich den Ehrentitel eines Patriarchen des Abendlandes ersatzlos aus der Reihe der päpstlichen Ehrentitel. Gleichwohl blieb der Papst aus Bayern der letzte Europäer in den Schuhen des Apostels Petrus.

Doch mehr noch als an das Sterben Johannes Paul II. muss ich heute daran denken, wie er sich am 24. März 2004 in seinem Apostolischen Palast in der Sala Clementina mit schleppender Stimme durch einen deutschen Text quälte, in dem er von seinem Traum erzählte, den er „kommenden Generationen anvertrauen" wollte. Das sei „ein Europa des Menschen, über dem das Angesicht Gottes leuchtet".

Schön. Doch damit kann es vielleicht noch etwas dauern und ich denke nicht, dies noch zu erleben. Dafür habe ich zu meinen Lebzeiten aber noch etwas erlebt, was ich mir nie hätte erträumen können, und damit soll dieses Buch nun ein Ende auf die Zukunft hin nehmen. Denn wir waren ja auch dabei, als Papst Franziskus die Stadt und den bewohnten Erdkreis am Freitagabend des 27. März 2020 schon vor der Osterwoche im Ritus des *Urbi et Orbi* segnete, jedoch nicht inkognito wie Abbé Fournier bei seinem einsamen Segen in der brennenden Kathedrale in Paris vor einem Jahr, sondern vor den Augen aller Welt, die ihm dabei simultan am Bildschirm folgte.

URMETER DER VERWANDLUNG

Der Eucharistische Segen von Papst Franziskus über dem leeren Petersplatz am Abend des 27. März 2020

Vatikan, 27. März 2020. – Wasserscheide einer Zeitenwende. Der 266. Bischof von Rom und Nachfolger des Apostels Petrus segnet die Welt über dem menschenleeren Petersplatz mit dem Herzstück einer Vision der kleinen Juliana von Lüttich aus dem Jahr 1209.

Das Antlitz Christi war der archimedische Punkt, um den sich unsere Kultur rund 1.500 Jahre lang entwickelt hat. Es ist das vom Tod zum Leben erweckte menschliche Gesicht Gottes. Verwandlung gehörte und gehört deshalb zum Wesen des Abendlands, selbst durch alle Katastrophen hindurch. So ist auch Europa auf geheimnisvolle Weise immer ein Kontinent der Verwandlung geblieben, wo es ausgerechnet nach dem 8. Mai 1945 gelungen ist, Europa noch einmal neu zu begründen – also nach den Kataklysmen *zweier* Weltkriege und dem Versuch der Auslöschung des Volkes Israel im Kontinent der Kathedralen innerhalb von nur dreißig Jahren!

Im Grunde war die Sache unvorstellbar und so unglaublich wie ein Wunder. Denn spätestens seit der Gründung des zweiten deutschen Kaiserreichs in Versailles im Januar 1871 waren Deutsche und Franzosen zu Todfeinden innerhalb Europas geworden. Ihr Erster Weltkrieg allein kostete vielen Millionen Menschen das Leben. Es war die Blüte Europas, die da verblutete. Dass knapp 40 Jahre später General de Gaulle neben Konrad Adenauer am 8. Juli 1962 in der Krönungskathedrale in Reims an einem Friedensgottesdienst teilnehmen würden: undenkbar. Kein Wunder, dass für Robert Schuman (1886 – 1963), der einer der drei Gründungsväter der neuen Union war, inzwischen ein offizieller Seligsprechungsprozess der katholischen Kirche läuft. Alcide de Gaspari (1881–1954), der zweite der drei, ruht in einem antiken Sarkophag in der Basilika San Lorenzo fuori le mura in Rom neben dem seligen Papst Pius IX.

Nur Konrad Adenauer (1876–1967) wird von dem Trio wohl eher als ein katholisches Schlitzohr in die Geschichte eingehen und weniger als ein neuer Heiliger. Doch die neue Flagge der Union mit ihrem Kranz aus 12 Sternen auf Himmelblau, die seit dem 8. Dezember 1955 über dem bislang erfolgreichsten Friedensprojekt der Weltgeschichte flattert, hatte Paul Michel Gabriel Lévy (1910–2002) aus Antwerpen der Bilderwelt der Apokalypse des Johannes entnommen. Diese Union hat dem Kontinent seitdem eine Zeit des Wohlstands und Wohlergehens beschert, wie das alte Abendland sie nie zuvor erlebt hat.

Die Krise Europas ging dennoch weiter, mit der Krise der katholischen Kirche, die sich seit Jahrzehnten verschärft hat wie seit der Kirchenspaltung in der Reformation nicht mehr. In den letzten Jahrzehnten ging diese Krise einher mit der Offenbarung unfassbaren Missbrauchs durch sexuelle Gewalt – und gewaltigem geistlichen Missbrauch. Doch größeren geistlichen Missbrauch messianischer Hoffnungen als in den totalitären Systemen des letzten Jahrhunderts gab es ja überhaupt noch nie. Die Krise der Kirche hat aber auch unter den letzten Nachfolgern Petri auf dem Papstthron nicht nachgelassen, von denen Johannes Paul II. mit seiner schieren Präsenz sogar die Sowjetunion zum Einsturz brachte und den eisernen Vorhang hob, der das alte Abendland seit 1945 in zwei nuklear bewaffnete feindliche Blöcke teilte. Als es in dieser Welt am 26. April 1986 im Reaktorblock 4 des Kernkraftwerks Tschernobyl in der Ukraine zu einem nuklearen Störfall kam, sprachen die sowjetischen Behörden von einer „Havarie" wie von einem Unglück der Schifffahrt auf der Wolga.

Für das aber, was gerade in der Welt geschieht, gibt es noch gar kein Wort, auch nicht aus den Propagandaministerien der verschiedenen Supermächte. Der Tod durch das Virus, heißt es, sei wie ein Ertrinken oder Ersticken, ähnlich einem Tod am Kreuz. Keiner kennt die Ursache der Lungenseuche und keiner weiß, wie viele und welche Opfer sie noch fordern wird. Gewiss ist aber schon jetzt, dass alle *Folgen* die pandemische Angst vor dem Tod, die dieses Virus weltweit auslöst, auch unter den Regierenden aller Nationen unermesslich sein werden. Es ist wirklich eine Zeitenwende, dramatischer fast als jeder Krieg. Ist es da nicht denkbar, dass die Pandemie wieder einen Paradigmenwechsel zu Folge haben kann wie nach dem Erdbeben von Lissabon, aus der planetarischen Erfahrung heraus, dass ein Unsichtbares die Welt schlimmer bedrohen und gefährden kann als der heranrollende Tsunami eines Seebebens oder der Atomblitz am Morgenhimmel über Hiroshima am 6. August 1945 um 8 Uhr 16 japanischer Zeit?

Ja, das ist vorstellbar. Kommt darüber aber vielleicht auch das Bewusstsein für die Realitäten einer anderen Welt zurück, die sich dem Auge nicht erschließt, gerade heute, wo der Vorbehalt Voltaires gegen den Glauben längst zum Dogma der modernen Welt geworden ist, nicht nur unter Intellektuellen, doch unter ihnen zuerst, viele Bischöfe unter ihnen eingeschlossen. Gott ist weder glaubwürdig noch systemrelevant. Für die tonangebenden Eliten ist er irrelevant geworden. Die Kirche: unwichtig. Zahllose Priester und Hirten glauben schon lange nicht mehr, was vor ihnen der Glaube von Generationen war. Nicht umsonst laufen Christen in Scharen vor diesen Hirten davon, während der Glanz des alten Abendlands immer noch und immer mehr Flüchtlinge anzieht. Die Kirche wird darüber nicht untergehen, die aus dem leeren Grab Christi in Jerusalem hervorgegangen ist. Ist dieser Glaube wahr, dann wird er auch wieder auferstehen. Dann wird er nie mehr erlöschen trotz aller Widerstände, die dieser Glaube innerhalb und außerhalb der Kirche erfährt. Dann wird er auch dieses Virus überleben und sich durchsetzen gegen alle Schüler Voltaires. Dann wird sich am Abend der Geschichte vielleicht ja auch wieder ein neues Abendland um die Kirche Christi legen wie ein neuer Mantel.

Seit einigen Jahren versucht China, die Schätze Europas aufzukaufen, als seien es die günstigsten Schnäppchen unter der Sonne. Wie lange wird es da wohl dauern, bis sie auf den größten Schatz des Abendlands überhaupt stoßen werden? Und bis auch sie sich von der Kraft der Verwandlung anstecken lassen wie von einem Virus? Ein zu Christus bekehrtes China wäre die Hoffnung der Erde und der Welt schlechthin, wo sich dann auch endlich die Erkenntnis des Arztes Li Wenliang aus Wuhan durchsetzen könnte, der seine Entdeckung des Coronavirus gegen das Schweigegebot der Partei mit Heldenmut öffentlich machte und am 7. Februar 2020 auf dem Sterbebett sagte: „Es sollte in einer gesunden Gesellschaft mehr als nur eine Stimme geben."

All dies könnte rasch und unvermittelt geschehen, wie der Ausbruch der Coronaseuche oder die unerwartete Wahl Karol Wojtylas zum Papst am 16. Oktober 1978 oder die überraschende Rettung des Abendlands durch Polens König Jan Sobieski in der Schlacht am Kahlenberg am 12. September 1683 vor Wien. Für Johannes Paul II., den prophetischen Seher auf dem Papstthron, lag die Zukunft der Kirche ohne Zweifel in Asien. Was wäre denn, wenn aus dem nächsten Konklave ein asiatischer oder gar chinesischer Kardinal als Papst hervorginge? China würde so erschüttert werden, wie Europa erschüttert wurde am Anfang des Abendlands, als Kaiser Konstantin allen Bewohnern seines Weltreichs am 13. Juni 313 plötzlich die völlige Freiheit der Glaubensentscheidung zusicherte. Dann könnte das Morgenland im Fernen Osten plötzlich zu einem neuen Kontinent der Verwandlung werden.

Im Jahr 313 erfolgte die Befreiung für die Christen Roms nach Jahrzehnten allerschlimmster Verfolgungen. Ähnlich wäre es jetzt in China, wo es eine Freiheit der Glaubensentscheidung bis heute so wenig gibt wie im Römischen Weltreich unter Kaiser Diokletian und wo die Kommunistische Partei die Christen des Landes schon so lange quält und Tag für Tag ihre Gotteshäuser einreißen lässt, nach den akademischen Leitlinien eines biedermeierlich „wissenschaftlich-materialistischen" Marxismus aus dem Europa des 19. Jahrhunderts. Es sind totalitäre Leitlinien, die schon lange nicht mehr genügen als verlässlicher Fahrplan dieser großen Kulturnation in eine Zukunft der Freiheit und des Friedens.

All das geht mir durch den Sinn, als ich mir jetzt auf dem Bildschirm meines Rechners, in dem ich diese Chronik zu ihrem neuen Ende bringe, aus der Mediathek des Senders EWTN die Aufnahme noch einmal ansehe, wie Papst Franziskus am 27. März so mutterseelenallein über den menschenleeren Petersplatz den Vatikanhügel hochhumpelt. Wo der Papst sonst auf Zehntausende schaut, sieht er heute keine Seele. Es regnet. Die flachen Granitstufen Berninis, die von der Piazza zum „Sagrato" vor dem Petersdom hochführen, sind so nass, dass ich fürchte, er könnte ausrutschen und mit dem Gesicht auf die glitschigen Steine hinschlagen. Keiner hilft dem alten Mann hinauf. Doch er fällt nicht. Fünf Tage vorher hat er über die Medien zu diesem Ereignis eingeladen, das jetzt mehr Menschen aus nächster Nähe verfolgen, als der Petersplatz je fassen könnte. Es ist eine Form des *urbi-et-orbi*-Segens, wie es ihn so noch nie gegeben hat. In Italien ist es der schwärzeste Tag der Coronakrise. 969 Tote hat der Zivilschutz an diesem Freitagabend für die letzten 24 Stunden gezählt.

Und es ist eine Wasserscheide der Geschichte, die durch diese Aufzeichnung für immer im Präsens bleiben wird. Die Bühne des leeren Petersplatzes liegt nur acht Minuten von meinem Schreibtisch entfernt und ist jetzt dennoch unerreichbar fern. Jetzt sind alle Korrespondenten Roms dem Ereignis ebenso nah und so fern wie Millionen von Zeugen ringsum den Globus, alle im gleichen Abstand zu dem Geschehen, in dem Papst Franziskus gleich das Werk Julianas von Lüttich vollenden wird, der wir die Verehrung des verwandelten Brotes in unseren Straßen und Plätzen verdanken. Allein in Italien verfolgen rund 17 Millionen Italiener dieses Ereignis live an den Fernsehschirmen. Das Fest, das Juliana 1209 im Kalender noch fehlte, kommt in dieser Stunde vollends ans Ziel, in diesem globalen Hochfest des Allerheiligsten Körpers und Blutes Christi.

Aus der Kirche San Marcello am Corso in Rom hat der Papst ein aus dem 14. Jahrhundert stammendes Kreuz vor den Petersdom bringen lassen, das während der Pest 1522 in Prozessionen durch Rom getragen worden ist, bis die Seuche nach 16 Tagen abebbte. Die Filmaufnahmen vom lebensgroßen Abbild des Gekreuzigten in der Dämmerung sind meisterhaft und gehen durch Mark und Bein. Zunächst aber lässt der Papst unter einem Altardach auf dem Vorplatz ein Bibelwort aus dem Markusevangelium verlesen, vom Sturm auf dem See Genezareth, als die Jünger den Untergang fürchten, während Jesus im Heck des Bootes seelenruhig schläft.

„Finsternis hat sich auf unsere Plätze, Straßen und Städte gelegt", sich des Lebens bemächtigt und alles mit „ohrenbetäubender Stille" erfüllt, sagt der Papst in seinem weichen Italienisch, dem seit seiner Jugend in Buenos Aires ein Lungenflügel fehlt. Alle säßen „im selben Boot, alle schwach und orientierungslos". Dann wankt er zur Vorhalle der Basilika hinüber und senkt schweigend den Kopf vor dem „Allerheiligsten", das hier auf einen Altar gestellt wurde, als Urmeter der Verwandlung. Ein Chor singt die sieben Strophen des lateinischen Hymnus „Adoro te devote" aus dem Jahr 1264. Wir hören nur die Stimmen der Sänger: „Demütig bete ich dich, verborgene Gottheit, an …" Papst Franziskus zwinkert und hält den Kopf gesenkt. Blaulichter von Streifenwagen zittern durch den Regenvorhang von der Absperrung am Rand des Petersplatzes zum Dom hoch und fangen sich durch das offene Portal im Spiegel der Strahlen der goldenen Monstranz, mit dem Feuerrot der Flammen eines Feuerbeckens vor der Basilika. Der Papst schweigt, schaut, betet lautlos. In seiner weißen Toga mit golddurchwirkter Stola sitzt er auf einem Lehnstuhl rund fünf Meter vor dem Altar. „Wahrer Gott und wahrer Mensch, wahrhaftig gegenwärtig in diesem Sakrament, wir beten Dich an, o Herr!", beginnt nach zehn Minuten ein unsichtbarer Sprecher eine Litanei. Der Zeremoniar des Papstes reicht ihm den Text zum Mitbeten: „Vom Unglauben und Zweifel, von der Unfähigkeit zu lieben, befreie uns, o Herr! Vor allen Manipulationen, bewahre uns, o Herr. Sieh auf die Menschheit, die erstarrt ist vor Angst und Beklemmung, tröste uns, o Herr. Sieh auf die Sterbenden, die von der Einsamkeit niedergedrückt werden, tröste uns, o Herr." Franziskus bewegt leise seine Lippen mit, unterdrückt unmerklich ein Gähnen. „In der Zerbrechlichkeit, sende uns deinen Geist, o Herr! …" Der Fokus der Kamera tastet sich wie eine Hand

über die hölzerne Figur des Gekreuzigten vor der Basilika. Regen tropft von der Dornenkrone Christi, Regen rinnt an seinem nackten Körper hinab, zusammen mit dem Blut seiner offenen Seitenwunde. „Wenn der Tod uns vernichtet, öffne uns für die Hoffnung, o Herr!"
Die Nacht fällt, draußen wird der Himmel dunkler und dunkelblau. Weißer Rauch steigt aus den Kohlebecken in die Höhe. Alles geschieht in Zeitlupe, in zermürbend langen Einstellungen für die Sendeanstalten der ganzen Erde, die die Andacht um die Welt versenden. Nach einer kleinen Ewigkeit erhebt Franziskus sich schwerfällig zum Hymnus des „Tantum ergo" aus der Feder des heiligen Thomas von Aquin. Er füllt Weihrauch auf die glühenden Kohlen eines Weihrauchfasses und räuchert das „Sakrament der Liebe Gottes" mit grimmigem Gesicht dreimal ein wie ein alter Dorfpfarrer, verbeugt sich und liest den Text eines Gebetes. Er ist angestrengt. Monsignore Marini legt ihm eine Segensstola um. Der Augustinerpater Bruno aus der Pfarrei Sankt Anna reicht ihm die Monstranz vom Altar in seine verhüllten Hände. Nun wankt er mit der goldenen Last zu der offenen Pforte der Grabeskirche des Apostels Petrus. Eine Brokatstickerei zeichnet auf dem Rücken der Segensstola des Papstes das Zeichen der Monstranz mit einem großen „JHS" in der Mitte nach, dem Namensmonogramm Jesu, wo in dem goldenen Segensinstrument in seinen Händen in der Höhe die verwandelte Hostie ruht.

Zeit für ein kleines persönliches Geständnis an dieser Stelle. Seit meiner Taufe am 21. März 1948 bin ich römisch-katholisch und will es bleiben, bis ich sterbe. Daher weiß ich auch, dass das Konzil von Trient zuletzt im Jahr 1563 als katholische Glaubenswahrheit verfügt hat, dass die Hostie, die wir da im Innern der Monstranz sehen, nach der Verwandlung durch die Hand des Priesters „wahrhaft, wirklich und substanzhaft" Leib und Blut Christi ist.

Aber ich kann es nicht glauben. Ich sehe doch: Es ist eine Oblate aus ungesäuertem Weizenmehl und weiß, dass sie auch so schmeckt. Der große Philosoph Robert Spaemann sagte mir einmal, für wahr halten und glauben könnten wir dies nur, weil Jesus selbst es uns so gesagt hat: „Das ist mein Leib, das ist mein Blut." Stimmt. Trotzdem fällt mir der Glaube unglaublich schwer. Gott in einem Stück Brot? Mehr Verwandlung gibt es nicht. Wer soll das glauben? Da geht es mir bei aller Liebe zur Kirche Christi wie jedem Atheisten und kein Stück besser als Pater Petrus aus Prag in Bolsena im Jahr 1263. Kann der Papst es denn glauben, der sich so gern mit Freigeistern umgibt? Ich weiß es nicht und muss es nicht wissen. Ich weiß nur, es ist Abendland pur, was wir hier sehen, in einem Bild der Zukunft, in der Zeichensprache der Ewigkeit. Deutlicher hat hier noch nie ein Papst gesprochen, selbst Johannes Paul der Große nicht mit seinem letzten Röcheln über dem Petersplatz.

Wind bläht jetzt die Stola und das Gewand von Papst Franziskus, Roms Glocken beginnen zu läuten. Das Geflacker der Blaulichter leuchtet vom Rand der leeren Piazza durch den Regenvorhang weiter zu ihm hoch. Noch weiter hinten springt auf der Via della Conciliazione gerade eine Ampel von Grün auf Rot. Möwen fliegen aufgeregt hin und her durch das Dunkel über dem regennassen Petersplatz um den Schatten des Obelisken in der Mitte, den schon der Apostel Petrus bei seiner eigenen Kreuzigung hier um das Jahr 67 gesehen hat. Es gießt und schüttet, als dessen 83-jähriger Nachfolger nun nach vorne geht und in der offen Pforte des Petersdoms gegen die fallende Nacht die Stadt Rom und den Erdkreis segnet und stumm die schwere Monstranz mit der verwandelten Hostie dreimal in die Höhe hebt und kreuzweise nach links und nach rechts über den leeren Platz schwenkt, während der Regen immer heftiger wird. Ich kann nicht glauben, dass es Gott selber sein soll, den der alte Pontifex da gerade in den Händen hält. Dennoch ist es der Glaube der Vernunft. Vernunft ist das Vernommene und Überlieferte, es ist das angesammelte Wissen, nicht das Ausgedachte. Es ist der Glaube der Zeugen, von Anfang an, der Europa geformt hat, seit der Apostel Thomas in Jerusalem vor dem auferstandenen Christus auf die Knie fiel und nur noch stammeln konnte: „Mein Herr und mein Gott!"

HINWEISE

Die für dieses Buch notwendigen Reisen habe ich bis zum Jahr 1999 als Reporter und im Auftrag der Frankfurter Allgemeinen Zeitung unternommen und ab dem Jahr 2000 als Korrespondent und Reporter der WELT aus Berlin in Jerusalem und Rom.
 Die Herkunft der Fotos und Illustrationen sind jeweils in den Bildlegenden angegeben. Sie sind gemeinfrei und stammen vom Autor, wenn nicht eigens und anders angegeben.
 Die Bibelzitate wurden der deutschen „Einheitsübersetzung" aus dem Jahr 1980, Stuttgart, entnommen. Der in der Bukowina geborene Schriftsteller und Historiker Valeriu Marcu wurde in dem Kapitel „Das neue Spanien" nach seinem Buch *Die Vertreibung der Juden aus Spanien,* Amsterdam 1934, zitiert, das er damals auf den Flucht vor den Nationalsozialisten in Deutschland in Südfrankreich geschrieben hatte. Die von Hannes Stein freundlich überlassenen Zitate im Kapitel „Das Parlament der Heiligen" sind nach der Einfügung in dieses Buch auch in seinem eigenen *Buch Moses und die Offenbarung der Demokratie,* Berlin 1998, erschienen. Die Zitate Friedrichs II. in dem Kapitel „Eine Satire des Alten Fritz" wurden dem Band 8 der Werke Friedrichs des Großen, Berlin 1913 entnommen.
 Schließlich füge ich dieser Neuausgabe meines Geschichtsbuchs von 1999 noch drei Extrakapitel über Juliana von Lüttich, Jeanne d'Arc und Martin Luther in Rom hinzu, die mein Kollege Dirk Weisbrod mit Blick über den Rhein in Bad Godesberg für mich als neuer Baumeister in diesen Turmbau eingefügt hat. Mit dem Kapitel „Wahrer Leib" hat er dem Buch quasi

ein Herz aus Fleisch und Blut eingesetzt, das Blut bis in die letzten Worte dieses Buches pumpt. Dafür danke ich ihm neben meiner Frau Ellen und unserem Freund und Verleger Bernhard Müller an dieser Stelle von Herzen für ihre unermüdliche und umsichtige Mithilfe, ohne die es niemals zu dem Buch gekommen wäre, das Sie hier in Ihren Händen halten, in dem ich für alle Fehler ganz allein die Verantwortung übernehme.

Paul Badde
Rom, am 8. Mai 2020